中国名山风景名胜区研究丛书

五台山风景名胜区
景观析要

李雄 李凤仪 著

中国建筑工业出版社

图书在版编目（CIP）数据

五台山风景名胜区景观析要 / 李雄，李凤仪著. —北京：中国建筑工业出版社，2022.5
（中国名山风景名胜区研究丛书）
ISBN 978-7-112-27039-2

Ⅰ.①五… Ⅱ.①李…②李… Ⅲ.①五台山—风景名胜区—研究 Ⅳ.①K928.3

中国版本图书馆CIP数据核字（2021）第269983号

责任编辑：杜　洁　李玲洁
责任校对：芦欣甜

中国名山风景名胜区研究丛书
五台山风景名胜区景观析要
李　雄　李凤仪　著

*

中国建筑工业出版社出版、发行（北京海淀三里河路9号）
各地新华书店、建筑书店经销
北京锋尚制版有限公司制版
北京富诚彩色印刷有限公司印刷

*

开本：787毫米×1092毫米　1/16　印张：17¼　字数：357千字
2022年10月第一版　　2022年10月第一次印刷
定价：88.00元
ISBN 978-7-112-27039-2
（38851）

版权所有　翻印必究
如有印装质量问题，可寄本社图书出版中心退换
（邮政编码100037）

前言

我国是一个多山的国家，中国人自古以来就对山岳有着特殊的感情。远古时期，人们把山岳作为自然崇拜的对象，后来人们按照自己的精神文化需要赋予山岳美好寓意。因此，在中国大地上遍布着以各种山景为主要景观特点的名山风景名胜。它们往往因具有优美的自然环境和地质地貌而被较早开发，是中国千百年来历代先人通过自己的勤劳与智慧将中国传统文化的内涵融入山岳的产物，饱含历史印记和文化灵性，我国的名山风景名胜既是大自然赋予中华儿女的自然遗产，也是中华民族的历史文化遗产。

我国名山风景名胜中，大多数都曾经是佛教和道教的活动基地。宗教是山岳开发的重要驱动力之一，佛教与道教在中国发展传播过程中，吸收和融合了传统山岳崇拜的思想，将寺观营建于山岳之中，进行了早期的风景资源的开发与利用。宗教精神通过宗教建筑、寺观园林、聚落得以外化，而宗教文化也使得山林寺观及山岳景观更具有社会性和文化凝聚力，为山地参拜和游览的发展创造了契机，形成了风景和宗教发展相融合的特征。经千百年不断地经营、改建、调整，由点及线、由线到面逐渐形成了名山风景名胜的完整系统格局。

名山风景名胜是我国自古以来"天人合一"哲学思想在山水美学领域的深刻表现。古代的山水文学和山水画的创作源泉来自山水名胜，同时也对名山开发建设的审美取向产生了积极影响。因此，保护山岳风景名胜不仅仅是保护历史上遗存下来的人文景观和自然景观，更是要保护传统文化氛围中的山水审美情趣与风景文化，以维持名山风景名胜在物质层面与精神层面的完整性。

五台山是我国山岳风景名胜的重要代表，在中国历史上曾被公认为四大佛教名山之首，有着重要的宗教影响力和文化遗产价值。本书以五台山风景名胜区作为研究对象，从五台山发展和演进入手，从宏观到微观、从自然环境到人文景观、从宗教理学到自然科学，多角度对五台山进行了全面深入的研究。构建了"国土范围——境域范围——风景名胜区——聚落系统——寺院"，从宏观到微观的逻辑框架来探究不同尺度下五台山风景名胜的景观理法。在国土范围、境域范围空间尺度下，着重分析五台山发展成佛教名山的客观背景，以中国传统宇宙观为切入点，挖掘五台山宏观地理区位特征和山岳格局的风景特质，明确其与中国传统文化中的理想空间格局以及佛教世界理想空间格局的内在联系。在风景名胜区、聚落系统、寺院空间尺度下，通过大量现场调研和测绘的翔实案例，着重分析了在宗教文化影响下的风景特征、寺院选址和寺庙园林理景手法。将五台山风景名胜概括为外在的"形"与内在的"神"，二者共同凝聚成独特的五台山风景文化意趣，提炼出五台山风景文化意趣的内涵和外延。衷心希望五台山独特的风景理法和思想对其他名山风景名胜区可持续发展提供借鉴，为构建具有中国特色的国家公园体系作出积极的贡献。

目录

第一章　引言

第二章　五台山自然资源与景观概述
 第一节　自然资源与风景特征 / 008
  一、地理境域 / 008
  二、自然资源 / 009
  三、风景特征 / 012
 第二节　宗教与人文特征 / 018
  一、宗教佐证 / 018
  二、皇家扶持 / 020
  三、人文社会 / 022

第三章　五台山佛教发展与寺院空间格局
 第一节　前期：初传与鼎盛（北魏—唐）/ 027
  一、北魏（386~534年）：佛教兴起 / 027
  二、北齐（550~577年）：发展兴盛 / 030
  三、北周（557~581年）：元气大伤 / 032
  四、隋代（581~618年）：佛法复兴 / 032
  五、唐代（618~907年）：佛法昌盛 / 034
 第二节　中期：重创后复苏（五代—金）/ 037
  一、五代十国（907~960年）：缓慢发展 / 037
  二、北宋（960~1127年）：恢复发展 / 037
  三、金代（1115~1234年）：平稳发展 / 039
 第三节　后期：发展与复兴（元、明、清）/ 040
  一、元代（1271~1368年）：快速发展 / 040
  二、明代（1368~1644年）：格鲁派进入 / 043
  三、清代（1636~1911年）：格鲁派大兴 / 046
 第四节　近期：衰落与开发（民国至今）/ 048
  一、民国（1912~1949年）：逐渐衰落 / 048
  二、新中国成立以来（1949至今）：保护开发 / 048

第四章　中国传统大地理观与五台山空间定位
 第一节　中国传统大地理观的产生与表现 / 052
  一、古代空间测绘实践 / 052
  二、中国传统的宇宙观 / 052
  三、"大地理观"空间意识与空间表现 / 053
 第二节　大地理观与五台山空间定位 / 056
  一、五台山与各朝都城的空间轴线关系 / 056
  二、四大佛教名山的空间轴线关系 / 058
  三、五台山与"四埵"的五方定位关系 / 060

第三节　大地理观下的五台山朝圣行为 / 062
　　　一、五台山朝圣行为的双重意义 / 062
　　　二、五台山周边的入山路线 / 063
　　　三、朝圣行为衍生的空间标识 / 066

第五章　五台山山岳格局理想景观模式与朝山路线

第一节　山岳格局与理想景观模式 / 074
　　　一、仙山模式 / 074
　　　二、五方模式 / 076
　　　三、山水佳穴模式 / 080
　　　四、五台龙脉模式 / 082
第二节　山岳格局与朝山路线 / 083
　　　一、历史上的朝山路线 / 083
　　　二、朝山路线分类 / 089
第三节　基于朝台、朝寺路线的景观视觉敏感度分析 / 093
　　　一、景观视觉敏感度评价因子选择 / 094
　　　二、景观视觉敏感度各因子评价结果分析 / 095
　　　三、综合景观视觉敏感度 / 100

第六章　五台山村寺共生聚落系统

第一节　寺院选址特点 / 110
　　　一、寺院选址的地形特征 / 111
　　　二、寺院选址与竖向相关性 / 119
　　　三、寺院选址与水体相关性 / 121
第二节　村落分布特点 / 122
　　　一、依谷而建 / 124
　　　二、村寺相依 / 126
第三节　村寺共生聚落系统构成 / 130
　　　一、小型村寺共生聚落组团 / 130
　　　二、村寺共生聚落系统形态特征 / 133
　　　三、村寺共生聚落系统的近现代共生关系 / 134

第七章　五台山寺院空间布局风景析要

第一节　五台山寺院空间布局 / 138
　　　一、古代文献中寺院空间布局方式 / 138
　　　二、现存寺院空间布局方式 / 149
　　　三、寺院布局中的建筑元素 / 168
　　　四、寺院布局中的园林特征 / 191
第二节　寺院引导空间序列组织 / 202
　　　一、引导空间类型 / 202

二、引导空间构成元素 / 208
第三节　寺院群体布局及游线组织 / 216
　　一、向心式布局——灵鹫峰寺院群 / 217
　　二、念珠式布局——黛螺顶寺院群 / 220
　　三、聚集式布局——南山寺寺院群 / 223

第八章　五台山风景文化意趣

第一节　自然之境——自然景观中的文化意趣 / 228
　　一、地貌地质的文化意趣 / 228
　　二、草木植物的文化意趣 / 231
　　三、天时天象的文化意趣 / 232
第二节　人文之境——寺院园林中的文化意趣 / 234
　　一、建筑艺术中的景象营造 / 234
　　二、文学艺术中的景意营造 / 242
第三节　五台山风景文化意趣的传播及转译 / 246
　　一、文学 / 246
　　二、寺院造景及山岳名胜 / 249
　　三、清代皇家园林 / 252
第四节　五台山风景文化意趣的产生机制 / 254

第九章　结语

第一节　保护人文景观之"形" / 260
　　一、基于传统寺院园林理法开展寺院改扩建工程 / 260
　　二、尊重人地共生原则，保证风景区聚落系统的可持续发展 / 262
　　三、基于两条朝山路线的风貌保护策略 / 264
第二节　延续人文景观之"神" / 265

后记

第 一 章

引言

五台山并非一座山峰，它是坐落于"华北屋脊"之上的一系列山峰群，其中最高海拔3061米。五座山峰（东台望海峰、南台锦绣峰、中台翠岩峰、西台挂月峰、北台叶斗峰）环抱整片区域，顶无林木而平坦宽阔，犹如垒土之台，故而得名"五台"（图1-1）。

　　五台山曾经是中国四大佛教名山之首，佛教是五台山发展的重要历史驱动力之一。因山上气候多寒，盛夏仍不见炎暑，五台山别称为清凉山，这种清凉高寒的气候，与佛教文化中的"清凉胜境"相依相衬，孕育了这处绵延承传千余年的佛教名山。自北魏孝文帝时期，五台山便兴起佛法，建寺延僧，是佛教兴起最早、寺院营建最先的佛教名山，在中国和世界佛教史上占有重要地位，在佛经和佛教中传为文殊菩萨化现演教之地。作为曾经的文殊菩萨道场，五台山开创了汉地菩萨信仰圣山化的现象，也是中国唯一一个青庙（汉传佛教）黄庙（藏传佛教）交相辉映的佛教道场，现存宗教活动场所共86处。五台山佛教建筑之多，传承历史之长，世界所罕见，堪称世界文化遗产的宝库。现存的还有唐建南禅寺和佛光寺，金建岩山寺，元建广济寺，明建显通、塔院、殊像、圆照、碧山等寺，清建菩萨顶和镇海寺，民国年间建的南山寺、普化寺、龙泉寺、金阁寺、尊胜寺等，现代建有白云寺、七佛寺和凤林寺等。改革开放以后，传统的名山风景名胜开始陆续转化为现代型的风景名胜区，1982年11月，五台山被国务院公布为首批"国家重点风景名胜区"之一。2007年，五台山被评为国家AAAAA级旅游景区。2009年6月，五台山在西班牙塞维利亚举行的第33届世界遗产大会上，经联合国教科文组织世界遗产委员会批准，作为世界文化景观遗产被正式列入《世界遗产名录》。

　　有关五台山的历史文献资料十分丰富，有历代皇帝诏书敕谕、大臣奏疏文告、碑文、山志、地方志、名人游记、高僧传记、诗词歌赋等，这些文献是研究五台山地区佛教发展、寺院建设等方面的珍贵资料。

图1-1　五台山群山

山志是最具系统性的研究资料。五台山志的编修自唐代以来代代不绝，相继出现十余部山志。唐龙朔二年（662年）会赜所撰《清凉山略志》为成书最早的五台山山志，曾由日本高僧圆仁慈觉法师带到日本，但未整理出版，现已散佚。唐代慧祥所编《古清凉传》是目前保留下最早记录五台山历史文化的志书，与成书于宋代的《广清凉传》《续清凉传》两本志书被合称为《清凉传》，反映了武周至金熙宗天眷末年的五台山佛教情况。许多学者对以上三传中其一或二进行研究，杜瑞平则将三传作为一个整体，系统研究了五台山文殊信仰的建立和发展。明代高僧释镇澄在三传的基础上进行修改创作，所撰《清凉山志》内容翔实，文字华美古奥，影响最广。清代《清凉山新志》《圣地清凉山志》《清凉山志辑要》等书多是在明代《清凉山志》的基础上完成的。乾隆五十年（1785年）清高宗命军机大臣派员重修山志，成《钦定清凉山志》，共22卷，增补了很多旧志所无的资料，如收录了康熙、雍正、乾隆的御制诗和碑文，并记载了顺治、康熙、乾隆三朝修建道场、赏赐、巡幸供养、蠲免赋税的情况，嘉庆十六年（1811年）续修山志。

以上古本山志描绘了五台山的神迹传说、地理历史、寺院、历代人文事件及历代文学作品，其中《钦定清凉山志》为官修志书，相较旧志更加客观求实，护教意图不甚明显，其他山志根本目的是辅助教化，借志弘法，建立和弘扬文殊信仰，兼具传、志、艺、文的性质，为当代五台山的研究提供了较为翔实的史料。

目前，五台山佛教的研究多集中在文殊信仰及历史沿革两个方面。

在文殊信仰方面的研究主要包括文殊菩萨信仰与五台山的关系、五台山成为文殊道场的过程以及五台山-文殊信仰的传播及影响等。国内学者在五台山佛教史方面的研究已有了一定基础，20世纪80年代至今，《五台山研究》上发表了魏周、隋、唐、五代、金、元、明、清时期五台山佛教

史的研究情况。崔正森所著《五台山佛教史》内容涵盖了五台山佛教的起源，东晋十六国以来各朝代五台山佛教的历史情况，五台山与国内名山古刹以及印度、尼泊尔等国的佛教文化交流，五台山历代寺院概况等，被武汉大学哲学宗教学系教授麻天翔称为"全面了解、深刻认识五台山佛教文化一部最好的著作"。

敦煌石窟的文物古迹中，保存了关于五台山的文献资料70多个编号、现存《文殊变》[①]中屏风画式的《五台山图》11幅以及反映五台山地区历史地理、佛教文化和社会经济生活风貌的壁画1幅。前一类五台山图绘在莫高窟的第159、112、222、237、361、9、144窟，榆林第3、19、32窟以及肃北5庙1窟，后者为五代时绘于莫高窟第61窟的《五台山图》。杜斗成对敦煌遗书中五台山文献资料中的一部分进行校录、汇总和研究，对五台山历史地理和宗教古迹的研究提供了珍贵资料。

侯文正主持编纂的《五台山志》（2003年）在旧志的基础上从环境、景观、佛教、文物、论著、文学等11个方面进行了系统的梳理，全面展示了五台山形成发展的历史及其在当代社会的综合价值。

从风景园林学视角出发进行的五台山风景名胜区风景特征和寺院园林理法的研究主要集中在重要历史寺院方面。

杨玉潭等人主编《五台山寺庙大观》（1985年），崔正森等人编著《五台山寺庙》（2002年）、《五台山六十八寺》（2003年）、《五台山一百零八寺》（2005年）、《东方寺庙明珠南禅寺佛光寺》（2002年）、山西省古建筑保护研究所编《佛光寺》（1984年）等书是五台山佛寺建筑研究的专著，主要记述了现存寺院历史、现状及文化价值。

赵培成、萧羽、柴洋波、张映莹等人曾对五台山历代佛寺建筑的风格和特点进行了分析总结。寺院个体的空间布局和建筑的研究以佛光寺、南山寺、菩萨顶、显通寺、塔院寺等主要历史寺院为主。细节研究方面，雒岩对中国传统吉祥图案在五台山寺庙的应用进行了研究，周祝英将影壁作为五台山佛寺建筑的重要元素进行了研究。

对五台山寺院园林的研究或作为山地寺院园林研究的案例出现在硕、博士学术论文中，如梁毅的《山西山地佛寺园林的景观特征及其保护与利用初探》、李玲的《中国汉传佛教山地寺庙的环境研究》。或是重点分析建筑布局和空间组织，如曹如姬、杜季月、李碧、朱明烨等人在学位论文中对五台山寺院空间布局和景观组织进行了研究：曹如姬的硕士论文梳理了五台山寺庙建筑群体的布局、空间营造及景观组织；李碧在硕士论文中对五台山地区现存宋金时期佛教建筑构造、院落布局等艺术特征进行了分析；杜季月以五台山10个寺庙为例进行了山林型汉传佛寺空间环境及功能分区的分析；朱明烨将五台山宗教建筑的空间格局划分为点、线、面三种形态，分别代表寺院、商业街巷与台怀民居，对三者的分布、发展、变迁进行了分析。总而言之，五台山的寺院园林理法缺少系统而全面的研究。

五台山风景名胜区村落的相关研究也十分匮乏，仅在少数论文中提及村落价值和风景名胜区建设中对村落态度的反思：如王应临以五台山地区"僧民关系"的发展演变为出发点，对风景区社区搬迁政策进行了反思；

---

① 变即"经变"，即用以宣传教义的绘画、雕刻或文学形式，基于佛经故事所作。

贾丽奇以五台山文化景观为例，分析其作为活态宗教遗产的特性以及宗教社区在五台山宗教文化景观价值形成和传承中发挥的作用。

  2009年6月26日五台山"申遗"成功以来，关于五台山世界文化景观遗产的研究开始兴起。邬东璠等人经过对五台山文化景观遗产突出普遍价值的思考，认为文化景观必须将自然、文化作为一个整体加以认知和保护，尤其要研究人与自然之间的作用机制。牛仁亮等人提出了五台山文化景观遗产要进行可持续发展，除了要加强资源保护外，还要深度挖掘佛教文化、历史文化、人文文化、地质文化的内涵，优化遗产管理机制。王静莉基于五台山自然资源和文化遗产资源的特征，结合山岳型文化景观遗产的特征和可持续发展的内涵，构建五台山可持续发展评价指标体系。崔玉卿在《五台山世界文化景观遗产》一书中对五台山的自然风光、自然遗产、文化遗产种类和数目的具体信息进行了翔实的阐述，并提出世界文化景观遗产价值与保护的思路和建议。以上文献为五台山文化景观遗产保护研究提供了极为重要的基础性文献和意见参考。

  中国正加快构建以国家公园为主体的自然保护地体系，逐步把自然生态系统最重要、自然景观最独特、自然遗产最精华、生物多样性最富集的区域纳入国家公园体系。此外，习近平在中国共产党第十九次全国代表大会上的报告中提到："文化自信是一个国家、一个民族发展中更基本、更深沉、更持久的力量。"并将建设国家文化公园作为推动新时代文化繁荣发展的重大决策。五台山所孕育的丰富的自然风景资源和人文风景资源是中国极具代表性的自然生态系统的重要代表，更是中华民族优秀传统风景文化的重要组成部分。本书通过对五台山风景资源特征及景观理法的分析，带人们走进这处珍贵的世界文化景观遗产，以更好地继承和发展五台山风景文化，弘扬其文化价值，对于丰富我国国家公园及国家文化公园内涵有着重要意义。

参考文献

[1] 邬东璠,庄优波,杨锐. 五台山文化景观遗产突出普遍价值及其保护探讨[J]. 风景园林, 2012,(1): 74-77.

[2] 安秀堂. 画说五台山[M]. 太原:山西出版传媒集团, 2015.9: 27.

[3] 杜瑞平.《清凉传》研究[M]. 太原:三晋出版社, 2013: 2.

[4] 冯巧英. 五台山文殊道场的形成和发展[J]. 太原大学学报, 2002, 01: 8-12+20.

[5] 党燕妮. 五台山文殊信仰及其在敦煌的流传[J]. 敦煌学辑刊, 2004, 01: 83-91.

[6] 安东尼·托拉巴,冀培然. 五台山与文殊信仰[J]. 忻州师范学院学报, 2004, 04: 41-43.

[7] 杨曾文. 唐宋文殊菩萨信仰和五台山[J]. 五台山研究, 1990, 01: 13-19.

[8] 胡莉蓉. 裔然来华对五台山文殊信仰在日本传播的影响[J]. 中北大学学报(社会科学版), 2012, 03: 40-44.

[9] 吕建福. 五台山文殊信仰与密宗[J]. 五台山研究, 1989, 02: 29-32+12.

[10] 冯永昌. 敦煌与五台山——文殊信仰的互动[J]. 五台山研究, 2008, 02: 34-38.

[11] 赵培成. 五台山文殊信仰浅析[J]. 五台山, 2006, 02: 72-77.

[12] 田力. 魏周时期五台山佛教史[J]. 五台山研究, 1986, 02: 3-6.

[13] 正森. 隋代五台山佛教史[J]. 五台山研究, 1986, 04: 6-10.

[14] 陈扬炯. 唐代五台山佛教史[J]. 五台山研究, 1986, 01: 7-11.

[15] 郭春娥. 五代五台山佛教史[J]. 五台山研究, 1987, 04: 11-19.

[16] 欣荣. 金代五台山佛教史[J]. 五台山研究, 1987, 02: 15-19.

[17] 杰英,文山. 元代五台山佛教史[J]. 五台山研究, 1987, 01: 13-22+48.

[18] 肖雨. 明代五台山佛教史[J]. 五台山研究, 1989, 04: 18-25.

[19] 肖雨. 明代五台山佛教史(续)[J]. 五台山研究, 1990, 01: 20-25.

[20] 肖雨. 唐代五台山佛教史(续)[J]. 五台山研究, 1991, 02: 22-28.

[21] 肖雨. 唐代五台山佛教史(续六)[J]. 五台山研究, 1993, 02: 7-17.

[22] 顾吉辰. 略论五代北宋时期的五台山佛教[J]. 五台山研究, 1991, 01: 21-25.

[23] 崔正森. 敦煌石窟《五台山图》研究[M]. 山西科学技术出版社, 2010.

[24] 杜斗城. 敦煌五台山文献校录研究[M]. 太原:山西人民出版社, 1991.

[25] 宿白. 敦煌莫高窟中的"五台山图"[J]. 文物参考资料, 1951, 05: 49-67+69-71+261-262.

[26] 肖雨. 敦煌莫高窟第61窟中的《五台山图》研究[J]. 五台山研究, 2008, 04: 46-54.

[27] 赵晓星. 吐蕃统治时期传入敦煌的中土图像——以五台山图为例[J]. 文艺研究, 2010, 05: 118-126.

[28] 邹清泉. 敦煌壁画《五台山图》新考——以莫高窟第61窟为中心[J]. 中国国家博物馆馆刊, 2014, 02: 77-93.

[29] 韩薇,张洋,王延松. 敦煌莫高窟第61窟《五台山图》探微[J]. 长江丛刊, 2016, 03: 43.

[30] 赵培成. 五台山历代寺庙建筑的风格和特点[J]. 五台山研究, 1991, 01: 34-38.

[31] 萧羽. 五台山历代修建的寺庙及其建筑特点[J]. 五台山研究, 1998, 04: 30-37.

[32] 柴洋波. 五台山佛寺建筑变迁考[J]. 小城镇建设, 2005, 01: 30-33.

[33] 张映莹. 五台山佛寺建筑艺术[J]. 佛教文化, 2009, 03: 34-42.

[34] 雒岩. 以山西五台山寺庙为例——论中国传统吉祥图案在佛教建筑中的应用[J]. 现代装饰(理论), 2015, 10: 153.

[35] 周祝英. 五台山佛寺影壁艺术初探[J]. 五台山研究, 2015, 02: 44-53.

[36] 雨晴,许宏伟. 亚洲佛教造像艺术——五台山心印寺[J]. 五台山研究, 2020(03): 2+65.

[37] 雨晴. 五台山殊像寺明代悬塑观音三尊像[J]. 五台山研究, 2020(01): 66.

[38] 曹如姬. 山西五台山寺庙建筑布局及空间组织[D]. 太原理工大学, 2005.

[39] 李碧. 金代之前五台山佛教文化与寺庙建筑探析[D]. 太原理工大学, 2012.

[40] 朱明烨. 近期五台山寺庙建筑保护途径案例分析[D]. 太原理工大学, 2013.

[41] 王应临,杨锐,邬东璠. 五台山风景区"僧民关系"探析[J]. 中国园林, 2014, 04: 63-66.

[42] 贾丽奇,邬东璠. 活态宗教遗产地与宗教社区的认知与保护——以五台山世界遗产文化景观为例[J]. 中国园林, 2015, 02: 75-78.

[43] 邬东璠,庄优波,杨锐. 五台山文化景观遗产突出普遍价值及其保护探讨[J]. 风景园林, 2012(01): 74-77.

[44] 牛仁亮,毕晋锋. 世界文化景观遗产的可持续发展策略研究——以五台山为例[J]. 科学技术哲学研究, 2013, 30(01): 101-104.

[45] 王静莉. 五台山世界文化景观遗产可持续发展研究[D]. 中国地质大学(北京), 2019.

第 二 章

五台山自然资源与景观概述

第一节　自然资源与风景特征

一、地理境域

五台山位于山西省东北部，属太行山系的北端，距太原市230公里，距忻州市150公里，有五台山山脉和五台山核心区两种不同尺度下的概念。

五台山山脉由一系列大山和群峰组成，是现代地理学界定的范围，地理位置约在北纬38°55′~39°66′、东经113°29′~113°39′之间，山脉四向延伸跨越了两省两市五县的范围，具体的行政分区包括山西省忻州市的五台县、繁峙县、代县、定襄县和河北省保定市阜平县，总面积达6530平方公里。

五台山核心区特指五台山风景名胜区，地跨繁峙县、五台县两县。五台"一山连属，势若游龙"，是五台山重要的寺院集群区，也是这座佛教圣山的经济、文化中心。从20世纪80年代至今，五台山先后进行了三次风景名胜区规划文本的修编，规划期限分别为1986~2000年、2006~2025年、2020~2035年。现行版本为2016年修编的新版规划文本，其中将五台山风景名胜区的性质界定为"以宗教文化景观、文物遗存、地质遗迹为核心资源，以山岳景观与建筑和宗教文化完美共生为主要景观特征，以宗教朝圣、观光游览、生态休闲、科研教育为主要功能的山岳类国家级风景名胜区和世界遗产地"。

五台山风景名胜区的范围包括五座台顶与台怀镇所在的台怀片区（592.88平方公里）、佛光寺片区（14.44平方公里）和界限外12处独立景点（0.11平方公里），总面积共计607.43平方公里（图2-1）。台怀核心景区和佛光寺核心景区组成了风景名胜区的核心景区，其中台怀核心景区面积243.18平方公里，佛光寺核心景区面积4.69平方公里，占风景名胜区总面积的40.8%，五台山重要的历史寺院均位于核心景区内。

为保证风景区山、林、寺、田、佛、僧、众完美共生的整体性关系，对风景名胜区进行了资源分级保护规划，划分为一级保护区、二级保护区、三级保护区三个层级，实施分级控制保护，并对一级、二级保护区实施重点保护控制。一级保护区为严格禁止建设范围，包括核心景区以及特级、一级景点周边范围，要求"严格保护区内五台山文化景观的整体价值、高山及亚高山草甸植物群落、珍稀物种臭冷杉与裂唇虎舌兰及森林生态系统、重要地质遗迹等"，"区内不再新建寺庙、5个台顶不再新增建筑物或构筑物"。二级保护区属于限制建设范围，区内不得安排本规划确定以外的重大建设工程项目，要严格保护地质遗迹及地形地貌，保护生物多样性及珍稀物种栖息地生态环境，"制定区内五台山历史寺庙遗迹清单，可以采取寺庙遗迹复建或遗址保护这两种修复保护方式；严格控制区内设施规模和建设风貌，除必要的服务设施建设外，严禁其他类型的开发和建设"。

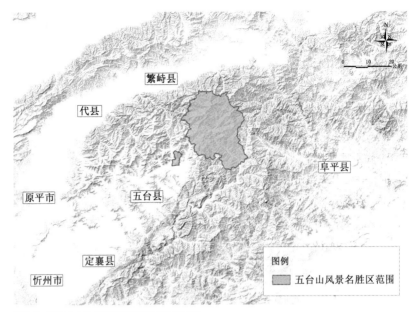

图2-1 五台山山脉地貌特征与风景名胜区范围

三级保护区是在一级保护区、二级保护区以外的区域，属于控制建设范围，严格禁止破坏生态环境、地质地形地貌的活动，游览设施和居民点建设必须"严格履行风景名胜区和城乡规划建设等法定的审批程序，严格控制建设范围、规模和建筑风貌，并与周边自然和文化景观风貌相协调"。

二、自然资源

特殊的区域地理位置影响了五台山整体的自然环境，使其气候、地质、地形地貌、水环境、土壤及植被均具独特的地域特征。

（一）地质

五台山地处华北大陆的腹地，与恒山—太行山连续，地质古老，地貌奇特，生成于隐生宙太古代，是地球上露出水面最早的陆地之一。在各种外力的作用下，先后经历25亿年前的早前寒武纪到260万年前的第四纪地质时代逐步形成。因此，五台山区内不仅保留有太古代、元古代的地质遗迹，也有显生宙古生代、新生代形成的地层，以早前寒武纪地层为主体，分布有早前寒武纪标准地层单元——五台群和滹沱区。五台山沟壑纵横的地貌特征使其地质穿越情况极好，并且有大面积不同层次的岩层和地质构造露出，连续的地质露头现象很好地展现出中国大陆基底的地质构造和地质构成，使五台山成为研究大陆地质的重要窗口。

除各个年代形成的地层之外，五台山自第四纪晚冰期以来，古冰缘和现代冰缘现象皆十分发育，是我国受高度控制的冰缘地貌发育地区之一，也是华北地区仅有的冰缘地貌特征区。五台山冰缘地貌包括冻融剥位面、倒石堆和岩屑堆、冰缘岩柱、石海、石流坡、石条、分选环、石多边形及冻胀石块、草丛土丘、泥流坡坎和泥流舌、石河、热融湖塘、冰缘宽谷、石流阶地、泥石流和石堤垄、冰缘黄土等类型。中台龙翻石、菩萨顶冰坎、黛螺顶上的槽谷肩、鱼脊岭都是冰缘地貌的遗迹。

（二）地形地貌

五台山山脉地形极为复杂，山顶保存有北台期的古夷平面，海拔为2500～3000米，山间的一系列断陷盆地海拔900～1500米不等，盆地内堆积了深厚的黄土。五台山北台（叶斗峰）海拔3061米，是华北地区最高峰，也是中国大陆东经110°以东的第一高峰，有"华北屋脊"之称。五台山以北台为起点，可以划分为三大支系和两座隆起，三大支系分别是北台—东台支系、北台—中台支系、南台支系。两座隆起分别为五台县境内的茹村天和隆起、窑头隆起，其中，五台山风景名胜区周边的山峰主要发源于前三个支系，具体分布情况如下：

北台—东台支系：自北台始，经过东台，蜿蜒120公里脊线南下，有7个支脉、34座山峰，五台核心区及周边的主要山峰有海拔高度为2795米的望海峰（东台）。

北台—中台支系：始于北台，经过中台，脊线相连，有较大山峰62座，位于五台核心区及周边的山峰包括叶斗峰（北台），位于北台顶东南4公里、海拔2564米的华严岭，海拔2893米的翠岩峰（中台），海拔2773米的挂月峰（西台）。

南台支系：发脉于北台，历经群峰，位于五台核心区及周边的山峰有海拔2474米的锦绣峰（南台）以及海拔1800米的插箭梁。

五台山脊连线之外的范围被称为台外，山脊连线以内被称为台内，台内以台怀镇为中心。徐霞客《游五台山日记》中有记："北台之下，东台西，中台中，南台北，有坞曰台湾（即今台怀镇），此诸台环列之概也。"台怀为南北走向宽400～800余米的河川沟地，海拔高度在1600～1700米之间，清水河自北向南流经。台怀地势颇佳，是五台山重要的寺院集群区，也是这座佛教圣山的经济、文化中心。

按照海拔高度可将五台山的地貌划分包含亚高山（2700米以上）、高中山（1800～2700米）、低中山（1000～1800米）三类，亚高山地貌多为缓坡平台，高中山地貌主要为石质山地，低中山地貌包括土石山地、山间盆地、沟谷淤地、山麓丘陵、倾斜平原、河谷阶地等地形地貌。

五台山地形地貌的显著差别直接造成了气候、土壤、植被分布的差异性。

（三）气候

从气候带分区来看，五台山位于温暖带半干旱型森林草原气候带北端，属于比较明显的大陆性季风气候。五台山地区地形地貌复杂，降水和气温受高程因素影响极大，具有明显的气候带垂直分异特征，在五台山境内，海拔每升高100米，降雨增多40～50毫米，气温下降0.5～0.8摄氏度。

地形迎风坡具有动力及屏障作用，使气流绕地形流动和被迫爬升，对暴雨有明显的增幅作用。五台山山脉呈东北西南走向，迎风面是五台山的降雨中心，处于迎风面的台怀地区年降水量可达700～800毫米，受地形和海拔的影响，台怀镇年降雨量可达950毫米；背风面则为少雨地区，该范围内的繁峙、砂河一带降雨量仅为400毫米。

根据境域内温度和降水条件可将五台山地区划分为北部严寒多雨区、中部丘陵温凉少雨区以及西部南部温暖少雨区三个气候区。五台山风景名胜区位于北部严寒多雨区，台怀地区平均气温最高月份为7月，平均气温17.9摄氏度，最冷月份为1月，平均气温为-9.2摄氏度，5月到9月的平均气温在10～20摄氏度之间。相较之下，海拔为2893米的中台顶，年平均气温则为-4.2摄氏度，极端最低温度达到-44.8摄氏度（1985年1月15日）。

（四）水环境

五台山境域内的主要河流有海河水系的滹沱河和清水河，其他小河流多注入这两条河流之中。滹沱河发源于五台山北麓繁峙县泰戏山麓桥儿沟，经代县、原平、定襄、五台，流入盂县，再入河北省。清水河是滹沱河支流，也是五台山风景名胜区内的主要河流，发源于台怀镇紫霞谷和东台沟，经金岗库、石咀、门限石等乡，于坪上村汇入滹沱河。

五台山境域内泉水较多，地下水存储量较为丰富，水质较好。地下水总的补给来源为大气降水，地下水以泉水的形式自流排出，经河流水溪注入滹沱河，最后排入海河。

（五）土壤及植被特征

五台山气候类型多样，植被垂直分布变化明显，从高海拔到低海拔明显分布着6个自然植被带，依次为亚高山草甸带、山地草原草甸带、森林灌丛区、灌丛草本带、旱生草本带、隐域草本带。植被带与土壤类型分布之间存在着高度耦合的关系。

亚高山草甸土主要分布于海拔高度在2700米以上的山顶平台缓坡上，如东台、西台、北台、中台四台的台顶，其上生长着亚高山草甸植被，呈草滩草甸状。山地草甸土主要分布于五台山各支系海拔高度在2000米以上的高山缓坡处，山地草原土则分布在境域内海拔在1800～2500米之间的山坡上。这两种土种所在区域因寒冷风大，林木难以生长，植被类型为山地草原草甸带，主要分布在南台和各山顶平台缓坡处及各支脉上部。山地棕壤土主要分布于五台山区海拔在1800～2400米的次生林区和残存林区，是本区森林土壤，发育有森林灌丛带。五台山丰富的植被资源主要分布在这个区域。褐土主要分布于二级阶地以上的丘陵区和1900米以下的低山区，是五台山区面积最大的农耕地土壤类型。河流沿岸的一级阶地上，是境内高产高效的农业耕作土壤。

三、风景特征

根据《五台山风景名胜区总体规划（2020~2035年）》内容显示，五台山自然景观资源可分为天景、地景、水景、生景4大类（表2-1）。天景是指五台山典型的气候景观和气象景观，包括日月星光、气候景象、云雾景观、冰雪霜露4小类，分别为东台日出、西台月夜、清凉胜境、台顶云海、万年冰5处景源。地景包括山景、奇峰、峡谷、洞府、石景、蚀余景观、地质珍迹7小类共118处。水景包括泉景、江河、潭池、瀑布跌水4小类共11处。生景包括森林、草地草原、古树名木3处。

表2-1 五台山风景名胜区自然景源类型表

大类	中类	小类	景源名称
自然景源	1. 天景（5处）	1. 日月星光（2处）	（1）东台日出；（2）西台月夜
		2. 气候景象（1处）	清凉胜境
		3. 云雾景观（1处）	台顶云海
		4. 冰雪霜露（1处）	万年冰
	2. 地景（118处）	5. 山景（5处）	（1）东台望海峰；（2）南台锦绣峰；（3）中台翠岩峰；（4）西台挂月峰；（5）北台叶斗峰
		6. 奇峰（6处）	（1）灵鹫峰；（2）黛螺顶；（3）梵仙山；（4）寿宁寺山；（5）仰天大佛（象形石）；（6）仰天大佛（灵境东）
		7. 峡谷（1处）	南梁沟
		8. 洞府（3处）	（1）佛母洞；（2）观音洞；（3）秘密寺龙洞
		9. 石景（10处）	（1）清凉石；（2）牛形石；（3）龙翻石；（4）写字崖；（5）巨石阵；（6）驼峰；（7）圣诞老人石；（8）石龙；（9）龙翻石（石海）；（10）石海
		10. 蚀余景观（2处）	（1）冰川碾压痕（南台）；（2）冰斗（南台）
		11. 地质珍迹（91处）	（1）重要地质剖面与花岗岩——绿岩带遗迹（48处）；（2）地层剖面及不整合面地质遗迹（23处）；（3）古生物化石-叠层石遗迹（10处）；（4）典型古夷平面地质遗迹（5处）；（5）典型冰缘地貌遗迹（3处）；（6）典型地质构造（2处）
	3. 水景（11处）	12. 泉景（5处）	（1）般若泉；（2）三泉寺泉；（3）观音洞井泉；（4）九龙岗泉；（5）神武泉
		13. 江河（2处）	（1）清水河；（2）南梁沟河
		14. 潭池（3处）	（1）明月池；（2）北台黑龙池；（3）西台文殊洗钵池
		15. 瀑布跌水（1处）	瀑布（金岗库）
	4. 生景（3处）	16. 森林（1处）	天然次生林
		17. 草地草原（1处）	高山草甸
		18. 古树名木（1处）	散布于各寺院内的古松、古柏、古杉树（臭冷杉、白杆、青杆）

资料来源：《五台山风景名胜区总体规划（2020--2035年）》。

(一)天景

登临东台可望云海、观日出(图2-2),是五台山著名的自然景观,历来吸引着无数的僧俗登山朝日。而望日出中,又数"云海日出"最为壮观。夏日天气晴好时,黎明登临其上,可见云海尽头的红日喷薄而出。西台挂月峰是赏月绝佳之处(图2-3),明唐文焕《和咏西台》诗云:"月小更知山势险,天空应见地形方。"在先人的诗文中可以窥得西台月夜之美景。五台山"岁积坚冰,下仍飞雪",虽值盛暑而不知炎热,所以被称为清凉胜境。正是在此气候的影响下,五台山台顶有积雪常年不化,多存留于背风坡的洼地中,形成了徐霞客《游五台山日记》里记载"九夏不消"的"万年冰"。

图2-2 东台景观
(图片来源:刘岩、韩春宏. 五台山胜境[M]. 北京:中国摄影出版社,2005:10-11)

图2-3 西台景观

（二）地景

五台山地景中以山景最为著名。五台山山体浑圆高大，五座台顶平坦开阔、气势磅礴、各具特色，东台之俊、南台之秀、西台之险、北台之高、中台之阔，形势各不相同，成为五台山奇特的自然景观。东台望海峰，周匝三里，远望山形，壮如耸立的巨象。《清凉山志》载："蒸云寝壑，爽气澄秋，东望明霞，若陂若境，即大海也。亦见沧瀛诸州，因以为名。"这就是望海峰之名的由来。

西台挂月峰，台顶平如掌，周匝二里。月圆之夜，只觉西台高耸，月坠峰巅，俨若悬镜，因此得名。西台有多处自然地质景观被赋予了佛教内涵，成为佛教灵迹，如魏文人马迹、八功德永、二圣对谈石、狮子踪、牛心石、文殊洗钵池等。

北台叶斗峰周匝四里，是华北地区最高峰，世称"华北屋脊"，是极目远眺的佳妙之处（图2-4）。远望其山巅，呈马鞍形，佛教喻为一身双头的共命鸟。北台气候异常，风雨阴晴，变幻莫测。《清凉山志》对此有所描述："风云雷雨，出自半麓。有时下方骤雨，其上曝晴"或"猛风怒雷，令人悚怖"。

中台翠岩峰顶端广平，周匝五里，是五台山顶中面积最大的一个（图2-5）。这里气候十分寒冷，在平坦的台顶上，散布着许多浅水塘，这是冰缘地貌的一种自然景观——"热融湖"；佛教徒则认为它是文殊菩萨的护法天龙居住之所，因而称之为"龙池"。

图2-4 北台景观

图2-5 中台景观

　　五台山其他四台为连绵起伏的一道山峰，唯南台另为一峰（图2-6）。南台顶若覆盂，周匝一里，远望山形，犹如一匹卧马。南台以野生植被丰富、野花种类多见长，因台顶布满了细花杂草，沿坡而下，犹如铺锦，因此得名锦绣峰，又被人称为"仙花山"。

　　五台山五座台顶景色各不相同，独特的夷平面台顶以及冰缘地貌自然景观与佛教文化相互交融，形成了自古以来佛教信徒们对5座台顶的膜拜，衍生了一种亲临五台的盛大的佛事活动——"大朝台"。

　　除山景外，五台山6处奇峰也给人留下突出印象。分别为灵鹫峰、黛螺顶、梵仙山、寿宁寺山和2处仰天大佛（1处为象形石，1处位于灵境东）。前4处奇峰位于台怀地区，我们称之为台怀四峰，四峰之上各有一座寺院拱卫台怀。

　　五台山分布有不少峡谷河谷景观，这些谷地有着丰富的水土资源，常常作为村落和寺院的选址所在，较为典型的有南梁沟。洞府景观也是五台山特色，《广清凉传》和《清凉山志》等文献中记载了许多被视为"灵迹"的天然洞窟，其中不少洞窟都是高僧修行的场所，旁边建设寺院，并以洞命名，洞窟自然成为重要的景观资源，如佛母洞、观音洞、秘密寺龙洞。此外，五台山还有清凉石、牛形石、龙翻石、写字崖等石景10处，冰川碾压痕、冰斗等蚀余景观2处，绿岩带遗迹、冰缘地貌等地质珍迹91处。中台龙翻石、菩萨顶冰坎、黛螺顶上的槽谷肩、鱼脊岭都是冰缘地貌的遗

图2-6 南台景观
(图片来源:刘岩、韩春宏.五台山胜境[M].北京:中国摄影出版社,2005:12-13)

迹,它们被赋予了丰富的神话传说,成为佛教文化的自然基础。

(三)水景

《广清凉传》《清凉山志》等史料记载五台山泉景潭池多处,多被视为胜迹,有寺院临之而建,现存般若泉、三泉寺泉、观音洞井泉、九龙岗、神武泉5处泉景,和明月池、北台黑龙池、西台文殊洗钵池3处潭池保存完好,具有较高的景观价值。

(四)生景

"五台不产百谷,半麓以上,并无林木,唯生香草",高鹤年的《五台山访游记》对五台山植被特征的描述反映了山地植被垂直分布的变化。五台山典型的植物景观以森林景观(图2-7)、高山草甸景观(图2-8)为主。五台山天然次生林植被类型包括落叶阔叶混交林及灌丛、针阔叶混交林、寒温性针叶林等。每当春夏之季,莽莽林海,郁郁葱葱,到了秋季则层林尽染,五彩缤纷,惟油松、云杉,四季碧绿苍翠,尤其在冰天雪地的冬天,依然枝繁叶茂,傲立于岩峰峭壁和茫茫雪原之中。五台山高山草甸是著名的天然高山牧场,也是五台山特色景观。圆仁在《入唐求法巡礼行记》也提到草甸花海:"奇花异色满山而开,从谷至顶,四面皆花犹如铺锦,香气芬馥熏人衣裳"。五台山古树名木也是生景之一,它们散布在各寺院内部,包括古松、古柏、古杉树(臭冷杉、白杆、青杆)。

图2-7 森林景观

图2-8 北台高山草甸

第二节 宗教与人文特征

一、宗教佐证

五台山作为曾经的四大佛教名山之一，其发展及壮大深受宗教文化影响。良好的自然环境为五台山开发建设提供了物质基础，宗教的介入使五台山具有了文化驱动力，共同推动五台山从自然景观向风景名山发展。五台山佛教的发展离不开佛教经典的论证，即佛教经典著作中出现的佐证五台山为佛教名山或文殊菩萨道场的典故，是历史上五台山宗教影响力的有力佐证。

（一）禅修佳境

五台山位于太行山北端，境内山峦起伏、峡谷纵横、水清林密、气候清凉。起初就被华北平原和黄土高原的先民奉为神山，后有道教流布，时称紫府山。随着佛教传入汉地，"佳木林林，千峦弥布"（《清凉山志》）的五台山吸引了佛教僧侣的注意，被佛教视为孕育佛法的"禅修佳境"。

"（五台山）比之燕晋诸山，椎鲁黝黯、了无生气者，固大有仙凡之别矣"，民国地理学家张相文（沌谷）对五台山的评论也佐证了自然环境与佛教发展的内在联系。

（二）五台耸出

五台山地区山峦迭起，参照"五方"文化，人工选取了五座顶平而无林木的山峰，作为其突出的地理特征。北齐之前山名为五峰山，《佛祖统纪》记载，北齐武成帝于河清二年（563年），诏慧藏法师讲六十《法严经》，次年（564年），改五峰山为五台山。

成文于永隆元年（680年）的《古清凉传》是最早专门记述五台山的著作，在卷上第一"立名标化"中引北魏郦道元《水经》中"其山五峦，魏然迥出于群山之上，故谓五峰"，隋代侯白《旌异记》中"雁门有五台山，山形有五峙一台"等古籍描述五台山的部分文字，佐证五台山命名的根据。

唐代南印度高僧菩提流志所译《佛说文殊师利法宝藏陀罗尼经》（710年）中云："尔时，世尊复告金刚密迹主言，我灭度后，于南赡部洲（大地）东北方，有国名大震那。其国中有山，名曰五顶，文殊师利童子游行居住，为诸众生于中说法。"这段经文将五台山与文殊菩萨联系到一起。

唐代高僧澄观曾于大历十一年（776年）历游五台，在兴元元年至贞元三年间（784~787年）撰《大方广佛华严经疏》，在卷47《大正藏》第35册中记载："我大圣五智已圆，五眼已净，总五部之真秘，洞五阴之真源，故首戴五佛之冠，顶分五方之髻，运五乘之要，清五浊之灾矣。"论述了文殊信仰与"五"的种种联系，又利用五台之形胜建立了其与佛教密宗"五智""五部""五佛"等说法的关联，进一步巩固了五台山作为文殊道场的佛教名山地位。

（三）清凉胜境

东晋安帝义熙十四年（418年），天竺僧人佛陀跋陀罗与百余名沙门历时三年翻译出的《大方广佛华严经》，其中卷二十九《菩萨住处品》中有记述"东北方有菩萨住处，名清凉山。过去诸菩萨常于中住，彼现有菩萨，名文殊师利，有一万菩萨眷属，常为说法"，道出文殊菩萨住清凉山，但未明确具体的空间定位。

由五台山最早志书、沙门会赜著于唐龙朔二年（662年）的《清凉山略传》可推知，最晚在唐高祖龙朔年间五台山就被称为清凉山了，此后的多本志书均延续了这一说法。

唐总章元年（668年），高僧释道世所撰的《法苑珠林》中记载："佛告文殊：过是年已，汝持我刀塔至震旦清凉山金刚窟中安置。"震旦是唐时古印度人对中国的称谓。显然，这里将文殊的住处定位在了中国清凉山的金刚窟中。"代州东南五台山，古称神仙之宅也。……有五台，上不生草木，唯松柏茂林。经中明文将五百仙人，往清凉之山，即斯地也。地极严寒多雪，号曰清凉山"，将清凉山与文殊道场定位在代州东南的五台山中。

到唐永隆元年（680年），高僧释慧祥在《古清凉传》中将清凉山与文殊菩萨的关系论述为"出于金口，传于龙藏"，可见这时文殊信仰与五台山的关系已经非常明确了。

后有法藏（643~712年）著《华严经探玄记》卷15中云："清凉山则是代州五台山也。于中现有古清凉寺，以冬夏积雪，故以为名。此山及文殊灵应等，有传记三卷。"以及澄观法师（738~839年）所撰《大方广佛华严经疏》中《菩萨住处品》云："清凉山，即代州雁门郡五台山也，于中现有清凉寺。"唐代一代代高僧翻译、创作的佛教经典中均出现佐证了五台山与清凉山的对等关系。

"清凉"原是对五台山气候特征的描述，通过佛教经典和多位高僧的佐证与宣传，逐步确认了五台山就是释迦牟尼亲口提及的文殊菩萨道场——清凉山。民间流传起"文殊智借清凉石"的神话传说，清凉寺、清凉石等实体景观的构建也进一步强化了人们对五台山即文殊菩萨所居的清凉山的认知。

（四）典据传说

"故大圣示生，心期利物；至人阐化，愿在转凡"（《清凉山志》），佛家认为菩萨显现是为利益众生、转凡为圣，因此佛教典籍中必不可少的就是关于菩萨显灵、僧众感应的典据传说。随着菩萨信仰的兴起，各地流传起各种菩萨显灵事迹以及僧侣信众的宗教体验，不断激发大众对菩萨信仰的热情，并前往各佛教圣山朝拜。

古今各版的清凉传及山志中都记载了大量感通灵异的典据传说：《古清凉传》中记录有36名僧俗人物有感通灵异事迹；《广清凉传》记录有89名僧俗人物有感通灵异事迹；《续清凉传》记录了张商英元祐三年（1088年）在五台山所见的圣迹；《清凉山志》编录了63位高僧的懿行传记和23个菩萨显应的传说异事。

印度佛教复杂的修行方法、暗昧难明的教义、各宗派繁琐的经院哲学难以被普通信徒理解，相比之下，佛教体系中关于崇拜信仰的神异故事和通俗内容比高深理论更容易被接受。因此，佛教神通的典据传说是宣传教化的重要手段。五台山感通灵异事件随着书籍、僧俗布道广泛传播，坚定了僧侣信徒对文殊的信仰，巩固了五台山佛教圣山的地位。

二、皇家扶持

自公元前221年秦始皇统一六国，到清朝灭亡，这两千多年间中国的政治制度一直为君主专制，皇帝拥有至高无上的权利。在印度佛教中强调僧人高于世俗人甚至高于王者，佛教传入之初，"沙门不拜敬王者"（慧远《沙门不敬王者论》）是上层统治者反对佛教的一大原因。至东晋，佛教领袖释道安开始认识到："不依国主，则法事难立。（《高僧传·卷五》）"许多佛教高僧深谙此道，打破"沙门不敬王者"的戒规，把人王当成法王。

佛教的妥协换取了统治阶级的有力支持，君主帝王认识到佛教对其统治有化愚导俗、柔服人心之功效：北魏太祖道武皇帝利用他消除儒家"夷夏之分"的民族观点；唐太宗登基后为自己诛剪的千人建斋行道，忏悔赎罪，安抚人心；武则天利用国家权力弘扬佛教，以制造登基舆论；金太宗利用佛教怀柔汉人，巩固女真王朝的统治；明太祖欲以西藏习俗"化愚俗，弥边患"，崇敬喇嘛，诏谕番僧；清圣祖康熙利用藏传佛教对外藩蒙古采取怀柔政策，以达到"不设边防，特以蒙古之部落为屏藩"的作用。可见，五台山在唐代及后世君王的宗教作为中扮演着十分重要的角色。尤其自元朝起至明清两朝，五台山藏传佛教成为绥靖边疆民族势力的政治工具，五台山也就成了汉、满、蒙、藏、土等东方各民族的佛教信仰中心，形成了汉传佛教与藏传佛教两系佛教并存的格局。在清朝前期，藏传佛教在五台山的地位一度超越汉传佛教，许多青庙（汉传佛教寺院）被改为黄庙（藏传佛教寺院），汉传佛教僧人也就地转为藏传佛教僧人。五台山是汉地现存唯一一处汉藏并行、青黄并存的佛教圣地，在汉族与少数民族佛教文化交流中发挥了不容忽视的桥梁作用。

佛教迎合了时人的精神需要，具有稳定社会秩序、巩固统治阶层地位的功能，有利于封建社会的稳定和持续，故成为重要的政治工具。佛教的逐渐壮大，难免与其他宗教势力及封建国家的利益发生矛盾，导致历史上发生了对佛教发展产生重大影响的"三武一宗"四次灭佛运动，但当新的君主登基，又会一改先皇灭佛之行径，重新礼遇佛教，崇佛敬僧，佛教在经历沉痛打击后会马上振作，焕发新的生机。在此过程中，五台山也经历了多次兴盛、没落，在曲折中发展至今。

五台山宗教地位的稳固和影响的扩大，离不开皇家政治力量的扶持，反映了佛教在中国发展过程中融入统治阶层的过程。根据《清凉传》《清凉山志》及其他史料的记载，将历代君王在五台山的扶持尊佛行为概括为建寺度僧、特权护佑、巡礼文殊以及尊经供养四部分。

（一）建寺度僧

伽蓝密布、佛塔林立是佛教圣山的重要表现之一。按照史书山志和五台山遗留下的残碑、古鼎上的文字说明中的描述，五台山寺院大多是由皇帝们下旨建造的，一般包括敕建、敕修和敕赐三种形式。敕建、敕修是由皇室出资，新建或维修扩建寺院，敕赐即皇帝的赏赐，这种是皇室指定庇护的寺院，在每个寺院的发展史中，三种形式一般都是相辅相成的。

在历代君王的扶持下，五台山的寺院建设活动从未间断，规模得到极大扩张。因此吸引不少名僧前往五台山传戒悟法，也培养出一辈辈五台本土高僧。他们在募建寺院、佛典撰写、创宗立派、佛教革新、佛法传播、开办法会中起到重要作用，通过佛教与政治力量的互动一步步推进五台山的发展，使之呈现出名山信仰的气氛。

此外，统治阶层也通过改变度僧制度来刺激佛教的发展。"宋太宗太平兴国元年（976年），诏天下童子愿出家者，得度牒"，明太祖洪武六年（1373年）"普天下僧度牒，废前代鬻（即卖）牒度僧"（《释氏稽古略续集》卷二），施行免费给牒制度，打开了出家为僧之门。

（二）特权护佑

佛教传入中国，一改印度托钵乞食、依靠布施过活的世俗供养方式，创造了"一日不作，一日不食"的农禅制度，形成僧侣自我供养的新模式。寺院经济来源有国家的土地配额、封赐，信徒的布施，以及土地买卖、质押兼并等，后来一些寺院逐渐发展成某地区手工业品生产及交易的场所，成为区域的商业活动中心，寺院的设备出租、实物出借与货币借贷等业务也发展起来。五台山诸寺院也受到历朝统治阶层政治特权的庇护，获得蠲免僧寺税赋等的经济特权，这些特权在极大程度上刺激了寺院经济的发展，雄厚的寺院经济基础为五台山诸寺购置田产兴造寺院提供了物质条件。

此外，统治者还给予了五台山寺院一定的管理特权，"不许一应官员军民人等侵扰"（《清凉山志》卷五《帝王崇建》），在皇权的护佑下五台山诸寺院具备了雄厚的经济基础和相应的管理自由。

（三）巡礼文殊

《般涅槃经》云："若闻文殊名或见菩萨像者，百千劫中不堕恶道；若称念文殊名者，没有重障，不堕阿鼻猛火之狱，常生他方清净国土。值佛闻法，得无生忍。"（《清凉山志》）随着五台山文殊信仰越来越兴盛，各地僧俗不远千里前往五台山巡礼朝圣，以睹文殊真容。然而五台崇山峻岭，巡礼路程过于漫长，君王因政事繁忙，难以亲临五台山拜谒，多由皇帝派遣的使臣代劳，或是进香祈福，或是开办法会，或是赐斋修斋，以弥补皇帝无法亲临五台巡礼的遗憾。

历史上记载真正亲临五台山的皇帝有北魏孝文帝、元代成宗、英宗二帝、清代康熙、雍正、乾隆、嘉庆四位皇帝。帝王巡礼带来的"名人效应"提高了五台山的知名度以及在民众心目中的地位，使之逐步发展成为北方地区香火最为旺盛、信众最为繁多的佛教名山。

（四）尊经供养

佛经是佛法和文殊智慧物化的体现，抄写、供养、念诵经书的就是尊崇佛法，信仰文殊。帝王君主日理万机，难以做到念诵抄写，唯有赐送经卷，将其供养至五台山寺院之中以表达对文殊的崇敬。

三、人文社会

古代社会人类的生产水平很低，早期以采集和狩猎等为主要生产模式，后期发展为比较稳定的农业和畜牧业，人类的生存一直无法摆脱对自然条件的依赖。因此，物质环境及其所能提供的自然资源是人类选择聚居空间的首要条件，也是聚居点形成和发展的基本前提。物质环境是自然法则和人为干预共同作用下的产物，其组成包括气候、水系、地形地貌等影响村落选址的客观条件，也包括能够产生生命价值或经济价值，提高人类福利的耕地资源和矿产资源等。

历代君王为扶持五台山佛教，给予了封赐土地、财物，特赦赋税等大量的经济支持，五台山村落和寺院紧密联系的现象在一定程度上是佛教发展带来的生产资源分配的产物。

五台山寺院拥有的大量土地广布于五台、繁峙、代县和河北阜平等地。根据明万历四十一年（1613年）《五台山各寺免粮碑记》记载，除了朝廷封赐的土地之外，早先僧侣就寺开垦，与山争地，僧寺田产不断扩大，仅灵鹫寺拥有土地一百一十三顷五十七亩（合4596.3公顷），塔院寺拥有土地十五顷七十九亩二分（合639公顷），数量可观的寺院田产是宗教活动的重要经济支柱。

为了处理土地耕种事务，各寺院与民众建立了地主与佃户的关系，农耕时代土地资源的富集具有极大吸引力，许多租种寺院土地的佃户搬到寺院或耕地周边居住，形成了一些小型居民点。到民国初期，五台山寺院的土地多由佃户租种，1936年，台内共有41座寺院，但由僧人自耕自种的土地仅占耕地总数的2.5%。

农业生产积累了大量的寺院经济财富，更带动了采矿、商业等其他业态在五台山的发展。如五代五台山僧人继颙在杨柏峪发现银矿，招募百姓开山取矿。元仁宗延祐年间，灵鹫寺设置铁冶提举司，组织僧众采矿冶炼。五台山地区还有丰富的煤炭资源和铜矿资源，开采冶炼过程中，五台山的村民就成为主要参与者和劳动力。

随着五台山佛教的发展，佛寺丛林萃集的台怀镇逐渐成为"僧商往来交通之地"、"游客夜宿处"，承担了五台山旅游、贸易、文化中心的作用。其中有杨林、营坊两个街市，多有经营粮食、布匹、杂货、货币借贷等店铺，大多数的商铺都为各寺院所有。五台山商业的发展为村民的谋生提供了机会，民国时期的台怀镇有店铺二三十家，以菩萨顶为首的寺院核心区附近，多售卖蒙古人习用的木碗、铜器、佛像和念珠等物，与蒙古人进行交易。

五台山的住民除了僧侣之外，大都属于与寺院形成雇佣关系并承担了一部分早期旅游服务活动的百姓。生产活动和商业往来使五台山僧民的关系越来越密切，形成了村寺相依、僧民共生的社会关系格局。

参考文献

[1] 侯文正. 五台山志[M]. 太原：山西人民出版社，2003：1.
[2] [清]高鹤年. 五台山访游记（二）. 引自崔正森. 五台山游记选注[M]. 太原：山西人民出版社，1989：107.
[3] 五台山风景名胜区管理委员会. 五台山风景名胜区总体规划（2020—2035）[EB/OL]. http://wts.sxxz.gov.cn/wtszw/zwgk/ghjh/zxgh/202012/t20201209_3581824.html, 2021.1.19.
[4] 安秀堂. 画说五台山[M]. 太原：山西经济出版社，2015.
[5] 景天星. 世界遗产视野下的五台山地质遗产[J]. 太原师范学院学报（自然科学版），2012，3：113-116.
[6] 李江海，刘守偈，牛向龙，等. 早期碰撞造山带的构造样式及其板块构造演化意义：以华北克拉通五台山花岗岩——绿岩区为例[J]. 岩石学报，2009，25（3）：481-494.
[7] 朱景湖，崔之久. 五台山冰缘地貌的基本特征[J]. 冰川冻土，1984，6（1）：71-77.
[8] [明]徐霞客. 游五台山日记. 引自崔正森. 五台山游记选注[M]. 太原：山西人民出版社，1989：17-24.
[9] 刘岩，韩春宏. 五台山胜境[M]. 北京：中国摄影出版社，2005.
[10] 韩建平，曳宏玉. 五台山地区木本植物资源[J]. 五台山研究，1991，01：43-47.
[11] 赵玉春，许小峰，崔春光. 中尺度地形对梅雨锋暴雨影响的个例研究[J]. 高原气象，2012，05：1268-1282.
[12] 侯文正. 五台山志[M]. 太原：山西人民出版社，2003.
[13] 印顺. 初期大乘佛教之起源与开展[M]. 台北：正闻出版社，2011：873.
[14] 许栋. 中国中古文殊信仰形成的研究[D]. 兰州：兰州大学，2013.
[15] 李利安. 四大菩萨与民间信仰[M]. 上海：上海人民出版社，2011：3.
[16] 汤用彤. 论中国佛教无"十宗"[J]. 哲学研究，1962，03：49-56.
[17] 崔正森. 五台山佛教史[M]. 太原：山西人民出版社，2001.171-242.
[18] 魏道儒. 中国佛教八大宗派（下）[J]. 百科知识，2009，13：48-50.
[19] 魏道儒. 中国佛教八大宗派（上）[J]. 百科知识，2009，11：54-56.
[20] 崔正森. 五台山佛教史[M]. 太原：山西人民出版社，2001：242-311.
[21] 五台县志编纂委员会. 五台县志[M]. 太原：山西人民出版社，1988：581-582.
[22] 郑凌予. 中国佛教宗派对韩国华教寺庙空间演变的影响——以韩国通度寺为例[D]. 成都：西南大学，2012.
[23] 王立. 略谈五台山佛教的特点[J]. 五台山研究，1988，01：27-32.
[24] 赵培成. 闻名遐迩的十方禅寺碧山寺[J]. 沧桑，1993，02：44-47.
[25] 何立. 略论佛教文化与山岳名胜[J]. 上海大学学报（社会科学版），1996，04：65-70.
[26] [清]沌谷. 五台山参佛日志. 引自崔正森. 五台山游记选注[M]. 太原：山西人民出版社，1989：112.
[27] 《北齐书》卷四十《白建传》，转引自崔正森. 五台山佛教史[M]. 太原：山西人民出版社，2001：157.
[28] 慧祥. 古清凉传[J]. 五台山，2006，01：5-10.
[29] 冯巧英. 五台山文殊道场的形成和发展[J]. 太原大学学报，2002，01：8-12+20.
[30] 杜瑞平. 《清凉传》研究[M]. 太原：三晋出版社，2013：84-128.
[31] 许展飞，陈长琦. 试论魏晋南北朝佛教权威的谋求与确立——以《高僧传》中僧人神异事迹为中心[J]. 河南师范大学学报（哲学社会科学版），2008，02：145-148.
[32] 崔正森. 五台山佛教史[M]. 太原：山西人民出版社，2001：111-730.
[33] 何蓉. 佛教寺院经济及其影响初探[J]. 社会学研究，2007（4）：75-92.
[34] 王鑫. 环境适应性视野下的晋中地区传统聚落形态模式研究[D]. 北京：清华大学，2014.
[35] 五台山丛书编委会王学斌等. 五台山碑文匾额楹联诗赋选[M]. 太原：山西教育出版社，1998：77.
[36] [民国]朱远峰. 五台山记. 转引自侯文正. 五台山志[M]. 太原：山西人民出版社，2001：361-362.
[37] [民国]袁希涛. 游五台山记. 引自崔正森. 五台山游记选注[M]. 太原：山西人民出版社，1989：143-154.

第三章

五台山佛教发展与寺院空间格局

五台山从自然形胜发展成为风景名胜是地域性佛教发展的产物，了解五台山佛教发展历史和历代寺院建设情况对掌握五台山风景文化有重要作用。

　　五台山佛教兴始时间说法众多：《清凉山志》中记"周穆王时已有生教及此"，又有"东汉说""北魏说"等多种说法，目前关于五台佛法兴起的较被认可的时期为北魏。自五台山佛教创立以来，虽几经波折起伏，总体上还是一直保持着兴旺的势头。历朝五台山及其周边地区的寺院营建，使得五台山山脉的地理学范围内形成一张覆盖两省五县的巨大的佛教"文化场"，构成庞大的寺院体系。随着众多寺院的新建、扩建，五台山佛教的内容被不断充实丰富，形成一种与众不同的地域性佛教文化，其影响力辐射全国乃至海外。

　　五台山佛教由于兴起较早，是中国汉传佛教发展史地域化的呈现，与汉传佛教发展呈现出同步化的特征，因此根据《中国汉传佛教建筑史》的分期，将五台山佛教发展按照汉传佛教发展历时分为前期（北魏至唐）、中期（五代至金）、后期（元、明、清）、近期（民国至今）四个阶段，从五台山地区历代建设寺院分布情况图（图3-1）中可以看出，五台山地区寺院建设集中分布在前期（北魏至唐代）、后期（元、明、清），相比较之下，中期寺院（五代至金）建设量远远小于其他两个时期，这也与我国汉传佛教历史发展进程相吻合。

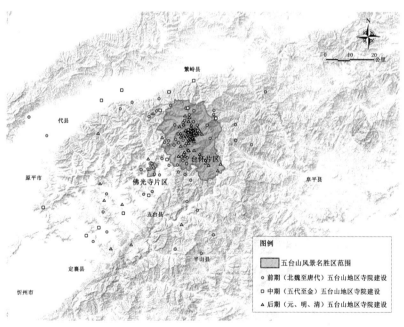

图3-1　五台山地区历代建设寺院分布情况

第一节　前期：初传与鼎盛（北魏—唐）

一、北魏（386~534年）：佛教兴起

后赵时期，石勒、石虎二帝尊奉佛教，位于后赵境内的山西于此时兴起了佛教，五台山自此有佛法流传。至东晋穆帝司马聃在位年间（公元354年），佛教高僧释道安在五台山北埵浑源县恒山"创立寺塔，改服从化者中分河北"（《高僧传·卷五》），楼烦①的慧远慧持二人前往出家，这也反映出五台山周边地区已有佛法流传却鲜有寺院庙宇。东晋年间，五台山周边有恒山寺（浑源县）、楼烦寺（原平县）、白仁岩寺（原平县）建成，为佛法向五台山地区的渗透打下基础。

北魏天兴元年（398年），道武帝拓跋珪从旧都盛乐（今内蒙古自治区和林格尔县）迁都平城（今山西大同市）称帝，同年"发卒十万，凿恒岭，通直道"，即连接中原、燕晋地区，进出恒山的道路（图3-2）。至太宗明元帝拓跋嗣（409~423年在位）时，北魏确立了以五岳四渎为首的山川祭祀格局，由于平城距离北岳最近，故最重视古北岳恒山②的祭祀活动，恒山直道的开凿，使北魏诸帝能濒至北岳。北魏迁都洛阳之前，《魏书》诸帝纪及礼志中有六次明确记载了魏帝遣使祭北岳，多次为皇帝巡狩至北岳遣使致祭。五台山位于恒山以西75公里处，皇帝、使臣多次前往恒山为认知和开发五台山提供了机会。

① 楼烦，北狄的一支，其疆域大致在今山西省西北部一带。
② 古北岳，原为阜平、唐县、涞源三县交界处的神仙山（又名大茂山），明中期改封浑源山为恒山遥祭于曲阳。后清入关于清顺治十七年（1660年）祭祀亦移于浑源北岳恒山。

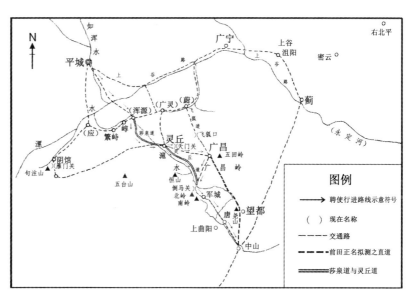

图3-2　平城至北岳恒山交通图
（图片来源：改绘自《南北朝交聘使节行进路线考》）

此外，太祖道武皇帝、太宗明元皇帝崇佛敬僧，在平城建寺兴教，开崇佛先河，也为距平城190公里的五台山佛教的发展打下基础。后到北魏第三任皇帝魏太武帝在位期间，尊儒道而排斥佛教，于太延四年（438年）、太平真君五年（444年）、七年（446年）三次灭佛，使魏境内佛教受到重击，五台山佛教的发展也因此受到沉重打击。

五台山佛教的真正兴起始于北魏孝文帝时期。五台山近都城，且有文殊化现之传说，故受到以孝文帝、孝明帝为代表的皇室支持。据《清凉山志》所记：孝文帝曾至驴夷县（今五台县）佛光山造佛光寺；于清凉谷造清凉寺；见台内顶无林木小峰频有文殊化现，"类西域之灵峰"，故谓之灵鹫峰，"爱发圣心"，造大孚灵鹫寺；"环匝鹫峰，置十二院，前有杂花园"；魏文帝第四女信诚公主出家于五台山，造公主寺等等。孝文帝复兴佛法，发展寺院经济，促进了魏境内五台山佛教的发展。

北魏时期的五台山已经发展成文殊菩萨道场、北朝研习《华严经》的圣地，佛教发展已初具规模，此时可考的寺院、堂、窟等佛教建筑（表3-1），在今五台山风景名胜区范围内已有真容院（菩萨顶）、大孚灵鹫寺（显通寺）、北山寺（碧山寺）、古清凉寺、清凉寺、观海寺、寿宁寺、吉祥寺、金刚窟、那罗延窟、金河寺等寺院建成（图3-3）。

表3-1 北魏时期五台山地区寺院建造情况及寺院现状

编号	名称	创建年代	现址	现状规模（平方米）	现状建筑情况
1	宕昌寺	北魏太和年间	五台山豆村北	—	今废
2*	佛光寺	北魏太和年间	五台山豆村佛光山中	34000	唐代重建，武宗灭法后，857年再重建，历代皆有修建。寺内现有殿、堂、楼、阁等120余间，其中，东大殿七间，为唐代建筑；文殊殿七间，为金代建筑，窟洞和南北厢房为民国初年增筑，其余均为明、清时期的建筑
3*	真容院（现菩萨顶大文殊寺）	北魏太和年间	台怀镇显通寺北的灵鹫峰上	9160	自建寺起历代都有修葺，唐代重建，称"真容院"，明永乐年间，真容院"敕改建大文殊寺"。明朝以后至今，一直沿称"大文殊寺"（又称"菩萨顶"）。清代重建，现有殿堂僧舍100余间，均为清康熙年间的建筑
4*	大孚灵鹫寺（现显通寺）	北魏太和年间	台怀镇中心灵鹫峰前	43700	历代均有修葺，现存建筑多为明、清时期的建筑，寺内现有各种建筑400余间
5*	北山寺（现碧山寺）	北魏太和年间	台怀镇东北1公里处	19865	现存建筑为明代重建，清、民国都有修葺，共有殿堂建筑108间
6	嵌岩寺	北魏太和年间	五台县耿镇河北村东	3800	唐、明、清都有修葺，民国初年再修并整体扩建，抗战期间毁于战火，现代重建
7	铜钟寺	北魏太和年间	繁峙县	—	今废
8*	古清凉寺	北魏	五台山清凉寺北的清凉谷中	300	遗址尚存，有窟洞5间，殿堂房屋20余间
9*	清凉寺	北魏太和年间	台怀镇西南15公里，上瓦厂村东北清凉谷中	—	历代皆有修建，"文革"中毁，1986年重建，除中轴线殿堂外，另清凉石一块，窟洞十间
10	公主寺	北魏太和年间	繁峙县杏园乡公主村东南	4200	唐末、明代都有重建，清代修建，寺内建筑均为明清建造，有僧舍殿堂40余间
11*	观海寺	北魏	台怀镇东南8公里	2280	明成化年间舟禅师重修，清康熙年间吻叶和尚重建，现存建筑为清建
12	洪济寺	北魏	代县	3118	明代重建，嘉庆、道光年间重修，现存大雄宝殿为明代遗构，余皆为清代建筑

续表

编号	名称	创建年代	现址	现状规模（平方米）	现状建筑情况
13*	寿宁寺（王子焚身寺）	北魏太和年间	台怀镇三泉寺南侧	9800	北宋、元、明皆有修葺，元代中统年间成为最早的藏传佛教寺院，现存殿堂11间，天王殿、钟鼓楼、六角殿、大雄宝殿后大殿均为明代建筑。寿宁寺为五台山最早弘传藏传佛教的寺院（明永乐十二年），"文革"后恢复为汉传佛教寺院
14*	吉祥寺（法祥寺）	北魏	中台南麓，演教寺西南1700米	2600	唐代重建，明、清均曾重修，现存建筑为现代重建
15	木瓜寺	北魏	繁峙县大木瓜村	—	分上、下两寺，现存大雄宝殿、五圣殿、地藏殿，为清代修葺
16*	金河寺（现灵境寺）	北魏太和年间	五台山南台脚下灵境村	—	毁于北周，唐代原址重建，易名灵境寺，明清均有重修，文革时期被毁。现存建筑除正殿、东西配殿外，其他皆为现代重建
17	白佛堂	北魏	定襄县河边镇继成村五仙山	—	宋、金、元代多有修葺，明朝开石窟三间。正殿三间，东西分别为龙王庙、观音庙，正殿右侧为关帝庙
18*	金刚窟	北魏	五台山楼关谷右岸畔	—	唐大历年间建二层门楼，宋明清均有修葺，1970年炸毁，现仅存明代文殊塔，新建茅蓬山庄
19*	那罗延窟	南北朝	东台东畔山腰处	—	遗迹尚存

注：1. "*"标记位于五台山风景名胜区范围内的现存寺院；
2. 表格中仅整理有明确创建年代的寺院，创建朝代不详的寺院未在表格中体现。
资料来源：表格内容根据《五台山佛教史》、现存碑志、山志和其他文献以及现场调研获取信息整理而成。

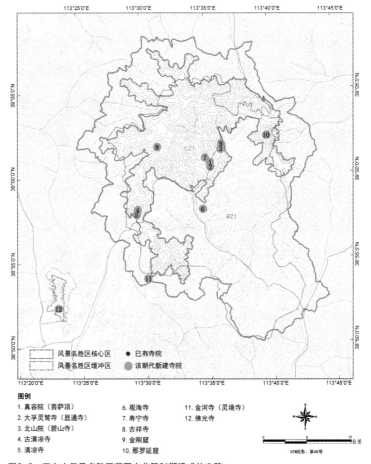

图3-3 五台山风景名胜区范围内北魏时期建成的寺院
（图片来源：以五台山世界遗产申报文本中图纸为底图改绘，位置无考的寺院未在图中体现）

第三章 五台山佛教发展与寺院空间格局 | 029

二、北齐（550～577年）：发展兴盛

534年，北魏分裂为东魏和西魏，东魏所据之地是北魏佛教盛行区。东魏权臣高欢及其子专魏政，其次子高洋于550年迫东魏孝静帝禅位，遂登基称帝，改国号为齐，史称北齐。文宣帝高洋在正史如《北齐书》《北史》中常常被描述为性情乖戾的暴君，但是在法琳、道宣等佛教史学家笔下，却是护持佛法的明主。这是由于文宣帝十分向佛，在即位当年就拜高僧法常为国师并予以重用，利用佛教塑造其君主形象、加强统治合法性论述。文宣帝三子"性乐佛法思见文殊，故来山（五台山）寻，如其所愿烧身供养"于普庆寺（《续高僧传》卷三十三），起王子烧身塔，文宣帝遂敕修该寺，并更名为王子焚身寺。

在文宣帝的影响下，北齐诸帝对五台山佛教十分尊崇，诏令"割八州之税，以供山众衣医药之资"（《古清凉传》）。在诸帝的扶持下，五台建寺"数过二百"，从寺院经济、佛事佛法和寺院规模上都有了很大的提高，始有华严学、涅槃学、禅学、净土等佛教学派流传。

北齐时期五台山地区可考的寺院、堂、窟等佛教建筑见表3-2，在现五台山风景名胜区范围内已有石召寺、鈝仙寺、石窟寺、楼观寺、光明寺、殊公寺、廓魔寺、万缘寺、高岭寺、天城寺、日照寺、宝积寺、普济寺等寺院建成，经历多次灭法和战乱，绝大部分寺院已废，个别寺院在各朝重建修葺下保留下来，如鈝仙寺（今灵应寺），而光明寺与日照寺为近代新建（图3-4）。

表3-2　北齐时期五台山地区寺院建造情况及寺院现状（可考）

序号	名称	创建年代	现址	现状规模（平方米）	现状建筑情况
1	石召寺	北齐	五台山	—	废
2	向阳寺	北齐	五台县水峪村	—	废
3	万缘寺	北齐	五台山	—	废
4	龙泉寺	北齐	五台县东坡村	—	废
5	天盆寺	北齐	五台县天盆村	—	废
6*	鈝仙寺（今灵应寺）	北齐	五台县梵仙山	1092	唐代、明代、清代皆有重建
7	石窟寺	北齐	五台县中台区	—	废
8	楼观寺	北齐	五台山楼观谷	—	废
9*	光明寺	北齐	台怀镇广村村南，清水河北岸	7000	明代重建，1947年土改时毁坏，现在原址重新修建寺院建筑
10	殊公寺	北齐	五台县仙花山阳	—	废
11	廓魔寺	北齐	五台县仙花山	—	废
12	高岭寺	北齐	五台山南台区	—	废
13	赤崖寺	北齐	五台山南台区	—	废
14	天城寺	北齐	五台县杨柏峪村	—	遗址尚存
15	娑婆寺	北齐	五台山南台西南三十里	—	废
16*	日照寺	北齐	五台山天盆谷山腰处	—	寺院已无，近年原址新建
17	五王寺	北齐	阜平县	—	废
18	温汤寺	北齐	阜平县汤头村	—	废

续表

序号	名称	创建年代	现址	现状规模（平方米）	现状建筑情况
19	宝积寺	北齐	繁峙县	—	废
20	榆勤寺	北齐	繁峙县岩头乡	—	废
21	东兴寺	北齐	繁峙县秘魔岩附近	—	废
22	乳石寺	北齐	繁峙县岩头乡	—	废
23	大会寺	北齐	繁峙县岩头乡	—	废
24	风岭寺	北齐	繁峙县古华严村附近	—	废
25	浮图寺	北齐	繁峙县岩头乡	—	废
26	石堂寺	北齐	繁峙县古华严村附近	—	废
27	龙蟠寺	北齐	繁峙县古华严	—	废
28	香云寺	北齐	繁峙县古华严附近	—	废
29	香礁寺	北齐	繁峙县古华严附近	—	废
30	圣寿寺	北齐	繁峙县南峪口村	—	废
31	大谷寺	北齐	繁峙县大峪村	—	废
32	甘泉寺	北齐	繁峙县南峪口附近	—	废
33	普济寺	北齐	繁峙县大黄尖南麓	—	废
34	古华严寺	北齐	繁峙县古华严村	—	废
35	秘密寺	北齐	繁峙县岩头村	—	唐代重建，宋代重修，金代扩建，清初寺院被焚，清康熙年间重建

注：1. "*"标记位于五台山风景名胜区范围内的现存寺院；
2. 表格中仅整理有明确创建年代的寺院，创建朝代不详的寺院未在表格中体现。
资料来源：表格内容根据《五台山佛教史》、现存碑志、山志和其他文献以及现场调研获取信息整理而成。

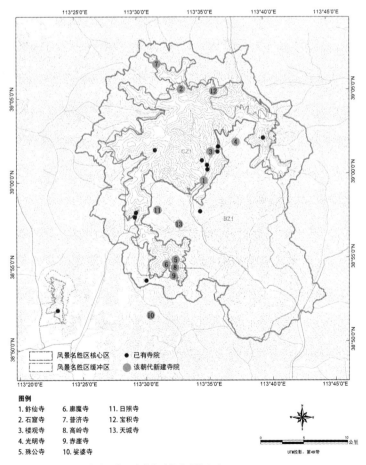

图3-4 五台山风景名胜区范围内北齐时期建成的寺院
（图片来源：以五台山世界遗产申报文本中图纸为底图改绘，位置无考的寺院未在图中体现）

三、北周（557~581年）：元气大伤

557年，西魏权臣宇文泰三子宇文觉废恭帝，自立国号为周，中国北方的政治格局演变为北齐北周相互对峙的局势。东晋十六国至隋朝是中国汉传佛教及其建筑发展的第一个高潮期，全国范围建寺诸多，僧尼数万，在很大程度上缩减了国家的税源、兵源与役源。

这一时期宗教与统治阶层的利益冲突使周武帝对佛教颇有微词。建德二年（573年），周武帝就召集百官、道士、僧侣"辨释三教先后，以儒为先，道教次之，佛教为后"（《北史·周高祖记》），已见周武帝抑佛之心。建德三年（574年）武帝"初断佛、道二教，经像悉毁，罢沙门道士，并令还俗。并禁诸淫祀，礼典所不载者，尽除之"。直至建德六年（577年），北周灭北齐后，齐地为北周所辖，统治者在齐地推行灭佛政策，北周诸帝对于佛教的态度和政策才开始影响五台山地区，以至于五台山佛教也受到影响而元气大伤，趋于衰落。虽然静帝于大象二年（580年）"复行佛、道二教"，但五台山佛教也未能在短期内恢复。

四、隋代（581~618年）：佛法复兴

581年，北周静帝宣布禅让，杨坚即皇帝位，定国号为隋。隋文帝杨坚借静帝初兴佛法的东风，大力崇佛，"正教重兴，凡是伽蓝，并任修复"，五台山的佛教也开始复兴。同年，文帝就下诏令"五顶各置寺一座，设文殊像，各度僧三人，令事焚修"（《古清凉传》）。自开皇元年（581年），五台山特有的五台五寺的寺院格局首次出现，后经历古今五台的变迁、各朝重修，成为现在南台普济寺、中台演教寺、北台灵应寺、东台望海寺、西台法雷寺各据一台的格局（表3-3，图3-5）。

随着全国复兴佛法的浪潮刚起，一批在前朝灭法时逃匿的禅师法师，首先返回五台山，重建寺宇，塑佛像金身，恢复文殊道场。史传记载的高僧有解脱、昭隐、明曜、守节、惠龙、令休、嘉福、释神赞等，他们钻研义理宣讲佛法，为五台佛法的复兴奠定了基础。

表3-3　隋代五台山地区寺院建造情况及寺院现状（可考）

编号	名称	创建年代	现址	现状规模（平方米）	现状建筑情况
1*	南台寺院（现名普济寺）	隋开皇元年（581年）	五台山中台（古南台）	4638	明、清均有修葺。现存建筑除大雄宝殿、文殊殿、客堂和僧舍外，余皆为清代遗构
2*	中台寺院（现名演教寺）	隋开皇元年（581年）	五台山北台顶（古中台）	—	唐代重建，明代重建赐名"演教"。现演教寺为现代重建，于2005年建成，仍保留清建窑洞式建筑五间，西南为文殊寺说法台
3	北台寺院（现名灵应寺）	隋开皇元年（581年）	五台山大黄尖（古北台）	6948	明代重修，1986年重新修葺，2001年再度扩建维修，现有建筑皆为新建
4*	东台寺院（现名望海寺）	隋开皇元年（581年）	五台山东台顶	—	元代重建，明代重修，现有民国窑洞建筑6间，其余建筑皆为新建
5*	西台寺院（现名法雷寺）	隋开皇元年（581年）	五台山西台顶	—	唐、明、清、民国皆有重修。除窑洞建筑外，其他建筑皆为现代新建

续表

编号	名称	创建年代	现址	现状规模（平方米）	现状建筑情况
6	龙兴寺（现圆果寺）	隋仁寿元年（601年）	代县	1500（塔基）	唐代、北宋皆有重建，七七事变后寺院被日军拆毁。现存元建砖石结构的覆钵式塔一座，清代修葺
7	豹子寺	隋	繁峙县岩头乡	—	废
8	熊头寺	隋	繁峙县岩头乡	—	废
9	向阳寺	隋	繁峙县岩头乡	—	废
10	育王寺	隋	繁峙县岩头乡	—	废
11	望台寺	隋	繁峙县岩头乡	—	废
12	石门寺	隋	繁峙县岩头乡	—	废
13	昭果寺	隋	五台县	—	唐代有存，今废
14	圭峰寺	隋	繁峙县安头村	1334	明代重建，历代重修，1988年重修后保存清建建筑六座、明建奎星阁一座
15	婆娑寺	隋	—	—	唐时仅存两座砖塔，现已不存

注：1."*"标记位于五台山风景名胜区范围内的现存寺院；
2.表格中仅整理有明确创建年代的寺院，创建朝代不详的寺院未在表格中体现。
资料来源：表格内容根据《五台山佛教史》、现存碑志、山志和其他文献以及现场调研获取信息整理而成。

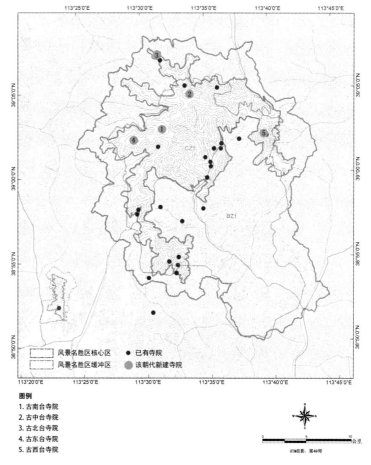

图例
1. 古南台寺院
2. 古中台寺院
3. 古北台寺院
4. 古东台寺院
5. 古西台寺院

图3-5 五台山风景名胜区范围内隋代建成的寺院
（图片来源：以五台山世界遗产申报文本中图纸为底图改绘，位置无考的寺院未在图中体现）

第三章 五台山佛教发展与寺院空间格局 | 033

五、唐代（618~907年）：佛法昌盛

唐代是中国汉传佛教的鼎盛时期，佛教经典荟萃，高僧咸集，宗派滋衍，大寺续起。寺院建筑形制格局也趋于齐备，是中国佛教由盛转衰的转折点，后世难有唐代所呈现的繁荣景象。当时国家规定，全国所有寺院的斋堂，都必须供奉文殊菩萨圣像。由于朝野都尊奉文殊菩萨，视五台山为佛教圣地，所以五台山空前隆盛。

初唐高祖、太宗崇道敬佛，佛教发展较为平稳。太宗一方面检校限制佛教、沙汰僧尼，另一方面又出于政治目的兴建佛寺、大兴佛法。太宗认为并州（太原古称）是李唐王朝的发源地，同属河东道境内的五台山是"祖宗植德之所，尤当建寺度僧"，并于贞观九年（635年）在五台山"建寺十所，度僧数百"（《清凉山记》卷五《帝王崇建·唐太宗》），从而开启了唐代优礼五台山佛教的先河。

显庆元年（656年），唐高宗"敕有司，五台等圣道场地僧寺，不得敛税"，为五台山佛教繁荣兴盛提供了良好的政策支持。武后则天为并州人，她与高宗都很重视五台山佛教。唐高宗龙朔二年（662年），武后敕会赜和内侍掌扇张行弘并五台县吕玄览、画师张公荣等十余人前往"清凉山检寻圣迹"，其后会赜绘制五台山小账，武后在五座台顶造塔供养，并敕建清凉寺，令德感国师住五台山统领京国僧尼事。武后极其崇佛，将其对佛教的热情和推崇变为一种"政治投资"，这时的五台山佛教迎来有唐以来的一次高潮。

此后的几位皇帝也都崇佛，优礼五台山。如睿宗"常例每年敕送衣钵、香花等"（《入唐求法巡礼行记》卷第三）到山，"施十二大寺"以支持五台山佛教；肃宗于乾元元年（758年），令"五岳并五台各建寺一区，选高行沙门主之"（《清凉山志》卷五）；代宗令修五台文殊殿、建金阁寺、修玉华寺，支持推广文殊信仰；宪宗封五台山清凉国师澄观为僧统，统领天下佛教。在皇室的影响下，唐代大臣学士等士大夫阶层也崇奉佛教，多"舍财造寺"。

随着寺院经济的过度扩张，国库收入及统治阶级的利益受到了损害，至武宗时，五台山乃至全国佛教面临着极其严峻的毁灭形势。在身边道士的鼓动与毁谤下，武宗崇道恶佛，于会昌二年（842年）至其去世期间（846年）进行了大规模的"会昌灭佛"。五台山许多规模宏大的寺院（如佛光寺）都被扫荡一尽，僧人也多逃离还俗，五台山佛教奄奄一息。武宗皇叔宣宗即位后便杖杀教唆武宗灭佛的道士，恢复佛教，积极修复五台山废寺，"敕五台诸寺度僧五十人，宣供衣帔，山门再辟"，但难以恢复敦煌莫高窟第61窟西壁的《五台山图》中的盛唐旧景。

在五台山佛法鼎盛的中唐时期，佛教各个宗派纷纷至五台山开辟道场，著书立说，包括唯识宗、律宗、华严宗、净土宗、密宗、天台宗、禅宗等等。密宗不空法师（705~774年）奏请建造金阁寺，以五台山为根据地把文殊信仰推向全国。该时期记录五台山佛教史迹最早的两部专著也已撰写形成，分别为龙朔二年（662年）会昌寺沙门会赜撰《清凉山略传》一卷以及永隆元年（680年）慧祥撰《古清凉传》二卷，为唐代以前五台

山研究提供了宝贵资料。唐代五台山佛教圣地形成的另一个标志，是外国佛教徒对五台山的无限景仰和竞相朝礼。唐朝经济繁荣，国势强盛，在国际上声望甚高，是亚洲各国经济文化交流的中心。随着国际交往的扩大，五台山还受到印度、日本、朝鲜和斯里兰卡等国佛教徒的景仰。朝礼五台山和到五台山求取佛经、佛法的外国僧侣很多。

根据相关材料整理出唐代五台山新建寺院共计38座，其中位于五台山风景名胜区范围内的金阁寺、玉花池、竹林寺、罗睺寺、灵峰寺、佛顶庵等寺院经历各代重修重建保留至今（表3-4，图3-6）。

表3-4 唐代五台山地区寺院建造情况及寺院现状（可考）

编号	名称	创建年代	现址	现状规模（平方米）	现状建筑情况
1	翠岩山院（现尊胜寺）	仪凤元年（676年）	五台县城以北20公里西峡村山峪	32300	北宋重建，明代复建丛林，民国初年又予扩建，1986年修缮。现沿中轴线有七进院落，共有院落24个，房间350间
2	法华寺	开元四年（716年）	五台县豆村镇法华村	—	北宋重建，历代皆有修建。现有元建木塔一座，损毁严重，其他建筑为近代新建
3	曲回寺	开元二十一年（733年）	灵丘县曲回寺村	—	现存曲回寺碑和46座唐塔
4	般若寺	大历二年（767年）	五台山楼关谷	—	遗址尚存
5*	金阁寺	大历五年（770年）	台怀镇西南15公里的金阁岭	21000	五代、明、清重修，现存明清建筑169间
6*	玉花池（玉华寺）	大历五年（770年）	台怀镇	—	遗址尚存，原址新建寺院
7*	竹林寺	大历六年（771年）	台怀镇西南7公里处的竹林寺村	106600	宋明年间均有重修，现有殿宇皆为1984年重建，仅保存明代重修释迦牟尼舍利塔一座
8	金顶寺	唐代宗时	五台山	—	废
9	法云寺	唐	五台山华严岭	—	遗址尚存
10	铁勤寺	唐	五台县铁勤村	—	遗址尚存
11	南禅寺	唐	五台山李家村	3078	历代皆有修建，主体建筑大佛殿为唐德宗建中三年（782年）重建，其他建筑皆明、清所建
12	安圣寺	唐	五台山中台地区	—	废
13	圣寿寺	唐	五台山中台地区	—	废
14*	罗睺寺	北魏太和年间属大孚灵鹫寺，唐独立为寺	台怀镇	15725	明代重修，清代大规模改建，现有殿堂房屋118间
15	陡寺	唐	五台县陡寺村	—	宋代、清代重修，现存殿堂两座
16*	灵峰寺	唐	五台县杨柏峪谷口	—	明代、清代重修，原寺院已无，仅存砖塔一座，1988年重建
17	南黑山寺	唐	五台县东峪口	—	现有正殿、戏台等建筑
18	建安寺	唐	五台县建安村	—	遗址尚存
19*	金界寺	唐	五台山华严谷	—	明代清代皆有重建，寺院现正重建中
20	善住寺	唐	五台山	—	废
21	云峰寺	唐	五台山	—	废
22	福生寺	唐	五台山	—	废
23	大华严纲维寺	唐	五台山	—	废
24	天池寺	唐	五台县大林村	—	唐末重修，此后历代皆有修葺，民国初年重建，"文化大革命"时损毁严重
25	古竹林寺	唐	五台县佛光寺东北1.5公里	—	现存莲花塔一座

续表

编号	名称	创建年代	现址	现状规模（平方米）	现状建筑情况
26	兰若寺	唐	繁峙县大宋峪村南2.5公里的半山中	—	元代重建，明、清历代重修。寺院保存完整，皆为明、清建筑
27	吴魔寺	唐	繁峙县二伽蓝村	—	废
28	薰图寺	唐	繁峙县二伽蓝村	—	废
29	净明寺	唐	繁峙县南净明山	—	北宋重修，金、元屡修
30	华林寺	唐	繁峙县南净明山	—	遗址尚存
31	乾元著提寺	唐乾元年间	—	—	废
32	兰若寺	唐	大黄尖北10公里	—	明代重建，现有遗址尚存
33	薰济寺	唐	原平县练家岗	—	重建于北宋年间，明、清屡次修葺
34*	佛顶庵（现黛螺顶）	唐	台怀镇东1公里处	3000	明成化年间重建，后明、清均有修葺，原有殿堂僧舍80余间，目前正在修葺加建
35	杂花庵（现宝华寺）	唐	五台山塔儿沟	—	明代、清代均有重建，光绪年间改为宝华寺，20世纪90年代原址进行复建
36	青峰庵	唐	五台山东台麓	—	已毁
37	仙人庵	唐	五台山北台后麓	—	遗址尚存
38*	不二楼	唐	五台山北台北麓	—	清初坍塌，现有石窟洞五间

注：1. "*" 标记位于五台山风景名胜区范围内的现存寺院；
2. 表格中仅整理有明确创建年代的寺院，创建朝代不详的寺院未在表格中体现。
资料来源：表格内容根据《五台山佛教史》、现存碑志、山志和其他文献以及现场调研获取信息整理而成。

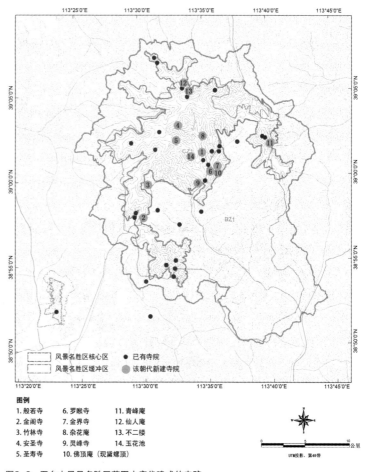

图3-6 五台山风景名胜区范围内唐代建成的寺院
（图片来源：以五台山世界遗产申报文本中图纸为底图改绘，位置无考的寺院未在图中体现）

第二节 中期：重创后复苏
（五代—金）

一、五代十国（907～960年）：缓慢发展

晚唐、五代十国时期，社会动乱、兵戈时兴，全国佛教及五台山佛教都发展迟缓，进入低潮期。后周世宗柴荣灭佛事件（始于955年）未波及五台山，在后唐、后晋、后汉等帝王的扶持和高僧的运作中，五台山佛教虽得以恢复发展，但除后唐建设寺院外，极少有新建寺院出现（表3-5）。

表3-5 五代十国时期五台山地区寺院建造情况及寺院现状（可考）

编号	名称	创建年代	现址	现状规模（平方米）	现状建筑情况
1	西文殊寺	后唐同光元年（923年）	繁峙县大李牛村	—	历代均有修建
2	文殊寺	后唐同光元年（923年）	繁峙县大李牛村西	—	保存建筑为清代

注：表格中仅整理有明确创建年代的寺院，创建朝代不详的寺院未在表格中体现。
资料来源：表格内容根据《五台山佛教史》、现存碑志、山志和其他文献以及现场调研获取信息整理而成。

二、北宋（960～1127年）：恢复发展

宋太祖赵匡胤建立北宋王朝之后，一反周世宗灭佛政策，扶持佛教发展，以利用佛教加强国内统治。五台山紧邻辽、宋边界，寺院营建活动虽远不及唐朝，但仍有修供。

宋太宗收复晋地后，便在太原平晋寺召见五台山鹿泉寺沙门，赐予财物，令其建造太平兴国寺；于五台山内"尽蠲税赋"，又赐经书一藏于菩萨院；太平兴国五年（980年）又"诏修五台十寺"；太平兴国八年（983年）令太原"铸造铜钟，赐予五台"。淳化二年（991年），太宗令五台山诸寺"每年度僧五十人，令事清修"，其中特许"内二十人于真容院"（《清凉山志》）。在太宗的扶持下，五台山僧人骤增，真容院成为五台山众寺院之首。

在太宗的影响下，宋朝诸帝也都维护佛教，对五台山更是关怀备至，五台山佛教又逐渐兴盛起来。根据《广清凉志》记载，北宋时五台山有寺院73座，数量仅次于唐朝，僧尼、寺院、田产亦多，从另一方面来看，佛教的壮大亦加剧了社会负担，影响了北宋经济的发展。

根据相关资料共整理出北宋时期五台山地区的新建寺院20余座，其中位于风景名胜区范围内的广华寺、七佛寺、龙泉寺、普寿寺、南台普济寺、罗汉洞经历历代重修重建保留至今（表3-6，图3-7）。

表3-6 北宋时期五台山地区寺院建造情况及寺院现状（可考）

编号	名称	创建年代	现址	现状规模（平方米）	现状建筑情况
1	大贤寺	北宋太平兴国五年（980年）	五台县	—	废
2	望台寺	北宋太平兴国五年（980年）	代县	—	遗址尚存
3	太平兴国寺（五郎寺）	北宋太平兴国七年（982年）	五台山楼关谷	—	废
4	洪福寺	宋	定襄县城东北23公里之北社	3186	金代重修，明、清历代均有修葺。现存建筑除正殿为宋代遗构，其余为清、明建筑
5	乾明寺	北宋嘉祐五年（1060年）前	五台山东台区	—	废
6	福圣寺	北宋嘉祐五年（1060年）前	五台山南台区	—	废
7	病牛泉寺	北宋嘉祐五年（1060年）前	繁峙县岩头乡	—	废
8	李牛寺（东文殊寺）	北宋嘉祐五年（1060年）前	繁峙县大李牛村	—	明代重建，历代均有修葺。明建正殿、东西配殿保存完好
9	仰盘寺	北宋嘉祐五年（1060年）前	繁峙县	—	废
10*	广化寺	北宋	五台县营坊村北端	13200	现有殿堂20间，房屋60余间，文殊殿为清光绪年间所建，其余为近代新建，保存北宋石塔一座
11	宝山寺	北宋嘉祐五年（1060年）前	繁峙县	—	废
12	灵岩寺（现岩山寺）	北宋元丰二年（1079年）前	繁峙县东山乡五台山北麓天岩村	—	金正隆元年（1156年）重修，元、明、清屡有修葺。现存南殿为金代遗构，其余均为晚清到民国年间的建筑
13*	七佛寺	北宋元丰三年（1080年）	台怀镇东庄村东面的山坡上	27300	明代修葺，清代重建。寺内分佛殿院、寮房院和禅院三院，建筑保存完好
14	龙泉寺	北宋	五台县旧路岭	—	废
15*	龙泉寺	北宋	五台山大车沟	15950	明代重修，清末重建。民国时期扩建，现存多为民国时期建筑，有殿堂僧舍165间
16*	普寿寺	北宋	五台山东庄村南端	43320	光绪年间重建，1991年在寺院东部新建尼众律学院
17	正觉寺	北宋	繁峙县	2667	元代重修。寺址原在滹沱河南岸杏园村北，明代随县城迁建于今县城中央。现存正殿、东西配殿、过殿
18	兴国寺	北宋	繁峙县	—	现存戏台、宋代石狮一座
19	宝积寺	北宋	繁峙县	—	废
20*	普济寺	北宋	五台山南台顶	—	明清都有重修
21	悬空寺	北宋	繁峙县茶坊村北	—	宋代为五台山兴国寺下院，明重修，清初废，现有遗址尚存
22*	罗汉洞	北宋	清凉谷古清凉寺畔	—	遗址尚存可寻
23	大林庵	北宋	五台山凤林谷	—	已坍塌

注：1．"*"标记位于五台山风景名胜区范围内的现存寺院；
2．表格中仅整理有明确创建年代的寺院，创建朝代不详的寺院未在表格中体现。
资料来源：表格内容根据《五台山佛教史》、现存碑志、山志和其他文献以及现场调研获取信息整理而成。

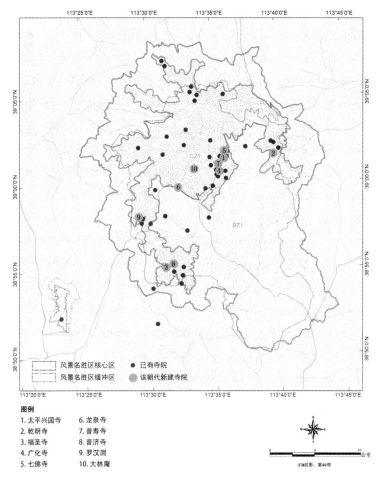

图3-7 五台山风景名胜区范围内北宋建成的寺院
（图片来源：以五台山世界遗产申报文本中图纸为底图改绘，位置无考的寺院未在图中体现）

图例
1. 太平兴国寺　6. 龙泉寺
2. 乾明寺　　　7. 普寿寺
3. 福圣寺　　　8. 普济寺
4. 广化寺　　　9. 罗汉洞
5. 七佛寺　　　10. 大林庵

三、金代（1115～1234年）：平稳发展

金朝是女真族建立的封建王朝，1115年立国后便征战辽国，于1125年灭辽，并于1127年灭北宋，金人受契丹文化和汉文化影响，吸收并接受了辽宋崇尚佛教的习俗，希望利用佛教柔怀汉人，巩固女真统治地位，故开国皇帝金太宗即位之初就尊崇佛教。

北宋末年，金兵占领五台山期间曾烧杀抢掠五台山僧俗，五台山僧兵曾联合宋兵抵抗金兵。金朝建立后，在崇佛风尚和政治目的驱动下，历代皇帝对五台山较为尊崇。金太宗于天会十五年（1137年）重建了佛光寺文殊殿及天王殿，其中七间木构建筑文殊殿保留至今。完颜亮即位后，在天延村重建灵岩寺，以怀柔台山僧俗。金世宗在位期间敕建了五台山万岁寺、平章寺（表3-7），重修净名寺。金朝诸帝把五台山当作神灵居所顶礼膜拜，五台山佛教得到了平稳的发展，密宗、禅宗、唯识宗等宗派也都有发展。

表3-7　金代五台山地区寺院建造情况及寺院现状（可考）

编号	名称	创建年代	现址	现状规模（平方米）	现状建筑情况
1	万岁寺	金大定三年（1163年）	五台山	—	废
2	平章寺	金	五台山华严谷	—	遗址尚存

注：表格中仅整理有明确创建年代的寺院，创建朝代不详的寺院未在表格中体现。
资料来源：表格内容根据《五台山佛教史》、现存碑志、山志和其他文献以及现场调研获取信息整理而成。

第三节　后期：发展与复兴（元、明、清）

一、元代（1271~1368年）：快速发展

从元朝开始，西藏被纳入中央版图，藏传佛教蔓延到蒙古地区并深入中原汉地。在元代统治的大部分时间里，元统治者极崇藏传佛教，给予佛教甚至藏传佛教大力的扶持，于各地修建寺院。蒙哥汗七年（1257年），西藏名僧八思巴进入五台山，带入藏传佛教，此后，五台山开始成为内地藏传佛教的中心。

元世祖将五台山作为"真佛境界""唯世福田"（《佛祖历代通载》卷第二十二）倍加倾仰，至元元年（1264年），曾下诏禁止军民干扰五台山寺院，又诏令"寺院田产二税尽蠲免之"（《佛祖统纪》卷四十八），给予五台山佛教自由发展的极大特权。至元二年世祖造经一藏，送往五台山善住院，又葺新十二佛刹。

元贞元年（1295年），元成宗"用薄敛等库为皇太后建佛寺（万圣佑国寺）于五台山"，同年，"以国忌饭僧七万人"，至治三年（1323年）"诏天下诸司集僧诵经十万部，又于京师万安、庆寿、圣安、普庆等寺及金山寺、五台山万圣佑国寺建水陆大会"（《新元史》卷二百四十三·列传第一百四十）。大德十一年（1307年）元武宗在五台山兴建佛阁，次年"发军千五百人修五台山佛寺"，同年太后又"摘军六千五百人供其役"，至大三年（1310年）又派"役工匠千四百人，军三千五百人"于五台营造五台山寺。皇庆元年（1312年）仁宗置五台寺济民局，延祐三年（1316年）敕五台灵鹫寺置铁冶提举司发展经济。泰定三年（1326年），元泰定帝"建殊祥寺于五台山"，并"赐殊祥寺田三百顷"。英宗即位便"禁五台山樵采"保护森林植被，至治二年（1322年）巡幸五台山，敕修王子寺，至治三年复建普门寺，于五台山万圣佑国寺做水陆法事七昼夜。

元代统治者及皇亲国戚极其尊崇五台山佛教，在五台山造塔建寺、赐田开矿、大作佛事规模之浩大，致使当时的五台山寺院经济极大膨胀，不仅拥有田产，更开设当铺、旅馆经营工商业等等，为五台山佛教的发展提

供了物质基础。

根据相关材料整理出元代新建寺院共计27座（表3-8），其中位于五台山风景名胜区范围内的大万圣佑国寺、殊祥寺、铁瓦寺、普宁寺（现圆照寺）、三泉寺历经各代修葺仍有寺院保留至今（图3-8）。

表3-8 元代五台山地区寺院建造情况及寺院现状（可考）

编号	名称	创建年代	现址	现状规模（平方米）	现状建筑情况
1	天宫禅寺	至元九年（1272年）	繁峙县	—	
2*	大万圣佑国寺（现南山寺）	元贞元年（1295年）	台怀镇南3.5公里	33310	现有七层三寺，18处院落构成，有殿堂、楼房、窑洞300多间。明代重建，清乾隆年间重建，光绪年间重修扩建佑国寺，新建极乐寺、善德堂，并将原有佑国寺、极乐寺、善德堂三座寺院合建，统称为南山寺
3	黑山寺	后至元三年（1337年）	代县黑山庄	—	明代重建，清代、民国均有修葺，中华人民共和国成立后改为校舍
4	护国寺	元贞年间	五台山灵鹫峰南1.5公里	—	元成宗敕建，明代重修。现有遗址尚存
5	明阳寺	大德年间	五台县紫罗山下	—	遗址尚存
6	普门寺	至治二年（1322年）	五台山	—	废
7	兴寿寺	至治二年（1322年）	繁峙县南峪口	—	遗址尚存
8*	殊祥寺（现殊像寺）	泰定三年（1326年）	五台县台怀镇梵仙山左	6420	元构毁于大火，明代弘治年间重建，后明、清代都有修葺，现代增建、重修
9	广济寺	至正年间	五台县城东大街北侧	—	清代重修，近代多次重修，保留大雄宝殿一座，石经幢一尊
10	普济寺	元	五台县石嘴村	—	废
11*	铁瓦寺	元	五台山显通寺西5公里	—	前院为法详寺，后院为古佛庵，明代正德八年、清代雍正四年重修，仅存破败观音砖塔一座，现于遗址上重建
12	普恩寺	元	台怀镇东北2公里碧山寺南	—	寺院已毁，仅存砖塔一座
13*	普宁寺（现圆照寺）	至大二年（1309年）	五台山显通寺东北	12600	明代清代皆有重修，现存百余间殿堂僧舍皆为明、清建筑
14	五台山寺	至大三年（1310年）	—	—	
15	西寿宁寺	元	五台山寿宁寺西	—	废
16	石塔寺	元	五台山南台东南谷	—	坏损
17	金灯寺	元	五台山南台东北麓	—	明代成化年间重修，现已毁
18*	三泉寺	元	五台县台怀镇西北1公里山腰上	4000	明清皆有重修。观音殿、大雄宝殿为明、清建筑，共有殿堂房屋十六间近年新增建僧舍若干间
19	永泉寺	元	繁峙县	6800	明、清、民国均有修葺。现正殿为元代遗构，其他建筑皆为清代、民国所建
20	文岫寺	元	繁峙县	—	废

续表

编号	名称	创建年代	现址	现状规模（平方米）	现状建筑情况
21	清源寺	元	繁峙县	—	废
22	普光寺	元	北台北麓文岫山	—	废
23	普照寺	元	繁峙县羊头山	—	明代重修，民国重建，现保存完好
24	石鼓寺	元	原平市区城东8公里处	—	清代屡次修葺
25	万佛洞	元	五台山台怀镇南2公里处	—	寺院已无存，保留元代弘教大师墓塔一座
26	灵鹫庵	至正初年	五台山华严谷东	—	废
27	落马庵	元	繁峙县红崖村	—	现存清代遗构

注：1. "*"标记位于五台山风景名胜区范围内的现存寺院；
2. 表格中仅整理有明确创建年代的寺院，创建朝代不详的寺院未在表格中体现。
资料来源：表格内容根据《五台山佛教史》、现存碑志、山志和其他文献以及现场调研获取信息整理而成。

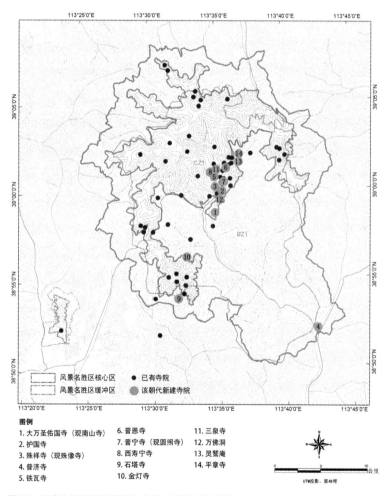

图例
1. 大万圣佑国寺（现南山寺）
2. 护国寺
3. 殊祥寺（现殊像寺）
4. 普济寺
5. 铁瓦寺
6. 普恩寺
7. 普宁寺（现圆照寺）
8. 西寿宁寺
9. 石塔寺
10. 金灯寺
11. 三泉寺
12. 万佛洞
13. 灵鹫庵
14. 平章寺

图3-8 五台山风景名胜区范围内金代、元代建成的寺院
（图片来源：以五台山世界遗产申报文本中图纸为底图改绘，位置无考的寺院未在图中体现）

二、明代（1368～1644年）：格鲁派进入

明太祖深谙佛教对于民众的教化引导作用，因此对佛教采用既充分利用又加以限制的政策。太祖初登大宝时，始行实施免费给牒度僧制度，大开出家为僧之便。之后，为约束佛僧，于明初又设置僧录司管理全国性佛教事务，并限制出家人年龄、授予度牒的频次和难度。明太祖将藏传佛教作为祈福延祚、巩固边防、维护明王朝的重要手段，因此对藏传佛教十分优待，尊崇喇嘛，诏谕番僧，奠定了明朝对西藏以宗教"化愚俗，弥边患"的抚镇政策。

受太祖影响，明成祖延续了对于藏传佛教的扶持，并将五台山视为灵山圣地。永乐五年（1407年），成祖赐封来京的哈立麻上师，并将其送至太祖重修的五台山大显通寺。永乐六年（1408年），令僧俗至五台山建寺，完工后"敕五台十寺为国祝厘"（《清凉山志》）。永乐十二年（1414年），藏传佛教格鲁派（黄教）祖师宗喀巴的弟子释迦也失入朝，次年进入五台山，将格鲁派带入汉地和五台山，从此格鲁派在五台山扎根生长，五台成为汉地格鲁派盛行区。

除明世宗排佛，明成祖以后的诸代皇帝都对五台山佛教十分尊崇：武宗敕建铜瓦殿、中台演教寺；神宗敕建大塔院寺及大白塔，于狮子窝修建了洪福万寿藏经楼阁，修复五台山顶，又在旧有寺基上敕建圣光永明寺（今显通寺）。根据《五台山金刚窟般若寺开山第一代主持嗣裔临济二十四宝山玉大和尚缘起实行功德碑文》记载，五台山"崇显通、圆照、文殊，皆敕建，广缘、普恩、万寿、兴隆、灵境、普救、演教皆敕赐也"，可见明代帝王十分重视五台山寺院建设。在帝后崇佛、王臣敬僧、高僧弘法的氛围中，明朝的五台山宗派繁衍、香火旺盛、法会不断，成为内地鲜有的汉藏佛教圣地。

根据文献整理出明代五台山新建寺院共计51座，其中位于风景名胜区范围内的塔院寺、广宗寺、凤林寺、三塔寺、云集寺、帝释宫（今普化寺）、万佛阁、观音洞、妙德庵、狮子窝、镇海寺、石佛寺、千佛洞、白头庵、万缘庵（现为万缘居士林）经历代重修重建保留至今（表3-9，图3-9）。

表3-9 明代五台山地区寺院建造情况及寺院现状（可考）

编号	名称	创建年代	现址	现状规模（平方米）	现状建筑情况
1*	塔院寺	永乐五年（1407年）	台怀镇显通寺南	15625	原为显通寺的塔院，明代重修舍利塔后独成一寺
2*	广宗寺	正德二年（1507年）	五台山灵鹫峰南半麓	2912	清代重修，现存建筑皆为明清殿堂僧舍50余间。主殿为明代木构建筑
3	宝泉寺	正德十一年（1516年）	繁峙县东三泉村	—	明成化年间重修，光绪年间烧毁，宣统年间重建。现存破坏严重，仅存清代山门、正殿
4	日光寺	嘉靖初	五台山凤林谷	—	遗址尚存
5	天圣寺	嘉靖间	五台县井沟村	—	废

续表

编号	名称	创建年代	现址	现状规模（平方米）	现状建筑情况
6*	云集寺	嘉靖间	五台山古南台上	—	现存近代重建窑洞13间，文殊殿、佛殿
7	宝林寺	嘉靖间	五台山日光寺北	—	废
8*	凤林寺	嘉靖间	五台山凤林谷	—	"文革"期间被毁，1994年重建
9	慈寿寺	万历五年（1577年）	五台县台怀镇北面	—	遗址尚存
10*	三塔寺	万历初	五台山灵鹫峰西寿宁峰半腰	2128	清代有修葺，1986年修复，现正处于修复扩建中
11	永慈大华严寺	万历十年（1582年）	宁武县	—	显通寺下院，已毁
12	福田寺	万历二十九年（1601年）	五台县探头村	—	寺院毁于抗日战争时期
13	香山寺	万历年间	繁峙县	—	清末民初重建，保存完好
14*	万佛阁（五爷庙）	万历四十四年（1616年）	五台山塔院寺南	4800	康熙年间，建龙王殿，供奉五龙王，现存建筑多为清代所建
15	永安寺	崇祯十六年（1643年）	繁峙县	—	清代重建，现保留清建殿堂僧房80余间
16	殊德寺	明	五台山	—	废
17	法王寺	明	五台山灵鹫峰东	—	废
18	小寺	明	五台县生地村对面小山丘	—	清代扩建重建
19	西寺	明	五台县李家寨村	—	清代重建
20	五台寺	明	五台县西坡村	—	清代重修，及山门、钟鼓楼等清代遗构
21	车沟寺	明	五台山车沟	—	遗址尚存
22	碑楼寺	明	五台县杨柏峪村东南	—	遗址尚存，寺内存有明嘉靖二十六年石碑一通，刻当时五台山的88处寺院
23*	狮子窝	万历十四年（1586年）	中台西南，据台怀镇10公里	—	寺院已毁，仅佛塔一座，现代重建寺院建筑
24	天宫寺	明	繁峙县	—	遗址尚存
25	宋谷寺	明	繁峙县	—	遗址尚存
26	雷音寺	明	五台山海螺城	—	废
27	福音寺	明	五台县南坪村	—	现存部分建筑
28*	帝释宫（今普化寺）	明崇祯年间	台怀镇中心寺院集群区南1公里处	15800	明末改建，名玉皇庙，民国年间重建，为佛道并存的寺院
29	三教寺	明	繁峙县	—	尚存
30	北寿宁寺	明	繁峙县南屿口村	—	部分尚存
31	清凉寺	明	繁峙县木口村	—	废
32	山寺	明	繁峙县雾山村	—	明代为寿宁寺下院，今已废
33	马跑泉寺	明	繁峙县大明烟村	—	废
34*	镇海寺	明	台怀镇南5公里山坡上	1620	清康熙年间重建，有各种建筑100余间
35	文殊院（现龙兴寺）	明	繁峙县	—	部分建筑尚存
36*	石佛寺	明初	五台山后石佛村	—	明、清均有修葺，经土改和"文革"破坏严重。现仅余明、清所建大殿一座，新建僧舍一座，寺院破败不堪
37*	观音洞（栖贤寺）	明	南山寺北侧的栖贤谷口	2016	清代重建，寺院背后悬崖峭壁上有两个天然石洞，因洞建寺

续表

编号	名称	创建年代	现址	现状规模（平方米）	现状建筑情况
38*	千佛洞（佛母洞）	嘉靖末年	白云寺西1.8公里处	—	20世纪80年代重建寺院
39	龙兴庵	嘉靖初年	五台山栖贤谷	—	遗址尚存
40	大钵庵	嘉靖四十三年（1564年）	五台山紫霞谷	—	遗址尚存
41	净土庵	嘉靖年间	五台山栖贤谷	—	遗址尚存
42	龙树庵	嘉靖年间	五台山山沟	—	遗址尚存
43	栖凤庵	嘉靖年间	五台县天盆北岭	—	坍塌
44	华严庵	嘉靖年间	五台县天盆北岭	—	废
45*	白头庵	嘉靖年间	五台山南台东北5公里	—	庵已不存，现原址新建大殿一座，东西配楼各一座，仍在加建中
46	法云庵	万历三年（1575年）	五台山北台南麓	—	遗址尚存
47*	妙德庵（庙顶庵）	万历三年（1575年）	五台山北台龙山掌庙顶庵村	2500	遗址尚存，1997年开始复建
48	智导庵	万历年间	五台山中台南麓	—	遗址尚存
49	护国妙严庵	明	繁峙县大明烟村	—	废
50	成果庵	明末	繁峙县油房村	—	清代重修，现有殿堂僧舍26间
51*	万缘庵（现为万缘居士林）	明末清初	台怀镇杨柏峪村南的清水河左岸	10000	庵已不存，于1998年重建

注：1. "*"标记位于五台山风景名胜区范围内的现存寺院；
2. 表格中仅整理有明确创建年代的寺院，创建朝代不详的寺院未在表格中体现。
资料来源：表格内容根据《五台山佛教史》、现存碑志、山志和其他文献以及现场调研获取信息整理而成。

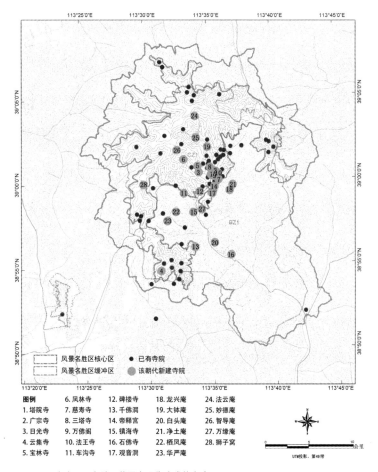

图3-9 五台山风景名胜区范围内明代建成的寺院
（图片来源：以五台山世界遗产申报文本中图纸为底图改绘，位置无考的寺院未在图中体现）

三、清代（1636～1911年）：格鲁派大兴

清朝皇帝多崇尚佛教，并将格鲁派作为怀柔蒙、藏民族的精神工具和既定国策，因此对五台山佛教礼遇有加。顺治十三年（1656年），菩萨顶大文殊寺（真容院）改为喇嘛庙，命山西全省向其进贡。康熙四十四年（1705年），敕令五台山罗睺寺、三泉寺、寿宁寺、七佛寺、玉花池、善财洞、金刚窟、涌泉寺、普庵寺、台麓寺等十座汉传佛教寺院改为藏传佛教寺院。至雍正年间，五台山已有黄庙26座，僧人千余。清仁宗时期，五台山藏传佛教寺院分布属于达赖和班禅两个系统管理，西藏达赖喇嘛选派的扎萨克大喇嘛驻于菩萨顶，管理寺院21座，蒙古地区藏传佛教格鲁派章嘉活佛系统管理的寺院有6座。总而言之，清朝的五台山藏传佛教发展到顶峰，与北京、承德成为藏传佛教在汉地的三大中心，与其他二地相比，五台山的藏传佛教更具民间性，因此也具备了更加旺盛的生命力。

此外，清代皇帝热衷巡游五台山，如康熙先后于康熙二十二年（1683年）二月、九月，康熙三十七年（1698年）、四十七年（1708年）、四十九年（1710年）五次瞻礼五台山。继康熙之后，乾隆"绳武"圣祖，于乾隆十一年（1746年）、十五年（1750年）、二十六年（1761年）、四十六年（1781年）、五十一年（1786年）、五十七年（1792年）六度巡礼五台山。为满足帝王巡游所需吃喝用度，需要沿途修建行宫、尖营、坐落等休憩场所，其中坐落多依托一座寺院存在，是寺院某一侧或某一角的独立院落。据清代海宁所撰《晋政辑要》卷五"台山行宫坐落"条记载了"历年所有修建行宫坐落并各处相距里数"，康乾时期在五台山内建台怀行宫、台麓寺行宫、白云寺行宫3座行宫，在涌泉寺、金刚库、宽滩村旁建尖营3座，依托五台山内寺院建坐落17处。行宫、坐落及尖营的建设由地方及中央拨款，由样式雷设计并绘制图纸，所有现存图纸集结为《五台山行宫各处坐落寺院图》存于中国国家图书馆中，其中坐落地盘图最多，共8幅，尖营地盘图2幅、行宫地盘图3幅。

根据文献整理出清代五台山新建寺院共计17座（表3-10），多数为藏传佛教寺院，其中位于五台山风景名胜区范围内的台麓寺、善财洞、广仁寺、慈福寺、洪泉寺（现集福寺）、文殊寺（文博园）、古佛寺、海会庵、金刚庵、文殊洞至今仍有寺院存在（图3-10）。

表3-10 清代五台山地区寺院建造情况及寺院现状（可考）

编号	名称	创建年代	现址	现状规模（平方米）	现状建筑情况
1*	台麓寺	康熙二十四年（1685年）	五台县石咀乡射虎川	15000	皇帝行宫，经历抗战、"文化大革命"，主体建筑被毁。现存建筑有清建天王殿
2	涌泉寺	康熙二十二年（1683年）始建	五台山中北二台间	—	废
3	大文殊寺	康熙年间	五台山佑国寺南1.5公里	—	废
4*	善财洞	上院建于清康熙年间，下院建于清乾隆年间	五台山黛螺顶下	5634（下院）	上下两院保存完好，1983年重修，下院正在加建，为黄庙
5	文殊寺	清初	代县	—	现存窑洞数孔
6*	广仁寺	道光年间	五台山罗睺寺东面	3645	原为罗睺寺客堂，清道光年间独立成寺，殿堂房屋54间

续表

编号	名称	创建年代	现址	现状规模（平方米）	现状建筑情况
7*	慈福寺	嘉庆十九年（1814年）	台怀镇东庄村	—	现有殿堂楼房80余间
8*	洪泉寺（现集福寺）	道光年间	五台县东庄村东300米	5600	有僧房殿堂80余间，现存天王殿、大雄宝殿、文殊殿均为清代建筑
9	观音寺	同治八年（1869年）	繁峙县	—	部分尚存
10*	文殊寺（文博园）	乾隆年间	明清街北口	5180	道光年间重修
11	福祥寺	清末	繁峙县	—	遗址尚存
12	莲花寺	清末	繁峙县	—	遗址尚存
13	极乐寺	清末	代县	—	有石窟洞数间
14*	古佛寺	清末	五台县金岗库南蛤蟆石村	5590	清光绪年间、民国均有重修。现存建筑多为民国所建
15*	海会庵	清	台怀镇南10公里清水河畔	4410	民国初年重修，中轴线建筑为民国所建
16*	金刚庵	清道光十八年（1838年）	五台山金岗库村北	—	后代皆有修葺，抗日战争时期受到战火毁坏，建筑为近代重建
17*	文殊洞	清光绪年间	五台山清凉社村北面山腰	—	"文化大革命"中被毁，现主体建筑有天王殿、大雄宝殿、护法殿、文殊洞、文殊讲堂，为2006年重建

注：1. "*"标记位于五台山风景名胜区范围内的现存寺院；
2. 表格中仅整理有明确创建年代的寺院，创建朝代不详的寺院未在表格中体现。
资料来源：表格内容根据《五台山佛教史》、现存碑志、山志和其他文献以及现场调研获取信息整理而成。

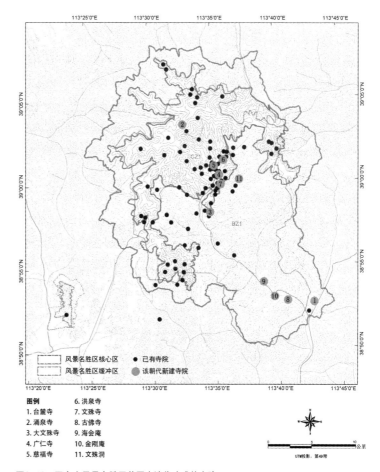

图3-10 五台山风景名胜区范围内清代建成的寺院
（图片来源：以五台山世界遗产申报文本中图纸为底图改绘，位置无考的寺院未在图中体现）

第四节 近期：衰落与开发（民国至今）

一、民国（1912~1949年）：逐渐衰落

清末至民国初期，五台山佛教还保持在比较好的状态，但是随着日本帝国主义入侵和国内战争的爆发，又由于新的科学技术和文化思潮的广泛传播，使佛教失去了曾经的社会思想基础，开始慢慢衰落。

据五台县档案馆1947年24卷《关于青黄庙问题》的统计，民国二十五年（1936年）五台山有寺院110座，僧尼2200人，台内寺院41座，有僧人1786名。南山寺、普化寺、龙泉寺、慈福寺等寺院在五台山僧人募资捐助下得到修复或扩建，由于七世章嘉活佛罗桑般第达丹毕蓉梅受到民国政府重用，五台山藏传佛教又一度兴盛起来。据民国教育学家蒋维乔在其《五台山游记》中所述，这时五台山已形成十大青庙与十大黄庙两大体系，十大青庙分别为显通寺、塔院寺、圆照寺、广宗寺、殊像寺、碧山寺、南山寺、凤林寺、金阁寺、灵境寺，十大黄庙为菩萨顶、台麓寺、罗睺寺、玉花寺、寿宁寺、金刚窟、七佛寺、三泉寺、普安寺、镇海寺。

1938年日寇侵占五台山，四处抢掠抓捕僧众，强迫五台山僧人每月服役20天，导致很多僧尼逃匿或还俗。1937年"七七事变"前，五台山共有僧人1434名、役人289名，日寇占领期间共有僧人、役人1043名，1946年五台山解放时有僧人927人，1948年初，台内僧侣为300余人，后减到90人。僧尼的大量流散，使五台山佛教趋于衰落。

二、新中国成立以来（1949至今）：保护开发

1949年以来，五台山的佛教事业得到逐步恢复。据1956年调查，五台山全山共存寺院124座，其中99座为青庙，其他25座为黄庙。从1952年到1966年间，国家拨款重修了显通寺无梁殿、佛光寺正殿、金阁寺大殿等39处重点寺院的殿堂、禅堂等。根据1958年统计，五台山僧尼由1949年前90人增加到582人。"文化大革命"前，五台山佛事正常进行，逐步恢复原先兴盛的景象。

1966~1976年"文化大革命"期间，五台山经受一场浩劫。僧尼数量损失惨重，太平兴国寺、般若寺、金刚窟被全部炸毁，万佛洞等寺院被部分损毁，除26所寺院被用作机关、学校、部队外，其余寺院无人看管，多有损失倒塌。至1977年，五台县境内仅剩寺院63处，台内较完整的只剩10余处。

1978年中共十一届三中全会后，五台山佛教协会恢复活动，大部分被占用的寺院逐步退还，并开始大规模修缮寺院，前后修复了罗睺寺、万佛阁、南山寺、碧山寺、黛螺顶、广宗寺、圆照寺、显通寺、菩萨顶等39处寺院。同时，佛教协会开始培养青壮年僧尼，全面恢复发展传统的法事活动。

1982年11月，五台山风景名胜区成为国务院首批公布的"国家重点风景名胜区"。为保护五台山文物遗产，山西省人民政府及省宗教局和文物局全面展开对五台山寺院的维修工作。1984年，五台山在旅游业开发之初曾委托山西省城乡规划设计院做过一次总体规划。至1986年，基本完成对五台山时存的47处寺院的建筑修缮工作。1992年五台山成为首批国家级森林公园，2005年9月成为第四批国家地质公园，2007年5月成为"国家AAAAA级旅游景区"。2009年6月26日，在第33届世界遗产大会上作为"世界文化景观遗产"被正式列入《世界遗产名录》。五台山风景名胜区内目前保存有自唐代以来各朝代的历史寺院共68座。

从风景名胜区管理机构设置的层面看，1983年隶属忻州市的正处级单位五台山管理局成立，1989年成立五台山风景名胜区人民政府，五台山景区的具体事务由五台山风景名胜区人民政府代为实施，并于2009年加挂五台山遗产保护管理处的牌子。从本质上来看，管理局与风景名胜区人民政府其实是"一套人马"，在管理上存在机构叠置的问题。因此，在2016年1月的山西省十二届人大常委会第二十四次会议上，通过表决废止了《关于成立五台山风景名胜区人民政府的决定》(1988年)，五台山风景名胜区人民政府被撤销，依法成立五台山风景名胜区管理委员会，以推进五台山风景名胜区的统一、有效管理。

参考文献

[1] 杜丽菲. 五台山风景名胜区生态旅游可持续发展研究[D]. 华东师范大学, 2010.
[2] 史政坤. 古代山西佛教慈善状况及其基本特征[J]. 山西社会主义学院学报, 2013（4）: 76-79.
[3] 思雪峰. 五台山佛教的渊源[J]. 五台山研究, 1985（1）.
[4] 彭图. 太武帝三次灭佛与佛教传入五台山[J]. 五台山, 2011（6）: 56-59.
[5] 周齐. 五台山佛教文化之"场效应"——关于"佛教名山文化"的思考及个案分析[J]. 五台山研究, 2000（3）: 3-8.
[6] 王贵祥. 中国汉传佛教建筑史: 佛寺的建造、分布与寺院格局、建筑类型及其变迁[M]. 北京: 清华大学出版社, 2016.
[7] 田力. 魏周时期五台山佛教史[J]. 五台山研究, 1986, 02: 3-6.
[8] 牛敬飞. 五岳祭祀演变考论[D]. 北京: 清华大学, 2012.
[9] 张箭. 三武一宗灭佛研究[D]. 成都: 四川大学, 2002.
[10] [唐] 令狐德棻. 周书. 卷五. 帝纪第五. 武帝上. 清乾隆武英殿刻本: 33.
[11] [唐] 令狐德棻. 周书. 卷八. 帝纪第八. 静帝. 清乾隆武英殿刻本: 49.
[12] 王志勇. 清凉山传志选粹[M]. 太原: 山西人民出版社, 2000: 9.
[13] [宋]. 释赞宁. 宋高僧传. 卷十九. 大正新修大藏经本: 311.
[14] 陈扬炯. 唐代五台山佛教史[J]. 五台山研究, 1986, 01: 7-11.
[15] 欣荣. 金代五台山佛教史[J]. 五台山研究, 1987, 02: 15-19.
[16] [清] 毕沅. 续资治通鉴. 卷一百九十六. 清嘉庆六年递刻本: 2635. 转引自王贵祥. 中国汉传佛教建筑史·下卷[M]. 北京: 清华大学出版社, 2015: 1988.
[17] [清] 毕沅. 续资治通鉴. 卷一百九十七. 清嘉庆六年递刻本: 2642. 转引自王贵祥. 中国汉传佛教建筑史·下卷[M]. 北京: 清华大学出版社, 2015: 1988.
[18] [清] 赵翼. 陔余丛考. 卷十八. 元时崇奉释教之滥. 清康熙五十五年湛贻堂刻本: 220-221. 转引自王贵祥. 中国汉传佛教建筑史·下卷[M]. 北京: 清华大学出版社, 2015: 1988.
[19] 肖雨. 明代五台山佛教史[J]. 五台山研究, 1989, 04: 18-25.
[20] 崔正森. 五台山一百零八寺[M]. 山西: 山西科学技术出版社, 2006: 4.
[21] [明] 祖印天玺. 五台山金刚窟般若寺开山第一代主持嗣裔临济二十四宝山玉大和尚缘起实行功德碑文: 239 转引自王贵祥. 中国汉传佛教建筑史·下卷[M]. 北京: 清华大学出版社, 2015: 1989.
[22] 赵改萍. 藏传佛教在五台山的发展及影响[D]. 西安: 西北大学, 2004.
[23] 扎洛. 吐蕃求《五台山图》史事杂考[J]. 民族研究, 1998, （01）: 95-101.
[24] 侯会明, 赵改萍. 简论五台山藏传佛教的地位[J]. 五台山研究（4）: 14-18.
[25] 董永刚. 清帝巡行及台山行宫、坐落与尖营分布[J]. 五台山研究, 2012, （04）: 53-55.
[26] 培文华. 五台山寺僧数量的历史演变[J]. 五台山研究, 1987, 04: 21-22.
[27] 侯文正. 五台山志[M]. 太原: 山西人民出版社, 2003.
[28] 房建昌. 日寇铁蹄下的五台山佛教寺院[J]. 五台山研究, 1999（2）: 14-25.
[29] 培文华. 五台山寺僧数量的历史演变[J]. 五台山研究, 1987, 04: 21-22.
[30] 赵培成. 改革开放以来的五台山佛教[J]. 五台山研究, 1994, 04: 13-17.
[31] 闻育旻. 中国山西五台山被正式列入《世界遗产名录》[EB/OL]. [2009-06-26]. http://www.chinanews.com/cul/news/2009/06-26/1751395.shtml
[32] UNESCO. The nomination report for inscription on the word heritage list. [EB/OL]. 2009. http://whc.unesco.org/en/list/1279/documents/
[33] 董巧红. 五台山景区管理体制创新研究[D]. 太原: 山西大学, 2014.
[34] 裴芬芬. 五台山风景区人民政府被撤销将成立管委会[EB/OL]. 2016-01-21. http://sx.sxgov.cn/content/2016-01/21/content_6727261.htm
[35] 蔡宗宪. 南北朝交聘使节行进路线考[J]. 中国历史地理论丛, 2005, 04: 51-63.

第四章
中国传统大地理观与五台山空间定位

第一节　中国传统大地理观的产生与表现

一、古代空间测绘实践

根据《史记·夏本纪》记载，早在夏禹治水时就已有地理空间测绘的实践活动，《尚书·禹贡》中关于大禹导山治水、划定九州的记载无疑详尽地论证了古人地理空间知识的广博。春秋战国时期，已有大量关于当时军事、农田经界、水利的记载。城市建设测绘相关的记载，当时的测绘技术和数学计算已达到较高水平。测绘的空间范围扩大，使人们对地理空间的理解尺度也随之增大，为中国传统地理空间认知中"大地理观"的形成打下基础。

二、中国传统的宇宙观

道家思想"实为诸家之纲领"（吕思勉《先秦学术概论》），是中国传统哲学和中国文化的根源，"儒家、法家皆出于道"（章太炎《原道》上篇），也对其他诸家产生了深刻影响。在综合古代道、儒、墨、法、名等各家有关其宇宙观的论述后，得到中国传统宇宙观的三大核心内容。

（一）宇宙边界——无穷无界

中国传统宇宙观中对宇宙边界的认知是"无穷无界"。《庄子·逍遥游》有记："天之苍苍，其正色邪？其远而无所至极邪？"可见庄子眼中宇宙是无穷大而没有边界的。先秦大儒认为宇宙的结构是一个由中心向外无限延伸的同心圆，吻合了道家对宇宙无穷无界的理解。

（二）宇宙生成规律——道法自然

中国传统的宇宙观对宇宙生成规律的认知可概括为"道生万物"。《老子》四十二章有载"道生一，一生二，二生三，三生万物，万物负阴抱阳，冲气以为和"，阐述了"道"是万物生成之根本，是宇宙原本的客观规律。

西汉大儒刘歆认为"太极元气，函三为一。极，中也。元，始也。行于十二辰，始动于子。……此阴阳合德，气钟于子，化生万物者也"（《汉书·律历志上》），可见儒家认为"太极元气"是宇宙万物的本源。

《管氏地理指蒙·五行详渗》讲万物都是"五气"化生的结果："布于天为五星，分于地为五方，行于四时为五德，布于律吕为五声，发于文章为五色，总其精气为五行，人归于万物禀秀气而生。易曰：天数五，地数五，天地之数五十有五，故万物皆感五气而放。"

在诸家看来，万物均由一种物质生成，只不过道家称之为"道"，儒家称之为"太极元气"，关氏称之为"五气"，然而他们表达的宇宙形成的内涵均是契合、共通的。

（三）宇宙观的核心思想——天人合一

中国传统的宇宙观是"天人合一"。

《老子》二十五章记"人法地，地法天，天法道，道法自然"，道"无成势，无常形"（《史记·太史公自序》），万物从道而生，又要以道为法度，把宇宙万物的发生演变看为自然。董仲舒在老庄思想的基础上发展出"天人合一"的哲学思想体系，"天人合一"并非"天人一体"，而是在天人相分的基础上分为"天人相通"和"天人相类"。

"天人之际，合而为一。同而通理，动而相益，顺而相受，谓之德也"（《春秋繁露·深察名号》），此谓"天人相通"。"天以终岁之数，成人之身，故小节三百六十六，副日数也；大节十二分，副月数也；内有五脏，副五行数也；外有四肢，副四时数也"（《春秋繁露·人副天数》），与《黄帝内经·灵枢》"人与天地相应者"相关记述涵义相同，吻合了道家"人法地，地法天，天法道，道法自然"的宇宙观，此谓"天人相类"。

现代哲学家张东荪先生取各家不同观点，总论中国传统宇宙观是"职司"的宇宙观：古人为了确定社会秩序，因此构建了以社会比附宇宙的世界观，其中君臣父子在社会中的职责，等同于乾、坤、巽、离、坎、兑、震、艮八卦与宇宙的关系。中国传统宇宙观也是"全息式"的宇宙观，天地万物为宇宙全体而存在，实际是为自己本身而存在，这种设定把人和个体的价值提升到无限。

总而言之，中国传统的宇宙观经历了从先民自然崇拜，到百家哲学思想综合而成的"天人合一"，天、地、人三者之间的整体关系发生了微妙的转变，人的地位有了很大的提升，并与天地类比，人们将对宇宙和对自然界的认知与其对人类本身的认知牢牢结合在一起。以天道诉人道的有机的宇宙观是现实社会大一统理想在天穹的投影，这种宇宙观映射在国土上影响了中国古代先民对地理空间的认知与理解。

三、"大地理观"空间意识与空间表现

"普天之下，莫非王土"（《诗经·小雅·谷风之什·北山》），自古以来空间上的"大一统"意识就在中国人心目中根深蒂固，衍生出了基于大尺度空间背景来进行空间设计的习惯，我们将这种空间意识称为"大地理观"，其主空间设计表现如下。

（一）空间轴线感知

轴线是存在于三维空间中想象的直线。从构成元素来看，可以是两点确定的视觉轴线，也可以由位于一条直线上或具有一定位置关系的多个实体构成并强调的空间轴线；从空间尺度来看，轴线可以存在于方寸之内，

也可以构建于国土尺度下的名山大川之间；从人的感知状态来看，有些轴线是可感的，有些则是难以察觉的。综合构成要素、空间尺度、感知状态的不同，可将空间轴线分为三类：第一为可感知的人造实体空间轴线，体现在建筑、建筑群和城市设计中；第二类为可感知的空间视觉轴线，体现在城郭、聚落选址和古典园林营造实践中；第三类为不可感知的概念性轴线。

这里探讨的空间轴线是"大地理观"背景下产生的，构建于大尺度的地理空间环境中、人眼无法直接感知的概念性空间轴线。这种空间轴线多为基于山川、城市等重要地理标志的位置关系进行粗略定位，而形成的具有文化内涵的"虚轴"。由于空间尺度较大，因此轴线的对位关系对于重要节点的位置要求有一定弹性，不要求严格意义上的对位。

按照概念性轴线的感知状态的不同可将其分为以下两种类型：

第一，空间节点连线构成一定的几何形态或连线的位置、长度满足一定的逻辑，如秦始皇在泰山封禅以后巡行行踪极有可能是在大尺度的国土范围上进行了精密的路线规划后的成果：在地图上连接泰山、其他四岳和封禅中巡幸的芝罘山、成山、琅琊山、碣石各点构成了以泰山为中心的几何学图形，各地标点地理位置、相对距离、角度暗含了一种契合大尺度空间测量的逻辑关系。这一现象反映了中国人在地理空间设计时所注重的"圣几何学"的空间艺术。

第二，空间对位的关系满足一定的逻辑或具有一定的意义，例如两汉时期城郭建设已显示出"举九州之势以立城郭室舍形"（《前汉书·艺文志》卷三十）的"大一统"的空间意识在后来的古代城市建设中得以延续。《日下旧闻录·形胜》中对北京的大环境论述如下："冀都山脉从云中发来。前则黄河环绕。泰山耸左为龙，华山耸右为虎。嵩为前案，淮南诸山为第二重案，江南五岭诸山为第三重案。""左为龙""右为虎""前案""重案"均为中国传统堪舆学中的理念，从北京城的选址就可以看出存在于国土宏观尺度中概念性空间轴线的控制性作用。

（二）山岳崇拜中的礼制现象

山岳"谓能宣散气、生万物也。有石而高（《说文解字》）"，是猛兽珍禽栖息之地，有特殊的自然现象和产物，是先民赖以"所取财用"（《礼记·祭法》）的对象，其难以接近的神秘性以及山中特殊的自然现象使人们产生了对未知力量的恐惧。因此，在原始社会人们将山岳作为神圣之地、神仙居所或神灵化身，是原始宗教中大自然崇拜的表现。

至奴隶社会，山岳崇拜得到加强。"山川有能润于百里者，天子秩而祭之"（《公羊传·僖公三十一年》），在古人看来，山川能主宰水旱，关系国计民生、国君命运，因此在先秦时代已风行"国必依山川"（《国语·周语》）的理念，由于山川于国之重，所以古人会以严格的礼制来祭祀山川。《山海经·山经》中，以五方山川为纲，把中国山地划分为26列山系，山岳成为国土的空间代表，且每列山系都有一种山神，并按照一定规格对诸神进行供奉。

进入封建社会后，山岳仍是"万民之所瞻仰"（《韩诗外传·卷三》）之地，山岳崇拜现象得以延续。在其衍生出的等级森严的祭祀制度中，山岳大川的等级关系可以比附"君君臣臣"的社会秩序，如《礼记·王制》有记，"五岳视三公，四渎视诸侯"，要根据山川的等级进行不同规格的祭祀。此外，祭祀者的身份也影响到祭祀对象的范围和祭祀行为。《礼记·曲礼下》中云："天子天地，祭四方，祭山川，祭五祀，岁遍；诸侯方祀，祭山川，祭五祀，岁遍。大夫搜索祭五祀，岁遍。士祭其先。"可见只有天子与诸侯有祭祀山川的权利。而按照《礼记·王制》中的记载，"天子祭天下名山大川""诸侯祭名山大川之在其地者"，天子有权力祭祀天下的名山大川，诸侯只能祭祀其领境之内的山川，所谓"祭不望岳"（《左传·哀公六年》）。

（三）大尺度五方定位

在先民生产活动中需要确定自身的方位和周边事物的方向，而形成了"天象观感"的产物——"五方体系"。起初，五方指东、西、南、北、中五个方位，到《礼记·王制》中，按照华夏居中，东夷、西戎、南蛮、北狄配合四方的地理格局，将中国和戎夷的百姓统称为"五方之民"，反映了在"大一统"的国家、民族、地理的综合背景下人们对国土空间的主观想象。自此，五方从方向体系开始转变为对国土的认知。

"五方体系"与山川祭祀制度在广袤的华夏大地上结合，选择出占据了东、西、南、北、中五个方位的五座大山和四条独流入海的大河，将之合称为五岳、四渎，并按照一定的礼制进行祭祀活动。

其中，五岳祭祀是古代重要礼制之一，它们在地域上各据一方，成为古代中国疆域完整性和国家统一性的重要象征。从《周礼·春宫·大宗伯》中"以血祭社稷、五祀、五岳，以狸沈祭山林川泽"的记载来看，周朝已有祭祀五岳的活动。至秦始皇统一中国，山川祭祀发展成一种政治制度，秦始皇继承夏、商、周三代之天下观，将五岳册封为一等山川，构成理想的天下布局。西汉时，五岳祭祀制度更加正规化，成为朝廷首要祭祀对象。

除五岳之外，还有五镇一说，东汉末年的经学大师郑玄在《周礼注疏》中将"镇"解释为"名山，安地德者也"。《周礼·夏官·职方氏》中有记："凡日月食，四镇五岳崩。"将镇、岳并举，可见二者同样重要。隋开皇十四年（594年），封天下四大镇山，使之成为国家山川祭祀体系的一部分。唐天宝十年（751年），"诏封霍山为应圣王于晋州，是为五镇"，五方镇山格局形成，与五岳一致，五方相配，构成了超越自然属性的国家礼法地理大坐标系。

五岳、五镇所处的地区基本涵盖了中国古代文明的核心区域。从五方定位到五岳五镇，是从仪式观念到地理实体的明确，可见统治者为了标识其主宰空间的区域，选取并册封重要位置的山川来抽象概括领土格局，是基于"五方体系"构建的人文地理概念。五岳祭祀甚至演变为一种彰显政治权利的国家统治手段，自所兴之年至清未衰。

第二节　大地理观与五台山空间定位

一、五台山与各朝都城的空间轴线关系

（一）与北魏都城的关系

公元386年，拓跋珪重兴代国，同年四月改国号为魏，398年，由盛乐（今内蒙古呼和浩特市和林格尔县）迁都平城。为了防御来自北方的侵扰，拱卫首都平城，道武帝时在北部边境（今内蒙古河套地区以东，阴山山脉以南地区）自西而东设置了沃野、怀朔、武川、抚冥、柔玄、怀荒等六镇。在北魏孝文帝拓跋宏（元宏）迁都洛阳之前，五台山与北魏都城平城及古北岳的位置关系是五台山获得早期开发机会的重要原因。

为了更好地研究五台山地理空间定位与北魏都城的关系，绘制了平城、盛乐、五台山相对位置图。设平城为o点，将盛乐、五台山、怀荒镇分别设为a、b、c三点（图4-1）。

按照几个点建设和发展的时间顺序排序，应该为a→o→c→b。因此先连接旧都盛乐土城子遗址与平城古城中心，形成线段ao，连接发现前者位于后者西偏北19°，两者之间的距离A为136公里。

接着连接平城与六镇最东边的怀荒镇（今河北省张家口市沽源县），形成线段oc，后者位于前者北偏东46°，两者之间的距离C为266公里。

连接平城古城中心与五台山台怀镇灵鹫峰两点，构建一条位置关系轴线，发现后者位于前者南偏东约12°的关系线上，与前者之间的距离B约122公里。

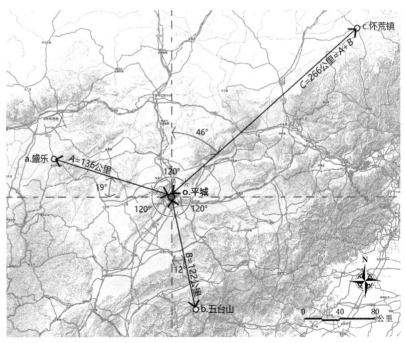

图4-1　平城、盛乐、五台山、怀荒镇的地理位置关系
（图片来源：根据腾讯地图-街道图改绘）

从四点之间的距离来看，盛乐到平城的距离与平城到五台山的距离十分接近，三地连线近似于一个钝角等腰三角形，从这个钝角的顶点做一条角平分线并反向延长，发现这条线的走向刚好与大兴安岭山脉走向相吻合，并且穿越怀荒镇，且盛乐到平城的距离与五台山到平城的距离之和刚好为平城到怀荒镇的距离。从各点连线夹角的角度来看，∠aob≈∠aoc≈∠boc≈120°。

在这个宏大的地理空间中，平城处于核心位置，它与其他三个空间节点的历史关系如下：（1）盛乐、平城都是北魏早期建都的地方，由盛乐迁都平城；（2）定都平城后，五台山佛教开始兴起；（3）定都平城后于北部边境设六镇，最东为怀荒镇。由以上规律可知，各空间节点连线构成的几何形态或连线的位置、长度满足一定的逻辑，属于"空间轴线感知"的第一种情况。空间轴线的对位关系和耦合现象彰显了都城平城的重要性，也突出了五台山区位的独特性。

（二）与各朝都城的关系

北魏迁都洛阳后，五台山依旧是北魏和历朝统治阶层扶持的对象，历代均有帝王崇建活动，对五台山发展产生重要影响。

图4-2显示了北魏至清朝各朝都城的位置以及它们与五台山的空间关系，五台山恰好位于各个重要朝代都城的地理空间上的较为中心的位置上，这种位置关系有利于五台山佛教在发展过程中获得长久不衰的政治支持。

隋、唐、北宋三朝的都城均位于黄河流域中下游一带的长安、洛阳、开封等地，与五台山的直线距离在475～668公里之间。作为金、元、明、清四朝都城的北京，与五台山的直线距离为248公里，正是因为距离

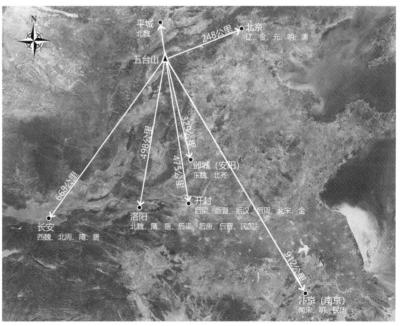

图4-2　五台山与各朝都城的地理位置关系

上的临近，才先后有元代的元成宗、元英宗，清代康熙、雍正、乾隆、嘉庆六位皇帝亲临五台山，巡礼文殊。

自元代藏传佛教传入，到明、清二朝五台山格鲁派大兴，五台山作为政治工具的作用愈加突出，是各朝统治者笼络蒙藏民族稳定北疆的战略手段。藏式佛塔是藏传佛教的标志性建筑，五台山和元、明、清三朝都城北京均建有体量巨大的覆钵式佛塔。其中北京妙应寺白塔和五台山塔院寺大白塔均由元代尼泊尔建筑师阿尼哥建造，前者建于至元八年（1271年），塔身通高50.9米，后者建于元大德六年（1302年），通高75.3米，二塔形制基本相同。在妙应寺白塔东2.2公里处为北海公园琼华岛白塔，该塔建于清初顺治八年（1651年）。从三座塔的空间位置关系来看，琼华岛白塔（北纬39°55′28.06″，东经116°22′58.83″）位于妙应寺白塔（北纬39°55′27.47″，东经116°21′25.70″）与北京城市中轴线的连线上，五台山塔院寺大白塔（北纬39°00′28.83″，东经113°35′22.12″）与琼华岛白塔连线的延长线刚好穿越景山公园西北角元代忽必烈亲耕区和位于北京中轴线上、景山最北面的一座建筑——寿皇殿（北纬39°55′35.55″，东经116°23′25.89″）。

二、四大佛教名山的空间轴线关系

历史上四大佛教名山的形成是中国四大菩萨信仰文化与山岳崇拜文化结合后的产物，代表着菩萨信仰的圣山化。五台山、峨眉山、普陀山、九华山四座山岳占据国土四方供养四大菩萨的地理空间布局现象与五岳五镇的五方布局模式相类同，后者是以山岳镇卫国土，前者是以菩萨道场标识佛土，是"大地理观"空间意识在人造佛教世界中的体现（表4-1）。

唐代宗大历四年（769年），不空法师上疏代宗[①]"令天下食堂中，于宾头卢上，特置文殊师利形像，以为上座。……普贤、观音犹执拂而为侍，缘觉拥篲而居后"[②]，从这时起，中国汉传佛教便开始尊文殊菩萨为四大菩萨之首。在四大佛山中，五台山是最早确定的菩萨道场和佛教名山，与峨眉山、普陀山、九华山佛教很早就有了文化交流。

峨眉山位于四川省乐山市峨眉山市之西南，最高峰石佛顶海拔3099米。《华严经·菩萨住处品》有云："西南方有处，名光明山。从昔以来诸菩萨众，于中止住。现有菩萨名曰贤胜，与其眷属三千人俱，常在其中而演说法。"释印光在《峨眉山志》卷二解释说："所谓贤圣，即普贤也。"唐代，澄观国师基于以前传说，将峨眉山视为普贤道场，后唐玄宗和唐僖宗二帝至蜀中避难，唐僖宗曾游览峨眉山，促进了峨眉山佛教的发展。到北宋初，峨眉山被钦定为普贤应化之地，至南宋淳熙六年（1179年），峨眉山成为公认的普贤菩萨道场。

普陀山位于浙江省舟山群岛东部海域，最高峰佛顶山海拔292米。五台山佛教文化的传播直接决定了普陀山观音道场的形成。据《佛祖统纪》卷四十二中所载："大中十二年（858年），日本国山门慧锷礼五台得观音像，道四明将回国。舟过补陀山，附着石上不得进。众疑惧祷之曰：'若

[①] 根据法藏《幻网经疏》即言："西域诸小乘寺以宾头卢为上座，诸大乘以文殊师利为上座。"中国佛教自判教后既标举以大乘为宗，代宗以前各寺院广供小乘的圣像，有所不宜。不空所奏能够冀朝廷之力，以文殊菩萨圣像替代小乘的宾头卢，并推广文殊信仰。
[②]《代宗朝赠司空大辩正广智三藏和上表制集》卷二，《大正藏》五二。

尊像于海东机缘未熟，请留此山。'舟即浮动。锷哀慕不能去，乃结庐海上以奉之。"观音像留在补陀山，岛上张氏"屡睹神异，经捐所居为观音院"（《佛祖历代通载》卷四十七），时人也将该寺称为五台寺。后来人们根据《华严经》中的说法将经中观音所居的补陀洛迦山确定为普陀山。北宋元丰年间，宋神宗指定普陀山专供观音菩萨，此后普陀山成为官方钦定的观音菩萨道场。

九华山位于安徽省池州市青阳县西南20公里，海拔1340米。与其他三佛山不同，九华山并不是直接以大菩萨为奉敬对象，而是通过新罗僧人金地藏来九华山的应化事迹为地藏菩萨道场形成的契机。东晋末年杯渡把佛教传入九华山，唐时新罗僧金乔觉至九华山隐修，成为化城寺祖师，唐贞元十年（794年）成道寂灭，后来人们说他是地藏菩萨转世，被称为金地藏。自南宋起地藏形象一步步神圣化，影响力增大，在明朝时九华山的地藏菩萨道场地位已确立。

表4-1 四大佛教名山地理位置

序号	名称	所属省市	确立为菩萨道场的年代	经度-东经	纬度-北纬	最高峰海拔（米）
1	五台山	山西省忻州市	唐代	113°29'～113°44'	38°50'～39°05'	3061
2	峨眉山	四川省乐山市	北宋初年	103°10'～103°37'	29°16'～29°43'	3099
3	普陀山	浙江省舟山市	北宋元丰年间	122°23'	30°00'	292
4	九华山	安徽省池州市	明朝	117°43'～118°80'	30°24'～30°40'	1340

综合来看，五台山文殊道场形成于唐代，普陀山、峨眉山形成于北宋，九华山地藏道场形成于明代。根据明代文人董其昌在《容台集》文集卷七中所言："岁在甲辰，夜台访余南屏，请书牓书三，于五台，曰金色世界；于峨眉，曰银色世界；于普陀，曰琉璃世界。丁未又书离垢世界，以真九华。"可见四大佛教名山格局在明代才正式形成。

从四大佛教名的地理位置关系上看（图4-3），峨眉山、普陀山、九华山这三座佛教名山均属长江流域地区，十分巧合的是，三山排布近呈直线，均位于北纬30°上下波动一度所覆盖的范围之间。北纬30°虽是地理学家划出的一条虚拟线，却因穿越许多神秘的地方、奇观异景频出而被定义为一个特殊的区域，三座佛教名山均位于这一区域是经人为选择而形成的奇特现象。

五台山位于北纬38°～39°之间，是长江以北唯一的四大佛教名山。与其他三座佛山在地理空间上构成了一个倒置的"T"形，峨眉山与普陀山分别位于"一"的西端与东端，五台山位于"｜"的最北端，三个端点到"T"交点分别为985公里、860公里和990公里，三段长度较为接近，从"大地理观"和"圣几何学"的视角来看，这种布局巧妙地对应了文殊、普贤、观音为主体的"三大士"信仰模式，在国土范围内形成一个正置的、形态稳定的、近乎等腰的三角形构图关系。

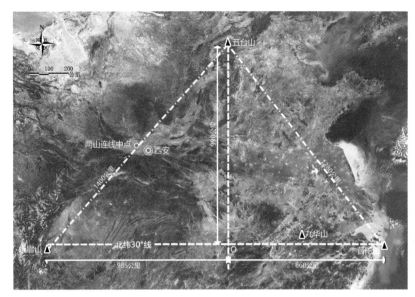

图4-3 四大佛教名山的地理位置关系

在华严宗经典《华严经》中，文殊与普贤分别以大智、大行辅佐释迦牟尼佛的法身毗卢遮那佛，三者被合称为"华严三圣"，由两山所处位置来看，五台山和峨眉山到O点的位置极为接近。唐代是五台山佛教的鼎盛时期，也是峨眉山佛教长足发展的重要时期，从唐代都城长安与两山的位置关系来看，长安位于两山连线中点附近，五台山、峨眉山与长安的关系可以类比为文殊、普贤两位胁侍与释迦牟尼佛的"华严三圣模式"，不仅是皇家扶持五台山与峨眉山佛教发展的历史契机，也能从"圣几何学"的角度来解释唐代汉传佛教发展到鼎盛的现象。

综合看来，四山在国土空间上呈现的布局特征形成了一个以五台山为尊，峨眉、普陀、九华次之的稳定的四大菩萨道场的空间布局和位置关系，也反映了四大佛教名山及菩萨地位的排序。

三、五台山与"四埵"的五方定位关系

在佛教一小"世界"中，四天王天为欲界第一重天，在须弥山山腰的四座山顶，是四天王所居之处。东为持国天，住须弥山黄金埵，西为广目天，住须弥山白银埵，南为增长天，住须弥山琉璃埵，北为多闻天，住须弥山水晶埵。四天王各住一山各护一天下，所居之处合称四埵，四天王也被引申为具有护法能力的天神。

秦高僧鸠摩罗什所译《妙法莲华经》中将其称为"护世四天王"，后秦弘始年间僧人竺佛念所译《长阿含经》卷第五典尊经中提到"一时，忉利诸天集法讲堂，有所讲论。时，四天王随其方面，各当位坐"，东晋法显撰《佛国记》提到"佛为诸天说法，四天王守门"。可见，天王信仰是佛教信仰不可或缺的组成部分，四天王的护法地位早在东晋就已基本形

成，四埵作为四天王所居之处也被赋予了具有护法功能的内涵。

五台山作为四大佛教名山之首，其地位不次于"蓬壶仙境、须弥天宫"，因此有人立五台山四方之外的四座山峰作为具有宗教意义的"护法四埵"。五台山之于"四埵"，等同于须弥山之于"四大王天"，这是佛教天王信仰在大尺度地理空间上的转译，而形成的四方四埵拱卫中央五台山的五方山岳布局。

五台山"四埵"之说最初见于北宋僧人延一所撰《广清凉传》："五台有四埵，去台各一百二十里"。东埵为无恤台，即古恒山，在阜平、唐县、涞源三县交界处；西埵蕌䕡山，即管涔山，在山西省宁武县境内；南埵系舟山，阳曲县城东北20公里；北埵覆宿堆，即夏屋山。

到了明代，四埵的位置发生了变化，见于明代沙门镇澄所撰《清凉山志》卷二："东曰青峰埵，即常山，亦名无恤台，赵襄子曾登是山，因以为名。南曰朱明埵，即方山，李长者著论处。西曰鹤林埵，即马头山，亦名磨笄山，代子夫人磨笄自杀处也。北曰玄冥埵，即夏屋山，亦名覆宿山，古之帝王避暑处"。在两版山志中，四埵之南埵及西埵的说法有变，明代的南埵方山，在寿阳县城东20公里，西埵马头山，在山西代县城东南12公里处（表4-2）。

镇澄在《清凉山志》中提到"四埵之名，好事者立，而圣教无考焉"，明清之际学者顾亭林认为四埵"皆太广远而失其真"（《五台山记》），晚清名臣徐继畬认为"四山距五台甚远，殆广鲁于天下"（《五台新志·卷二》）。四埵位置距离五台山颇为遥远，也并没有关于五台山四埵记载的佛教典籍作为根据。由此可见，四埵的设立并非皇家或权威高僧的官方行为，只是僧人、佛教徒或民间说法产生一定影响力后所形成的。

表4-2 四埵地理位置

类别	古籍四埵名称	出处	今名	所属区县	距五台山（公里）	位置定位
东埵	无恤台、古恒山	《广清凉传》	常山、大茂山	保定市	77	唐县、涞源、唐县三县交界处
	青峰埵、常山、无恤台	《清凉山志》				
西埵	蕌䕡山	《广清凉传》	管涔山	忻州市宁武县	127	忻州市宁武、岢岚、五寨等县的交界处
	鹤林埵、马头山、磨笄山	《清凉山志》	马头山	代县	58	代县城东南12公里处
南埵	系舟山	《广清凉传》	系舟山	阳曲县	92	阳曲县城东北20公里、忻州市府城东南20公里
	朱明埵、方山	《清凉山志》	方山	晋中市寿阳县	122	寿阳县城东20公里、平定县西北25公里
北埵	覆宿堆、夏屋山	《广清凉传》	夏屋山	太原市	60	代县东北30公里
	玄冥埵、夏屋山、复宿山	《清凉山志》				

第三节　大地理观下的五台山朝圣行为

一、五台山朝圣行为的双重意义

对于笃信佛教和文殊菩萨的信徒来说，五台山是一个非常神圣的地方，激发了各地佛教徒前往五台山的热情，形成了五台山朝圣的文化现象，反映了国土尺度下五台山空间定位影响下的朝圣交通地理。

宗教是人类社会发展到一定历史阶段出现的一种社会意识形态和文化历史现象。朝圣行为作为一种宗教仪式源于宗教信仰，宗教朝圣并不是随意的，是以神圣化的方式转化空间与时间的行为，朝圣的地点能够被转换成权利与敬畏的所在地，朝圣的时间变成神圣意义的隐喻以及宗教经验的催化剂。

宗教朝圣仪式包括朝圣者、宗教圣地及朝圣旅程三个元素。朝圣者即具朝圣动机的宗教信徒，引发朝圣的宗教动机多为表达对神的崇拜、满足自己与神契合的强烈愿望或完成内心诺言，朝圣仪式带来了"境域"与"自我"的跨越。

对于宗教信徒而言，空间并不是均质的，而是带有"中断"，这种非均质和中断表现为某些部分的空间与其他部分品质上的不同，即神圣空间与非神圣空间的对立。这种真实且确实存在的神圣空间就是朝圣目的地，即宗教圣地，它所蕴含和象征的"价值理想"是朝圣者渴望寻求，却无法在生活地获得的，是朝圣者某种理想的强化，此为"境域"的跨越。

在五台山宗教朝圣行为中，朝圣者为海内外各个民族虔诚的佛教信徒，他们在朝圣旅程中获得价值理想，经历了从非神圣空间到神圣空间——五台山的跨越，也完成本人在宗教上的自我提升与蜕变，经历了从"世俗自我"向"神圣自我"的转化。正如高鹤年所说"假使住于蓬壶仙域、须弥天宫，经百千劫，不若举一步往清凉山，何以故？乐彼天仙，常沦七趣，向我文殊，必得菩提故也"，朝圣者完成朝山旅程，同时也完成了本人在宗教上的自我提升与蜕变，获得精神上的满足。

五台山在藏传佛教中的地位极高，对于笃信藏传佛教的蒙古人们来说，五台山邻近蒙古草原，较赴西藏朝圣要近便得多，也催生了蒙古藏传佛教信徒对五台山的崇敬和向往。英国传教士詹姆士·吉尔摩对蒙古族的五台山情结和朝圣习惯有如下描写："五台山在蒙古人心目中的地位，就像耶路撒冷对于犹太教徒、麦加对于穆罕默德的信徒那样至圣且高。……执着于佛教的蒙古人也朝拜其他许多圣地，……，但不管怎样，哪一处都比不上五台山。"又说："朝圣者朝山一次，能换来下一辈子的福，朝山两次能换来下两辈子的福，朝山三次则能换来下三辈子的福，以此类推。这样，每一个虔诚的蒙古人都要尽力做到在今生今世至少到五台山进香一次，不少人还经常去，更有人力争每年都去。"可见五台山的宗教吸引力之大。

在很多学者看来，现代旅游的一种早期形式或历史起源之一就是宗教朝圣，甚至被视为现代朝圣或世俗仪式，即世俗意义的朝圣，是人们离开定居地点短期前往国内外游览区域进行的旅行或游览。

就我国佛道名山而言，它们兼具旅游价值与朝圣价值，催生了既包含宗教"文化性"又涵盖旅行"世俗性"的宗教旅游。五台山作为我国四大佛教名山和文殊菩萨道场，场所环境优美，既具有朝圣的宗教神性，也能够满足世俗旅游的要求，因此，五台山朝圣行为是宗教仪式与世俗旅游的完美结合。

二、五台山周边的入山路线

五台山朝圣行为已成为五台山地区广为流行的交织着宗教、文化以及人们的情绪等多种因素的宗教仪式和旅行活动，形成了古代的一些固定朝山路线，出发地西到敦煌、吐蕃，北到内蒙古，南到五代时期的吴越国，东到山东，可见五台山佛教影响范围之广，一些古道甚至沿用至今，能够很好地反映国土范围内不同朝圣者的朝圣旅程以及历史上的交通地理情况。

古代进入五台山的路线可分为东、西、南、北四路，东路和南路在莫高窟第61窟的《五台山图》中有记录。

（一）莫高窟《五台山图》中东、南入山路线

第61窟的《五台山图》位于洞窟西壁，长13.45米，高3.42米，为原佛坛中央文殊骑狮大型彩塑（现已毁）的背景，图中详细描绘了从河东道太原经五台山到河北道镇州800余里的山川形势、村庄城镇、寺院殿塔等。全图可分为上、中、下三部分，上部为菩萨、罗汉、诸天等化现的灵迹；中部为五台山的五座山峰及其中大小寺院，根据五台的排布方式可以判定图左为西，图右为东；下部为从太原、镇州分别前往五台山朝圣的历史路径信息，绘有许多的城池、山岭、关隘、路店等，这些重要的地理位置反映了唐及五代时期通往五台山的基本路线，根据图上反映的信息作两条路线的史实略考。

1. 南路：从太原到五台山的朝圣路线（图4-4上图）

以太原起的路线先后经太原白枧（杨）店、石岭关镇、忻州定襄县、河东道山门西南、五台县、而后抵达五台山，或由太原出发，经太原新店、太原三桥店、忻州定襄县，到河东道山门西南，再经五台县到达五台山。

"河东道太原"是河东道两府之一，被绘于图面左下角。唐代开元二十一年（733年），天下分为十五道，河东道相当于山西全境和河北省的部分地区。至德、乾元初年，对道进行了调整，将天下十五道析置，分一道为多道。

"太原白杨店"与圆仁《入唐求法巡礼行记》提到的白杨普通院以及敦煌遗书《往五台山行记》（S.0397）中记述的距离太原五十里的白杨村店为同一地方。疑为今太原市杏花岭区柏杨树村。

石岭关镇相关记载见《新唐书·地理志》："定襄，武德四年析秀容置，有石岭关"，石岭关是太原"三关"之一，置于唐武德四年（621年），位于阳曲县大盂镇上原村北二里的地方，历为太原通往忻代云朔之要道。

"忻州定襄县"也是从太原到五台的必经之路。玄宗天宝元年（742年），改忻州为定襄县郡，肃宗乾元年（758年），改定襄郡为忻州，定襄县复属忻州。据《读史方舆纪要》卷四十："定襄县，（忻）州东五十里。"

"太原新店"位于太原市区，根据《太原市地图》显示，新店位于柏杨树村西北、皇后园东站西南、同蒲铁路东侧，距柏杨树村2.5公里左右。

"河东道山门西南"，即大关，是五台八大垭口之一。《五台县志》有记："大关，位于大建安村西。此关隘曾有五台南大门之称，形势险要，易守难进。"

"五台县"最早在西汉为虑虒县，属太原郡。北魏太和十年（486年），改名"驴夷"，隋大业三年（607年）因山为名，改名五台县，仍属雁门郡，唐、五代十国属代州。五台山就在五台县东北一百四十里处。

由太原入五台山属进山之南路，朝山者一般来自山西各地、陕西西安、河南洛阳、开封等地，也有从西藏、定州、灵州来的朝山者经陕北到太原进入五台境内，圆仁和尚离开五台山的路线亦为此路。

2. 东路：从镇州到五台山的朝圣路线（图4-4下图）

以镇州为起点的路线从河北道镇州出发，经柳泉店、龙泉店、永昌之县、石觜关镇、石觜关门、青阳之岭、河北道山门东南路到五台山。

"河北道镇州"位于图面右下角。河北道，于唐贞观元年（627年）置，据《旧五代史·郡县志》载，共辖两府十六州一县一军。《旧唐书·地理志》："天宝元年（742年）改为常山郡。乾元元年（758年），复为恒州。兴元元年（784年），或为都督府。元和十五年（820年）改为镇州。"五代唐升为真定府，晋天福七年（942年）改为恒州，汉复为镇州，旋又升为真定府，周又改为镇州。治所在真定，相当于今河北正定县。

"永昌之县"，原名行唐县，《大清一统志》有记："行唐县，（五代）梁开平初，改为章武，唐同光初复改，晋改曰永昌，汉复故。"后晋天府七年（942年）改为永昌，治所在今河北省行唐县东北。

根据墨书榜题进行考证，发现图中绘制的路线不完全符合史实，个别地点存在排列错位的情况，但能够确定基本路线是由镇州过行唐县，经阜平县到达五台山地区。此线路为五台山东路，朝山者来自北京、山东等地。在"龙泉店"上方有一组人马，榜题为"湖南送供队"，据考证，为五台山高僧释光嗣（匡嗣）相关事迹。光嗣"信尚台山，乃为真容院浩威之高足也。纳诫后……出求禅法。……由是决意越重湖、登闽岭，盛谈温宿世界，闻者竦动"（《宋高僧传》卷二十八《晋五台山真容院光嗣传》）。他在五代后晋天福三年（938年）时南行，先到湖南，"谒伪国主王公、公施香茶一万，至丁未年，遣使赍送入（五台）山，遍给诸寺"（《广清凉传》卷下《高德僧事迹十九之余》）。正是《五台山图》中记载的送供事件，可见当时这一队来自湖南的人马正是经镇州、永昌县、阜平县到达五台山。

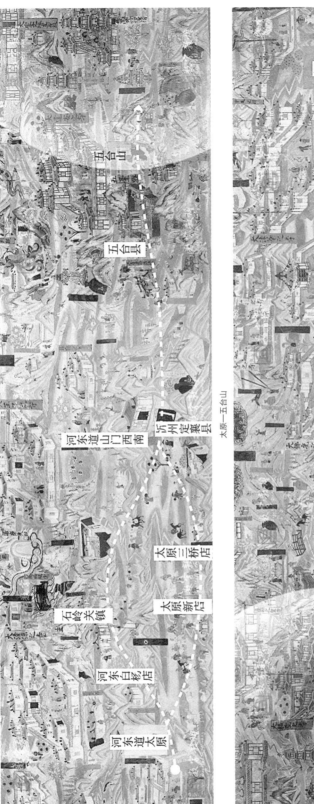

图4-4 《五台山图》历史朝圣路径
（图片来源：截取数字敦煌网站《五台山图》局部改绘。图像来源于http://www.e-dunhuang.com/cave/10.0001/0001.0001.0061）

第四章 中国传统大地理观与五台山空间定位 | 065

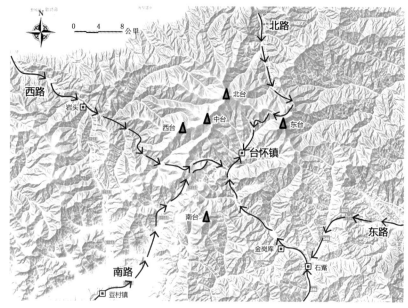

图4-5 古代入山路线

（二）其他入山路线

除了《五台山图》中显示的南路和东路两条进山线路，还有北路与西路两条路线（图4-5）。北路是从大同、内蒙古等地至五台山的线路，先到达繁峙县，经沙河镇、滹沱河谷、南峪口、华严水谷、野子场，过鸿门岩进入五台山，徐霞客游历五台山后离开时即选择了此线路。西路即从陕北、代县、繁峙县等地至五台山的路线，经由繁峙县城或代县县城出发，经峨峪岭、峨口镇、峨河河谷、岩头、台峪口，进入五台山，经狮子窝岭、竹林寺、龙泉寺到达台怀镇。

三、朝圣行为衍生的空间标识

历史上的朝山行为产生了一些具有五台山地域特色的地理空间标识，一类是以四关、四门为代表的门户类标识，一类为以提供住宿、供给为目的的功能类标识。

（一）门户类标识

四关、四门，是旧时进入五台山佛国圣地的重要门户，在朝圣旅程中是由非神圣空间进入神圣空间、标志空间境域转化的关键性节点，分列于五台山东西南北四周边界上（图4-6）。

1. 四关

关，即关塞或关隘，是中国历史上独具特色的地理景观之一，以人为地阻断交通来限制人、物来往的场所，在不同历史时期承载了防御、治安、征税等多种功能。五台山四周有"四关"的保护。《清凉山志》中记

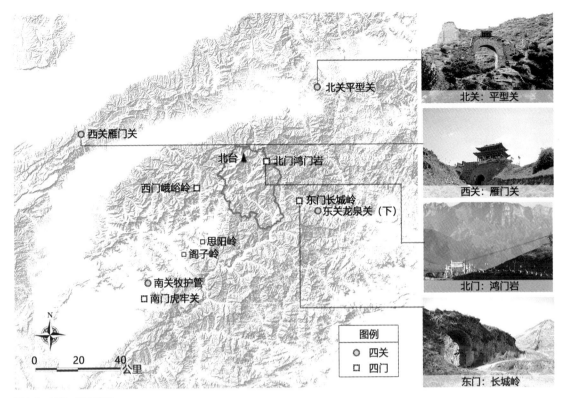

图4-6 四关、四门位置
(图片来源：根据地理信息自绘，右侧四图分别引自http://blog.sina.com.cn/s/blog_5094efe10100u3du.html；http://www.jjxyfz.cn/junshi/551578/；http://www.mafengwo.cn/photo/14528/scenery_3180212_1.html；http://wugang62149823.blog.sohu.com/181212512.html)

载，五台山"雄据雁代，盘礴数州，在四关之中，周五百余里"。四关的设立构建了环五台山的关塞格局，通过"四关之中""四塞之国"的位置特征来强化五台山作为文殊菩萨道场的佛国地位之重要性。

四关不仅是五台山佛国格局的重要标识，也是五台山周边四座雄关险隘的交通要塞，分别为龙泉关下关、雁门关、牧护关、平型关。龙泉关是长城上一个重要的关隘，有上下两关，相距二十里，上关在西北，下关在东南，其中的龙泉关下关，位于长城岭东10公里处，旧时为五台山的东大门，来自河北、山东的朝山者均从此关入山，清代康乾二帝多次巡礼五台山，也都是从龙泉关进入。牧护关旧时为从南部进入五台山的大门。雁门关为五台山西入口，是明长城上的重要关隘，与周边的长城形成了一个完整的军事防御体系，在战国时期就是军事要地，居"天下九塞"之首（《吕氏春秋》）。平型关位于繁峙与灵丘二县交界处长城脚下的平型岭上，地势险要，为旧时进山的北入口。四关地理位置见表4-3。

表4-3 四关地理位置

名称		建造年代	位置定位
东关	龙泉关（下关）	明英宗正统二年（1437年）	五台山东南30公里，东距河北省阜平县35公里，位于长城岭东10公里

续表

名称		建造年代	位置定位
西关	雁门关	明洪武二十三年始建（1390年）	忻州市代县县城以北约20公里处的雁门山中，朔州和代县边界处，长城上的重要关隘
南关	牧护关	不详	五台山境内，五台县南5公里
北关	平型关	明朝正德六年（1511年）	忻州市繁峙县横涧乡平型关村，位于大同市灵丘县同忻州市繁峙县的分界线平型岭上

2. 四门

民国李相之在其《五台山游记》中说："五台山有东西南北四门。"四门在过去为四方僧俗前往五台山的必经之路（表4-4）。东门为长城岭，在东关龙泉关下关西10公里处。西门即峨峪岭，指代县境内峪口与峨口之间的山岭，历史上蒙古族信徒和塞外客商进五台山多走峨口和峪口，因此位于五台、代县、繁峙县三县交界处的峨峪岭被称为五台山的西大门，岭上多建佛寺。南门由南到北依次有三层，"第一层为大门，亦名虎狼（牢）关，离济圣桥四五里。第二层为阁子岭，……第三层为思阳岭"，思阳岭上有尊胜寺，寺前的道路是古时入山道路之一，此三门是太原方向游客进入五台的门径。北门是鸿门岩，为台怀至砂河公路的交通要冲，是北面内蒙古、大同等地游客入山的重要门径。

表4-4 四门地理位置

名称		建造年代	位置定位
东门	龙泉关（上关）	明景帝景泰二年（1451年）	即长城岭，位于龙泉关下关西10公里处
西门	峨峪岭	不详	五台县李家庄乡与代县峨口镇交
南门	虎牢关	不详	五台县建安乡境内紫金山与文山之间的谷口
北门	鸿门岩	不详	北台中台之间

（二）功能类标识

功能类标识包括三类：一类为国家修建，供指定公务人员或使者使用的驿站；二类为供往来僧俗使用的公益性质的普通院；三类为供清代皇帝使用的坐落、尖营、行宫等皇家"驿站"。

第一类驿站见于《参天台五台山记》中，成寻从汴梁去往五台山的路上共经过20驿站56个马铺，驿站属交通传讯机构，马铺为军事建置。

中国是世界上最早建立组织传递信息的国家之一。春秋时期，人们把边境内外传递文书的机构叫作"邮"；秦统一全国后设置"十里一亭"，是监督劳动人民以巩固其统治的机构，在交通干线上的亭被称为"邮亭"，兼具公文通信功能；汉初"改邮为置"，并以骑马递送取代人力步行，形成驿，后又逐步改造为兼有迎送过往官员和专使职能的机构；唐朝时发展成熟，成为中国古代供官府文书、军事情报的传递者或往来官员途中食憩、更换马匹的场所，元代以前只称"驿"，成书于唐玄宗开元间的《大唐六典·兵部郎中院外郎条》记载："凡三十里一驿，天下凡一千六百三十九所。二百六十所水驿，一千二百五十七所陆驿，八十六所水陆相兼。若其地势险阻，及须依水草，不必三十里。"

马铺属唐朝基层军事建置。隶属于烽，负责军情报探。每15公里置1马铺，牧马2匹，平时畜牧氈田，置于非驿道近烽地区，有警则飞驰报探、传牒。

这类驿站是古代公共交通制度的主要据点，仅供得到国家供给的移动者使用，如移动的官员、驿使、地方巡察使、从军士兵、流放罪犯、特权商人、外交使节等。成寻由汴梁去往五台山途中所使用的馆驿，均需要三司最上位的使、副官、判官三人签发的文书作为引荐凭证，"右仰沿路州府县镇馆驿，依近降驿令供给，往来则例其券并沿路批勘文"，其中供给标准颇为具体，"日本国僧八人，每人各米三胜（通升）、麸一斤三两二分、油一两九钱八分、盐一两二分、醋三合、碳一斤一十二两、柴七斤"。根据《唐律疏议·杂律》二一"不应入驿而入"条的记载："不应入驿而入者，笞四十；辄受供给者，杖一百；计赃重者，准盗论。虽应入驿，不合受供给而受者，罪亦如之。"由此可见，唐代驿站使用的相关规定十分严苛，需在得到相应许可下才能使用，不同的身份级别对应相应的供给量，超过权限会论罪处之。

第二类普通院是五台山特有的具有供给和服务功能的寺院，见于圆仁《入唐求法巡礼行记》。

驿站作为国家设置的服务性交通节点，有严格的使用限制，能够使用驿站的人还是少数，普通人无法在驿站接受供给。五台山山势险要、地形复杂、气候严寒，给往来五台山僧俗、商人、文人墨客等巡礼者带来巨大的困难，更需要在沿途获得水、粮食、住宿等供给以顺利到达圣山。可供普通人选择的住宿设置包括寺院、佛堂、村落的家宅、沿途的路边店以及普通院。

五台山的普通院是一种特殊的寺院，出现在唐代后半期的鼎盛时期，是沿着五台山巡礼路线设置的接待僧俗的住宿及休憩设施，其功能在《入唐求法巡礼行记》中描述如下："长有饭粥，不论僧俗，来集便宿，有饭即与，无饭不与，不妨僧俗赴宿。"圆仁巡礼五台山的路线中记载了普通院的分布情况，东路进山的路线上有11处，山中1处，南路出山路线上的普通院有8处，共计20处，相邻普通院之间的距离在5公里到15公里不等（近半天路程），为前来朝圣的僧俗提供一定的便利条件。

唐代普通院的设置反映了当时佛教发展的需求，对五台山佛教的传播和发展起到一定的促进作用。在《大宋僧史略》卷上四"创造伽蓝"条提到普通院，并注"今五台山有多所也"，可见到了宋代，五台山周边的许多普通院得到了保留。

第三类是专门服务清代皇帝的皇家驿站，包括行宫、尖营、坐落。

与官民相比，皇帝巡行对地方来说是头等大事，清代诸帝特别热衷于巡礼五台山，为历代皇室之最，清帝西巡的主要目的地就是五台山。康熙帝（5次）、乾隆帝（6次）、嘉庆帝（1次）曾先后12次到五台山巡礼，到乾隆帝时，西巡路线上已在端村、圆头、赵北口、黄新庄、半壁店、秋澜村、梁各庄、正定府、定州、保定府、涿州、灵南寺、众春园、灵雨寺、潭柘岫云寺、大教场、法华村、东北溪建行宫18座，五台山内有台麓寺行宫、台怀行宫、白云寺行宫3座（表4-5）。

表4-5 清帝西巡线路上的行宫

	名称	位置	建造年代	性质
1	端村行宫	位于白洋淀淀边重镇，端村	建于康熙四十七年（1708年）	驻跸之所
2	赵北口行宫	位于白洋淀内名镇赵北口	建于清康熙年间	驻跸之所
3	黄新庄行宫	属良乡县，在县北2.5公里	乾隆十三年（1748年）	清帝谒陵驻跸之地
4	半壁店行宫	属房山县。在县治西南20公里	乾隆十三年（1748年）	驻跸之所
5	秋澜（兰）行宫	属涞水县。距半壁店行宫30公里	不详	驻跸之所
6	梁各庄行宫	在易州城西十五里，距秋澜行宫20.5公里	乾隆十三年（1748年）	驻跸之所
7	大教场行宫	距发华村23公里	乾隆四十六年（1781年），前督臣袁守侗奉旨建立	驻跸之所
8	临澜亭行宫	保定府城西	乾隆十五年（1750年）	
9	众春园行宫	属定州，在城东北隅。始创于宋太宗时期	康熙四十一年（1702年），驻跸此园，乾隆十一年（1746年）修葺行殿	驻跸之所
10	隆（龙）兴寺行宫	正定府行宫，在正定府署东	康熙四十七年在寺西侧增建此行宫	驻驾瞻礼之所
11	涿州行宫药王庙行宫	在涿州城南里许。距黄新庄行宫35公里	乾隆十六年（1751年）	驻跸之所
12	灵雨寺行宫	保定市南市	—	驻驾瞻礼之所
13	潭柘寺行宫	北京西部门头沟区东南部的潭柘山麓	—	驻驾瞻礼之所
14	台麓寺行宫	五台山石咀乡射虎川	乾隆十六年（1751年）	驻驾瞻礼之所
15	台怀镇行宫	五台山台怀镇塔院寺前	乾隆二十五年（1760年）改建	驻驾瞻礼之所
16	白云寺行宫	五台山白云寺寺北	康熙四十六年（1707年）重修，乾隆十二年（1747年）建行宫	驻驾瞻礼之所

资料来源：根据《法天则地揭窓象——清代行宫园林选址考析》《西道纪略》《日下旧闻考》《西巡盛典》等文献中信息整理绘制。

此外沿途设坐落、尖营等级稍低的休憩场所以供皇帝使用。尖营为清代两行宫（行营）之间所设的"打尖"之处。两行营之间距离常为35～40公里，半日方到，故其间例设一尖营，供止饥休息。行宫与尖营为独立的建筑群，且规模较大，而坐落多依托一座寺院存在，是寺院某一侧或某一角的独立院落，一般为3间或4间，多的可达六七间。

参考文献

[1] 彼得·贝格尔. 神圣的帷幕——宗教社会学理论之要素[M]. 上海：上海人民出版社，1991. 47-49.

[2] 赵东明. 重重无尽与一即一切：古老佛经与现代天文学宇宙观的浪漫相遇——长阿含《起世经》与《华严经》宇宙结构观的科学想象图景[J]. 普陀学刊，2014，00：279-317.

[3] 释慈怡. 佛光大辞典[M]. 高雄：佛光大藏经编修委员会，1988：5364.

[4]（日）中野美代子. 龙居景观：中国人的空间艺术[M]. 银川：宁夏人民出版社，2007：12-17.

[5][汉] 刘向，刘歆. 山海经[M]. 沈阳：万卷出版公司，2016.

[6] 李凯."祭不越望"探析[J]. 云南社会科学，2008，04：128-132.

[7] 张元勋.《山海经》浅论[J]. 东岳论丛，2013，07：137-143.

[8] 牛敬飞. 五岳祭祀演变考论[D]. 北京：清华大学，2012.

[9] 阳修等. 太常因革礼卷49祭5岳4镇续四库全书第821册[M]. 上海：上海古籍出版社，2002：520.

[10] 唐晓峰.《五岳地理说》，转引自王元林，张目. 国家祭祀体系下的镇山格局考略[J]. 社会科学辑刊，2011，01：183-185.

[11] 陈耀华，张玮. 基于传统宇宙观的中华五岳空间景观特征及其启示[J]. 经济地理，2014，02：166-173.

[12] 张杰. 中国古代空间文化溯源[M]. 北京：清华大学出版社，2012：192-195.

[13] 周颂尧《绥远河套治要》. 转引自阎天灵. 蒙古人"朝台"与蒙汉沟通[J]. 五台山研究，2004，01：41-44.

[14] 崔正森. 峨眉山与五台山佛教[J]. 五台山研究，1993，01：31-38.

[15] 钱征. 九华山地藏菩萨与大愿文化的由来[J]. 池州学院学报，2010，04：25-27+35.

[16][明] 董其昌. 中国古代书画家诗文集丛书：容台集[M]. 杭州：西泠印社出版社，2012：452.

[17] 詹姆士·伯斯特. 神秘的北纬30度[M]. 台湾：台海出版社，2011.

[18] 高鹤年. 五台山访游记. 引自崔正森. 五台山游记选注[M]. 太原：山西人民出版社，1989：90.

[19] 王志勇等. 清凉寺传志选粹广清凉传[M]. 太原：山西人民出版社，2000：43.

[20][明] 释镇澄. 清凉山志[M]. 银川：宁夏回族自治区佛教协会，1998：49-50.

[21] 凤凰网华人佛教. 五台山的地理形胜：古今五台分布罗列有差异[EB/OL]. http://fo.ifeng.com/a/20140926/40824614_0.shtml，2014-09-28/2016-10-02

[22] 崔正森. 五台山游记选注[M]. 太原：山西人民出版社，1989：25-27.

[23][罗马尼亚] 米尔恰·伊利亚德. 神圣与世俗[M]. 北京：华夏出版社，2002：1.

[24] 扎洛. 吐蕃求《五台山图》史事杂考[J]. 民族研究，1998，01：95-101.

[25] 李剑华，范定九. 社会学简明辞典[M]. 兰州：甘肃人民出版社，1984.

[26] 任艳艳. 唐代河东道政区"调整"之研究[D]. 武汉：武汉大学，2013.

[27] 五台县志编纂委员会. 五台县志[M]. 太原：山西人民出版社，1988：43.

[28] 崔正森.《五台山图》研究[M]. 太原：山西科学技术出版社，2010：35.

[29] 李泽涛. 大朝台：五台山全景图说[M]. 太原：山西科学技术出版社，2012：19-20.

[30] 安介生. 略论先秦至唐代关塞格局构建的时空进程[J]. 历史地理，2007（01）：145-163.

[31] 陈波. 清代五台山：一个历史人类学的观察[J]. 四川大学学报（哲学社会科学版），2010，04：21-26+56.

[32] 李泽涛. 五台山全景图说-大朝台[M]. 太原：山西科学技术出版社，2011：4-6.

[33] 高敏. 秦汉"都亭"考略[J]. 学术研究，1985，(05)：73-82.

[34][唐] 李林甫等，陈仲夫点校. 唐六典[M]. 北京：中华书局，1992：163.

[35] 纪大椿. 新疆历史词典[M]. 乌鲁木齐：新疆人民出版社，1994.

[36]（日）成寻. 新校参天台五台山记[M]. 王丽萍点校. 上海：上海古籍出版社，2009：357-358.

[37][唐] 长孙无忌. 唐律疏议[M]. 北京：中华书局，1983.

[38]（日）圆仁. 入唐求法巡礼记[M]. 台湾：文海出版社，1976：59.

[39] 业露华. 唐代五台山普通院[J]. 五台山研究，1992，01：24-26.

[40] 孔俊婷，王其亨. 法天则地揭意象——清代行宫园林选址考析[J]. 清史研究，2005，04：85-95.

[41] 高文德主编. 中国少数民族史大辞典[M]. 长春：吉林教育出版社，1995：331.

[42] Turner V. The Center out There: Pilgrim's Goal[J]. History of Religions，1973，12（3）:191-230.

[43] Cohen E, Richards G, Wilson J. Backpacking: diversity and change.[J]. Journal of Tourism & Cultural Change，2004，1（2）:95-110.

[44] Singh S, Hwang Y H. Tourism in the sacred Indian Himalayas: an incipient theology of tourism?[J]. Asia Pacific Journal of Tourism Research，2006，155（4）:375-389.

[45] Maccannell D. Staged Authenticity: Arrangements of Social Space in Tourist Settings[J]. American Journal of Sociology，1973，79（3）:589-603.

[46] Graburn, Nelson H H. Ethnic and tourist arts:[M]. University of California Press，1976.

第五章

五台山山岳格局理想景观模式与朝山路线

第一节 山岳格局与理想景观模式

在中国传统文化和宗教文化的影响下，中国古人对景观空间结构有特殊的偏好，他们通过文学作品来描绘想象中的仙境神域，以表达对理想景观的向往。这些理想的景观模式通过"地理回归"投影到现实环境中，建构出一个可感可观的、真实的"凡间天堂"，来实现对环境的影响。

《涅槃经》云："常生他方清净国土。信值佛法，得无生忍。"须弥圣境难得，故中国汉传佛教在发展的过程中也一直在俗地寻觅契合中国传统文化和佛教理想景观的自然形胜。现实中具有良好环境基础的自然景观可通过人为认知、理解、改造等行为构建与理想模式之间的联系，成为附会佛教文化内涵以及呈现佛教景观的物质载体。

五台山特殊的山岳格局契合了中国传统文化和佛教文化中一些理想景观模式，而具有了被发掘为"凡间天堂"的条件。在一代代佛教徒的努力下，五台山被逐步建设为符合佛教理想的须弥佛土、文殊道场和风景名胜，位列我国四大佛教名山之首。

一、仙山模式

五台山山岳格局体现出佛教文化和中国传统文化中的两种仙山模式特征，其一是与世隔绝的仙山模式，其二为以高为尊的圣山模式。

（一）与世隔绝的仙山模式

在佛教世界中，不同族群所居之地互相独立。天神居于须弥山，外围有七金山、七香海、大咸海包围，四方为漂浮在大咸海之上的四大部洲。佛居空间与人居空间呈孤岛式的布局，重重山海将人类生活的部洲与须弥山隔离开来，神居空间因此表现出了世俗难以接近的神秘感与距离感。不同人类分布在不同部洲，各个部洲间被大咸海淹没，这种岛屿伫立海上的特点与中国传统文化中的海上仙山模式相通，强调了居住地的独立和不受外界干扰的特征。

五台山"耸峙于雁门云中之表，接恒岳而俯滹沱，横临朔塞，藩屏京畿"（清康熙皇帝御制《清凉山志》序），广义五台山的范围内有较大山峰218座。相较之下，狭义五台山"五峰中立"，只是群峰之中很小的局部。《古清凉传》卷上《立名标化一》中云："晋永嘉三年（309年），雁门郡葰（苏果苏寡二切）人县百余家，避乱入此山。见山人为之步驱而不返。遂宁居岩野，往还之士。"由此可知，最早进入五台山的人为西晋永嘉三年（309年）至此避乱的雁门郡人，"时有望其居者，至诣寻访，莫知所在，故人以是山。"复杂的山地空间使五台山颇具神秘性。

圆仁《入唐求法巡礼行记》中对五台周边山形地貌描述如下："五顶之地，五百里外四面皆有高峰张列，围拥五台而可千里。并其锋刃，而有重垆周绕之势。峰谷重重，不知几重。且从东入台山，入山谷行五百里，上至巉岩之顶，下到深谷之底，动经七日，方得到五台山地。……诚知五台山乃万峰之中心也。"五台山地处"万峰之中"，周边"峰谷重重""千峦密布"，类似于佛教须弥山周边七金山、七香海重重包围的结构特征，内围的五台山佛居空间与外围平坦地区的人居空间加以分离，起到围隔作用，五台山也具备了与世隔绝的须弥山特征，佛教地位不言而喻（图5-1）。

（二）以高为尊的圣山模式

高处具有地理位置的优势，具有能够使人感到震慑的特点，在中国古代的奴隶社会和封建社会中多有体现：在军事中，高处具有易守难攻的特点，往往成为兵家必争之地；在建筑选址中，统治阶层或宗教势力都热衷于控制高点以表现其主宰地位的不可侵犯，亦具有向外炫耀式的权利特征；在风景营造中，峰峦和高处因具有视野广阔、形势险峻、山高峰奇等特征，常作为风景的构图中心。

世界上多个文明都有关于圣山的论述，它们或是神的居所（昆仑山、须弥山、希腊奥林匹斯山），或是神显圣的场所（五台山灵鹫峰、埃及西奈山），或是人为了与神沟通的修行场所（武当山天柱峰金殿、五台寺院、以色列卡梅尔山天主教堂），不同文化背景中的圣山，以高为尊的特

图5-1　五台山周边山地

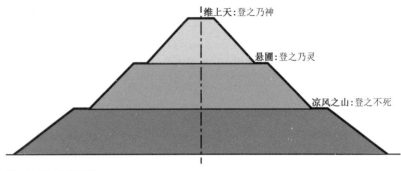

图5-2 昆仑山设想图

征均基本相同。中国传统文化中无比高峻且与世隔绝的昆仑山以及佛教文化中"高出水面八万四千由旬"的须弥山均是典型的圣山模式，两类圣山制高处分别为"太帝之居"和"帝释天"，是天神的居所。

昆仑山最早见于《山海经》，其中《山海经·西山经》云其为"帝之下都，神陆吾司之"。《山海经·海内西经》中记载了昆仑山的规模："昆仑之墟，方八百里，高万仞"，均道出其作为仙山的重要特征为山势制高陡峭。《淮南子·地形训》中呈现了昆仑山由凉风之山、悬圃、维上天三个境界等级依次构成的垂直结构特征（图5-2），并以制高处的上层台级为尊，登三个台层便达"维上天"，是由地登天、由凡入圣的垂直递进的圣山模式。

在一小"世界"地轮的九山四部洲中，天神所居须弥山为最高，其山根外围的七重金山由近及远高度呈1/2递减，即距离须弥山最近的第一座金山高度为须弥山的一半，外围紧邻的第二座金山的高度又为第一座的一半，依此类推，人类所居之四部洲高度最低，映射了人神地位的区别。在三界二十八天中，欲界、色界、无色界随着境界的提高，所处的空间位置也越来越高。佛教世界垂直分级的布局特点与中国传统昆仑仙山一样，体现了高度与等级的正相关关系。

"山以气凝，气因山著""山愈高其气愈厚"，五台山五座台顶的海拔高度都在2400米以上，高度为3061米的北台为五台山制高点，也是华北地区最高的山峰。五台山高度的优势符合了上述以高为尊的圣山模式，高耸的台顶是与神沟通的极佳场所，凸显了五台山的圣山形象。

二、五方模式

（一）佛教中的五方体系和五方布局

佛教世界中"五"之含义起源于多佛观的发展和五方佛的形成。

大乘佛教以前的佛陀观认为只有释迦一佛，其后以时间为轴扩展出的过去、现在、未来"三世佛"为最初的多佛思想，与此相对，佛与空间方位开始有了联系，扩展出以空间为轴的"十方诸佛"的概念，形成"三世十方佛"说。随着大乘佛教的流布，《观佛三昧海经》《金光明经》中的"四方佛"之说和四方佛造像开始流行。唐代，密宗得到极大的发展，印度高僧善无畏译出《大毗卢遮那成佛神变加持经》（又名《大日经》），在四方佛的基础上出现了解释法身的中央毗卢遮那佛，至不空译《初会金刚顶经》，形成了以毗卢遮那佛（大日如来）为中尊的金刚界"五方佛"。大日如来凭自己所具有的法界体性智、大圆镜智、平等性智、妙观察智、成所作智五种智慧分别化为中央毗卢遮那佛（即大日如来）、东方阿閦佛、南方宝生佛、西方阿弥陀佛、北方不空成就佛，形成了"五智五身"的五方布局体系（表5-1）。

表5-1 五方佛体系特征

五佛	部族	方位	色身	智	印	座	三昧耶形
大日	如来	中	白	法界体性智	（智拳）觉胜	狮子	（法轮）佛塔
阿閦	金刚	东	青	大圆镜智	触地	象	金刚杵
宝生	宝	南	黄	平等性智	与愿	马	宝
阿弥陀	莲华	西	赤	妙观察智	禅定	孔雀	莲花
不空成就	羯磨	北	绿	成所作智	施无畏	金翅鸟	羯磨

资料来源：根据《敦煌显密五方佛图像的转变与法身思想》、《佛教文化辞典》等资料绘制。

五方布局多次出现在佛教一小"世界"塑造的理想景观中，如四大部洲围绕须弥山的布局、六欲天第一重天四大王天护卫须弥山的布局、忉利天中央帝释天与四方三十二天的布局等。从布局方位与等级来看，居中者为尊，具有绝对的统治地位，周边四方多位于边角位置，不仅要尊崇或护卫中部势力，更从地理空间上明确了中部势力的范围。

（二）中国景观理想中的五方布局

中国传统文化中的五方方位体系起源于远古时期的生产活动，后来随着哲学思想的发展形成五行理论，并延伸到古代山岳祭祀、神仙崇拜的信仰系统，衍生出五岳、五镇、五帝、五方龙王之说。

中国景观理想中典型的五方布局还影响到了传统的五仙山模式，即《列子·汤问》中所记的岱舆、员峤、方壶、瀛洲、蓬莱五山，在此基础上发展出方壶、瀛洲、蓬莱"三山"模式。相比之下，三山模式被社会各层接受和认知的程度更高，并在皇家园林与一些私家园林中得到继承和发展，如秦始皇修建的兰池宫、汉高祖刘邦兴建的未央宫、隋炀帝杨广修建的西苑、南宋德寿宫、元代大内余元太液池、明清时期南海等。

（三）五台山的五方布局

《五台新志·卷二》云："五台之名，北齐始见于史。"五台山之所以以"五"为名，离不开佛教文化和中国传统文化的影响，契合了佛教五方佛、五方文殊之说以及传统仙山模式中的五山之说。

释镇澄在《清凉山志》卷二《五峰灵迹》中将澄观《大方广佛华严经疏》中"表我大圣,五智已圆,五眼已净。总五部之真秘,洞五阴之性源。故首戴五佛之冠,顶分五方之髻,运五乘之要,清五浊之灾矣"的记述与五座台顶的地貌特征联系起来,赋予了山岳格局特征以佛教含义,构建了五台山与佛教世界理想景观五方布局的具体联系。五台山由此更受社会各阶层的认可及崇拜,其作为文殊道场和四大佛教名山之首的名分得以坐实。

神圣的山岳格局是五台山开发建设的先决条件。隋文帝开皇元年(581年),首创五台五寺供奉五座文殊的寺院空间分布格局,经历多朝修葺重建,才形成如今稳定的"五方文殊"信仰模式:东台名望海峰,台顶建望海寺,寺内供奉聪明文殊;西台名挂月峰,台顶建法雷寺,寺内供奉狮子文殊;中台名翠岩峰,台顶建演教寺,寺内供奉孺童文殊;南台名锦绣峰,台顶建普济寺,寺内供奉智慧文殊;北台名叶斗峰,台顶建灵应寺,寺内供奉无垢文殊。

现五台之中,北台最高,中台、东台、西台海拔高度依次降低,南台最低。从行政区域划分来看,东台、北台、中台三个台顶是繁峙县与五台县的分水岭,山之南坡为五台县,北坡为繁峙县,西台位于繁峙县境内,而南台则位于五台县境内(表5-2)。

表5-2 五台地理信息

位置		地理坐标		海拔(米)	所在区县
		纬度	经度		
五台	东台	39°02′26.17″N	113°39′38.99″E	2795	繁峙县与五台县的分水岭
	西台	39°02′14.84″N	113°29′25.17″E	2773	繁峙县
	中台	39°02′45.47″N	113°31′50.35″E	2893	繁峙县与五台县的分水岭
	南台	38°55′27.72″N	113°32′03.44″E	2474	五台县
	北台	39°04′47.84″N	113°34′01.34″E	3061	繁峙县与五台县的分水岭

据考证,今之五台非昔之五台(图5-3)。按照《广清凉传》卷上《五台四埵古圣行迹》中记载,"据古图所载,今此(北)台即古中台,中台即南台。大黄尖即北台。栲栳山是西台。漫天石是东台(唯北台中台。古时有异。东西二台古今无异)。……至巨唐俨禅师,神异僧也。尝登西、南台之上,望见五顶皆有五色云覆之。随云覆者,配之为台。唯古之中台,即今之北台;古之南台,即今之中台。余皆定矣。"根据《古清凉传》卷上《古今圣迹》所记:"咸亨三年(672年),俨禅师于此修立,拟登台道俗往来休憩。"这么看来,影响古今五台更替的"巨唐俨禅师"是在唐高宗咸亨三年(672年)来五台山修行。故此可知,在唐高宗之前,五台的位置都是沿用古五台的定位,直至俨禅师游历清凉山之后才出现现五台位置的说法。

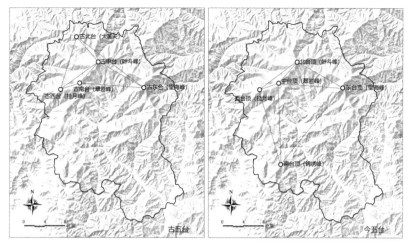

图5-3 古今五台空间分布图
（图片来源：根据谷歌地图-地形图自绘）

  五台的变更是五台山佛教于唐代达到鼎盛时期时发生的一个重要事件，据推测，古今五台位置变更的原因有两个：

  第一，今五台山峰形象更加突出。俨禅师曾登古南台与古西台，在这两台之上观察古北台大黄尖时，被两峰之间的山脉遮挡住，大黄尖作为独立山峰的形象特征不明显，相比较之下，今南台锦绣峰的山峰形象更加突出。而且当人位于台内地区或沿清水河河谷行进时，由于古西台、古南台、古中台三台山脊的遮挡，无法观察到古北台大黄尖，变更位置后的五座台顶却可在行进过程中依次呈现。

  第二，今五台的五峰环抱台怀的山岳格局更加符合传统风景文化格局中的佳穴模式。五座台顶形成了青龙、白虎、朱雀、玄武四方拱卫台怀的佳穴模式，相较古五台的范围扩大了佛国圣地的空间领域，为五台山佛教的进一步发展壮大提供了土地资源和空间优势。

  中国古代画家在营造画面空间感体现意境时，通过日月和五方方位分别表现时间和空间的变化来呈现景色的四时之境。现五台位置可见于莫高窟第61窟西壁的《五台山图》（图5-4），五台位置的排布在艺术表现手段中也融入了真实地理空间中的五方体系，自图面右侧向左依次为东台、北台、中台、西台、南台，表现了变更后的五台布局情况。从透视方法来看，《五台山图》是典型的长卷式散点透视图，图中以五台为地理空间坐标，打破真实的空间布局关系，将重要的寺院建筑、城镇、门关和自然山川共置于一个画面之中，虽然城镇和建筑的大小与朝向都与真实情况不太相符，却提供了有参考价值的位置信息，使之具有类似地图的导引功能。梁思成正是因为看到法国汉学家伯希和在敦煌石窟实地拍摄的"五台山图"，其中有一座叫"大佛光之寺"的寺院引起了他的注意，通过查阅古籍找到了《清凉山志》上佛光寺的相关记载，从而按图索骥，找到了这座沉寂千年的古寺。民国时期，有日本学者断言，中国境内已无唐代木制建

图5-4　莫高窟61窟五台山图五台布局关系
（图片来源：根据赵声良绘线摹版 文殊堂《五台山图》改绘）

筑，建筑学家要想领略唐制木构建筑风格，得去日本奈良才行。正是因为佛光寺大雄宝殿的发现，使中国不存在唐代木构建筑的说法被彻底否定。

三、山水佳穴模式

（一）台怀壶天模式

壶天亦作壶中天，其说见于《后汉书》卷八十二下《方术列传下·费长房》："市中有老翁卖药，悬一壶于肆头，及市罢，辄跳入壶中。市人莫之见，……，翁乃与俱入壶中。唯见玉堂严丽，旨酒甘肴盈衍其中，共饮毕而出。"后以壶天谓仙境、胜境，其空间结构似壶，小口大腹，"壶口"是与外界稍有联系的出入口，可为洞口、水口、门口以及与之相连的曲径，是探索神秘的通道。"壶腹"是"若器之贮"（《葬经》）的仙境空间，在其中"不复见壶，但见楼观五色，重门阁道"（《神仙传·壶公》），是与世隔绝、仅有一狭窄通道与外界相连的封闭型仙境主空间。

《桃花源记》中云："林尽水源，便得一山，山有小口，仿佛若光。便舍船，从口入。初极狭，才通人。复行数十步，豁然开朗。"陶渊明笔下的武陵人进入桃花源先后经过林尽水源—山之小口—极狭通道—开朗田园四个空间段落，这种"入狭而得境广"的空间体验就是典型的壶天模式，表现了中国古人对隐幽及探索结构空间的喜爱和偏好。

台怀位于清水河谷畔，是空间局促的山区难得一见的开阔空地，位于"北台之下，东台西，中台中，南台北"。台怀在五台的包围下势如环抱，形成状似"壶腹"的封闭型空间（图5-5），仅有清水河从中间自北向南流出，形成水口，水口东西两侧A、B峰为对峙的捍门山，符合理想景观模式中"壶天"模式的空间特征。

（二）台怀佳穴模式

佳穴模式见于东晋郭璞《葬书》，其山水特征为"左为青龙，右为白虎，前为朱雀，后为玄武。玄武垂头，朱雀翔舞，青龙蜿蜒，白虎驯頫"，强调山环水绕，穴前有开合的水域和空地，并有水道与外界相通。

《管氏地理指蒙》中对于山与水的关系有以下论述："水随山而行，山

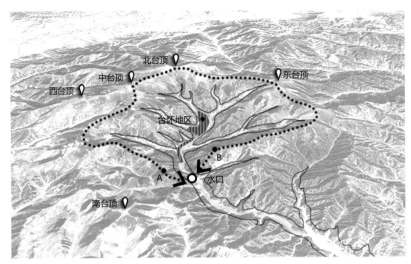

图5-5 台怀壶天布局图示

界水而止。界其分域，止其逾越，聚其气而施耳。水无山则气散而不附，山无水则气寒而不理。……山为实气，水为虚气。土逾高，其气逾厚。水逾深，其气逾大。土薄则气微，水浅则气弱。然水不能自为浅深，气急而不凝者，实山为之也。山不能自为开拓，使堂气畅而不塞者，是又水以充之也。"在堪舆学中，先观山形后查水势，以负阴抱阳、金带环抱的山形水势为佳。

台怀地区背负高山，面对河流，具有极好的山水格局，其中山是人们生活资源之库府，水是万物生机之源泉，为台怀寺院群的建设提供了充足的物质基础。

图5-6显示了更加具体的山水布局：台怀周边最高的山峰为北台，在台怀北面，是五台山地区所有山脉的起始山，也是台怀地区的"祖山"，

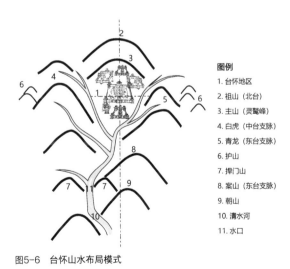

图5-6 台怀山水布局模式

其作用在于收束气脉并将之输入穴场台怀；"祖山"前为灵鹫峰，为穴场背后的"主山"，是北台叶斗峰的支脉，又称为"来龙山"；台怀左右两侧分别为"青龙山"和"白虎山"，龙、虎为卫穴之山，对称拱抱，翼护台怀寺院群，用以保生气而护堂气，在《葬书》中与"朱雀""玄武"共称四势；"青龙山"与"白虎山"两侧又有护山环护；台怀南侧正对的隔水的近山为案山，《人子须知·砂法》中说："有案山，则穴前收拾周密，无气不融聚之患。"案山有助于蓄聚基址的气脉，使穴场不旷荡，案山位于台怀正前方，与主山遥相呼应，为五台山脉北台—东台支系支脉上一座小峰，关拦生气，诸水朝聚，远处更有包括南台在内的多重朝山形成层次丰富的远景构图。案山南侧对峙的两座捍门山如门户之护捍水口，清水河在山脉的挤压下回环转折，绕过"重重关锁"，自水口流向东南，不见水之去势，以聚气藏精。

从景观效果来讲，祖山、主山形成了穴场的背景，以层叠的山峦构成多层次的天际线，增加了风景的深度和丰富度。案山、朝山为穴场主要的对景，既能够围合、强调主体空间又使视线能够在此停留。捍门山在空间上的功能类似于进入台怀地区之前的影壁，起到空间转换的过渡作用，使入主体空间后，给人以豁然开朗之感。

综合以上分析，台怀所在之处为山水环抱的风景佳穴，是万物精华"气"的凝结点，为最宜禅居的福地，因此这里发展成为五台山核心寺院集群区也就不足为奇了。

四、五台龙脉模式

《吴越春秋·越王无余外传》有云："行到名山大泽，召其神而问之山川脉理。"脉，原作衇，《说文·辰部》中云："衇，血理分衺形体者。从辰，从血。"脉的本义是在躯体中分流的血的纹理，先民在描述山川之间的联系时也以脉称之。"龙"在堪舆学中特指起伏山脉的形态，《管氏地理指蒙·象物》云："指山为龙兮，象形势之腾伏。犹易之乾兮，比刚健之阳德。虽潜见之有常，亦飞跃之可测。有腹有脐兮，以蟠以旋，有道由尾兮，以顺以逆。"因山脉逶迤起伏形似游龙，故得其名，在没有山的平坦地势上，也可以水脉为龙脉。

"气"因龙脉形势而变化，龙脉轻微则无祖气，龙脉粗蛮则无束气，会影响选址的吉凶，因此，"相山寻龙"是堪舆实践中重要的环节。龙脉具体又可分为主干"干龙"和其枝"支龙"，《地理人子须知·龙法》云："枝者小龙也，犹树之枝叶，树身高大者，枝叶必繁。"堪舆学认为，龙穴以干龙结穴为佳，故寻龙向以"干龙"为主。

五台龙脉指五台山脉之势（图5-7），由北台—东台、北台—中台、南台三大支系构成。北台—东台和北台—中台两支系构成五台龙脉之"干龙"，龙尾起于繁峙县岩头乡，依次过西台、中台、北台、东台后向南蜿蜒，在栖贤谷楼上村东侧的山峰转而向西延伸，龙首位于台怀南侧，临清水河，回望台怀、主山灵鹫峰及祖山北台。龙脉之龙头、龙尾交相顾盼，有水为

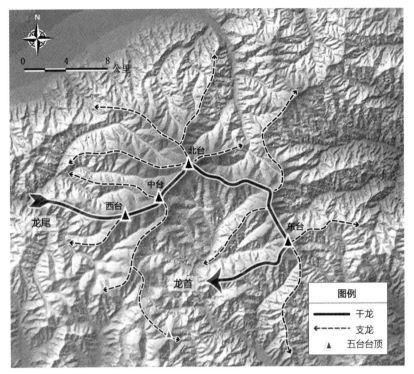

图5-7 五台山龙脉图

血脉贯通气机，盘曲环绕雄踞于群山之中。东、北、中、西四台多有生枝，状如惊蛇，向四周延伸，形成大小不一、空间类型各异的沟谷地貌。

《管氏地理启蒙》认为在众多龙脉类型中有三种吉态，谓之"三奇"："曰赴，曰卧，曰蟠。形势低昂，相其潜飞，以指其要，为寻龙之基。"五台山龙脉之势符合"蜿蜒蝹蟦，首尾交顾，周回关镇，如鏧带缠绕，旋根错结，临湖涧而规矩"的蟠龙形态特征，为大吉，使五台山成为一块宝地，吸引佛教弟子至此修行弘法，建寺立德。

第二节 山岳格局与朝山路线

一、历史上的朝山路线

五台山是多个民族心目中的佛教圣地，历代均有朝圣者前来，在五台山独特山岳格局的影响下，形成了许多条经典朝山路线，而一些著名的朝圣者留下的游记是研究五台山朝圣路线和不同时期五台圣迹存留情况的珍贵历史资料。

（一）唐代圆仁和尚朝台路线

唐开成五年（840年），日本圆仁法师入山，于"五月一日天晴，巡五台去"，山内具体游览路线见图5-8。圆仁先后拜谒了竹林寺、大华（花）严寺[①]、王子寺、玉花寺、求雨院，上中台见武婆三铁塔、龙池（玉华池）、龙堂，中台"遍台水涌地上，软草长者一寸余，茸茸稠密，覆地而生。……处处小洼，皆水满中矣。遍台砂石，间错石塔无数。……奇花异色，满山西开，从谷至顶，四面皆花，犹如铺锦，香气芬馥，熏人衣裳。……"。从中台顶下，经过菩萨寺、西台供养院，向西上坂五六里，到西台台顶，台顶中心有龙池、四间龙堂、则天铁塔，景色与中台相似，从台西下坡遇文殊与维摩对谈处、六间楼、八功德水。

次日，从中台菩萨寺出发前往北台，北台台顶有龙堂，堂内有池，堂前有供养院，台中心有则天铁塔，周围多有石塔围绕，"台顶东头有高埠名罗汉台。……从罗汉台向东南下，路边多有焦石满地，方圆有石墙之势。其中焦石积满，是化地狱之处。"

五月廿二日，从北台东行，经上米普通院、东台供养院到东台，台顶"有三间堂，垒石为墙。……近堂西北有则天铁塔两基……台顶无龙池，地上亦无水，生草稍深"，台顶东下半里有窟名那罗延窟。廿三日，从上

---

① 今显通寺，唐太宗时易名大华严寺。

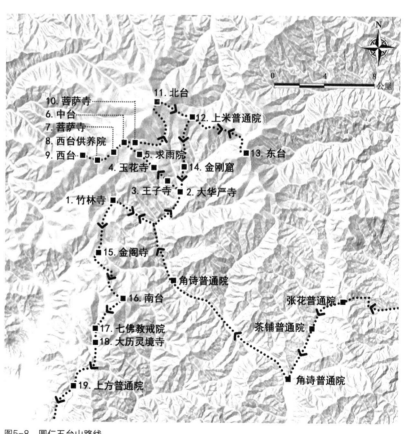

图5-8　圆仁五台山路线

米普通院向东南行至金刚窟,窟上坡有文殊堂与普贤堂,夜宿大华严寺。

七月一日,为往金阁寺,从大华严寺出发,"取竹林路,从竹林寺前向西南……到保磨镇国金阁寺坚固菩萨院宿。次日,被头陀引向南台,台东侧有供养院,台顶有堂三间,软草稠茂,零凌香花,遍台芳馥。台体西北及东南,长岭高低,逦迤而渐远。……五顶之下,深溪邃谷,不见其底。幽泉涧水,但闻流声。……"

从台顶向南下,经七佛教诫院、大厉灵境寺、大厉法花寺、上房普通院、思阳岭、(大贤岭)普通院、五台山南山门,后出五台山。

(二)明代乔宇朝山路线

明代乔宇(1457~1527年)于明正德元年(1506年)入五台山巡游,自繁峙县南峪口到华严岭进山,先至显通寺,夜宿于此。次日登中台,途经玉亭寺(玉花寺)、欢喜岭后及顶,观四台。下山游玉花寺、真容寺(菩萨顶)、圆通寺(圆照寺)等寺院,饮圆照寺旁三珠泉泉水,又宿于显通寺。第二日行过梵仙山、杨柏峪寺、竹林寺、金阁寺(时废),下岭游清凉寺,出南台,晚宿于佛光寺(图5-9)。

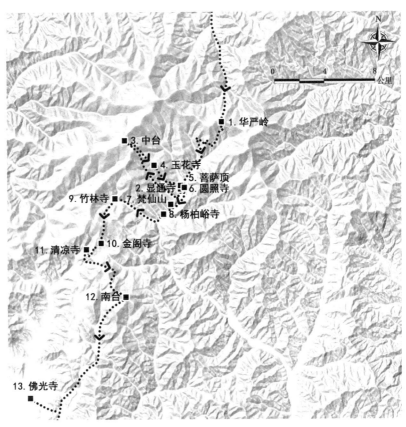

图5-9 乔宇游五台山路线

（三）徐霞客朝山路线

明朝崇祯六年（1633年），徐霞客离开京城，前往五台山，过石咀乡后，沿五台水向西北行，先后经过天池庄、白头庵村、白云寺、千佛洞、金灯寺。登上南台，有文殊舍利塔，从台右道而下到金阁岭，巡山继续行经清凉寺与清凉石、马跑泉与马跑寺、狮子窠、化度桥。后登西台，可观诸峰，台北下三里为八功德水。至中台，台之南为龙翻石，台之北有万年冰。经澡浴池北上北台，东过华严岭，由北坡下，至野子场，结束五台山之行（图5-10）。

（四）高鹤年两次朝山路线

清光绪二十九年（1903年），尊奉佛教的高鹤年经龙泉关、长城岭进入五台县境，经旧路岭、台麓寺、海会庵、白云寺、观海寺、沐浴堂（文殊寺），宿南山寺，初二于显通寺礼佛。隔日前往东台，由东台往北台，过中台夜宿清凉桥。第二日往西台，晚上回显通寺。初六，由圆照寺、广宗寺至菩萨顶，拜谒大喇嘛，午后游罗睺寺、塔院寺、五郎沟、金刚窟。初十游镇海寺、梵仙山，下山经殊像寺回显通寺。十五日，单独朝台，往东台入望海寺，次日朝观日出，由华严岭至北台顶，入灵应寺，由紫霞谷

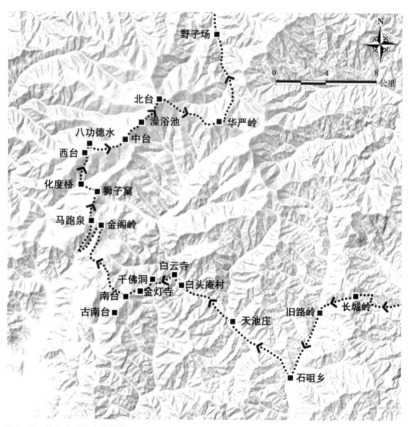

图5-10 徐霞客游五台山路线

下山，仍回显通寺。十七日往中台，经三塔寺、西宁寺、玉花寺到中台顶，顶上有舍利塔，西北有太华池，西南为祈光塔。十八日往西台，经八功德水，古有不二楼，左右有狮子踪、牛心石、龙窟，到西台顶。二十日，下坡经清凉桥、狮子窝、清凉寺，继续南上至南台顶，前有古南台，旁有白龙池。二十一日下山北行至金阁寺，回显通寺。二十二日，至南山寺。二十三日游栖贤寺、观音洞、娑罗寺。二十四日，游文殊洞、大螺顶，回显通寺。二十五日往凤林寺。六月十三，往九龙岗，回显通寺。十五日，受大喇嘛邀至菩萨顶午斋，当日为骡马大会。十六日，宿凤林寺，十七日过清凉桥，到秘密岩。山内具体游览路线见图5-11。

1912年，高鹤年再访五台山，经龙泉关、长城岭入山，过射虎川台麓寺、石咀台、普济寺、海会庵，于北统住店。二十二日，游明月池、沐浴堂，到台怀镇，览台怀行宫遗址，夜宿显通寺。二十四日，游塔院寺。二十五日，上圆照寺、真容院。二十九日，游法王寺（妃子寺）、广缘寺（大王寺）、碧山寺、金刚窟、般若寺、太平兴国寺，回显通寺夜宿。八月初一，经观音坪至东台顶，东下百步为那罗延窟，经华严岭往北台，天黑达顶。北台灵迹有黑龙池、龙王祠，西北为古灵应寺，过澡浴池抵达中台。往西行，中途经八功德水抵达西台，台中有塔两座，西北角铁像三

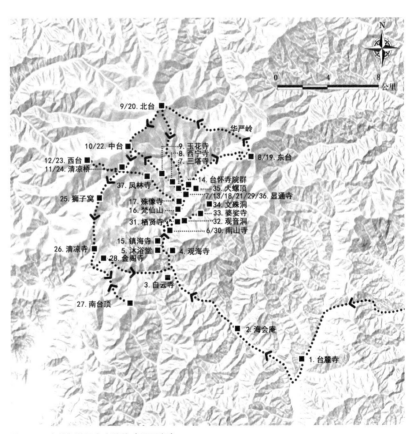

图5-11　高鹤年游五台山路线（1903年）

尊，台上有泉。从中台下为清凉桥，后到凤林寺，出凤林谷至显通寺夜宿。初四，谒殊像寺。初五，谒罗睺寺。初六，往善财洞。初七，经白云寺、千佛洞、金灯寺到南台，南台有普济寺，尚有蒙古人所修三间石室，下山夜宿于白云寺。初八，原路出山。两次游览内容相似，清水河河谷、台怀地区和五台的寺院圣迹均有涉猎。

（五）清代皇帝巡行五台山路线

1.《扈从西巡日录》中康熙巡行五台山路线

清代学者高士奇所著《扈从西巡日录》记录了康熙二十二年（1683年）清圣祖西巡五台山的具体行程（图5-12）。康熙一行入山以后，先小憩于白云寺，途径白头庵、栖贤谷口的栖贤社抵达灵鹫峰，游览广宗寺、永明寺（大孚灵鹫寺）、圆照寺、塔院寺、罗睺寺、妙德庵、殊像寺，驻跸菩萨顶。由金灯寺登南台，其上有普济寺，古南台相去其五里，后游保安寺（清凉石）、金阁寺。由万圣澡浴池，登北台，入华严谷（东台沟），登东台，游望海寺，下山访碧山寺。登西台法雷寺，台北有八功德水，台东为牛心石。登中台，其东南岭为寿宁寺。

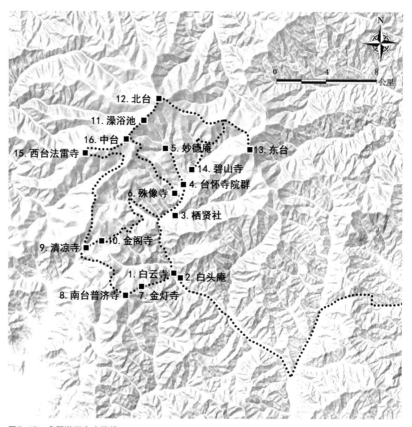

图5-12　康熙游五台山路线

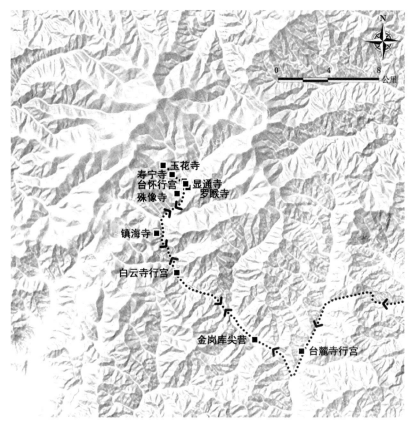

图5-13 乾隆游五台山路线

2. 乾隆第五次西巡五台山路线

乾隆五十七年（1792年），清高宗第五次西巡五台山（图5-13）。三月二十一日，过金岗库尖营，上白云寺礼佛后返还白云寺行宫。二十二日，过殊详寺、菩萨顶拈香，夜宿于台怀行宫。二十四日，乾隆幸镇海寺、显通寺、罗睺寺。二十五日，至菩萨顶，喇嘛布萨前往玉华寺、寿宁寺，返回行宫。二十六日，皇帝前往殊像寺。二十七日，启程返回。

二、朝山路线分类

通过对以上多种历史游线和其他历史文献的分析，可以按照朝圣目的的不同将朝山线路分为"朝台"与"朝寺"两条，前者是串联五座台顶圣迹的大朝台路线，后者为进入台怀镇的必经之路，串接了台怀地区主要历史寺院群和沿清水河河谷分布的大量寺院。明代《清凉山志》中的五台山图记录了山中交通流线的组织方式，也清晰地刻画了朝台与朝寺两条路线（图5-14）。

图5-14 五台山图中的两条朝山路线
（图片来源：根据《清凉山志》中五台山图改绘）

（一）朝台路线

五台山五座台顶中，东、中、西三台均由北台发脉，四台连绵起伏，环护着台怀，南台独立于四台之外，自成一峰。自隋文帝在五座台顶分别修建了五座寺院供奉五方文殊以来，佛教信徒们将巡礼五台山的五座台顶，同时瞻仰沿途经过的主要寺院和圣迹的行为称之为朝台，这是基于文殊信仰产生的特殊的宗教朝圣仪式。由于过去交通不便，朝台耗费的时间很长，因此便在清乾隆时期衍生出朝拜黛螺顶供奉的五方文殊的小朝台。相比之下，朝台是虔诚的宗教信仰者最隆重的朝山形式，也是领略五台自然风光的极佳路线（图5-15）。

大朝台作为五台山独有的朝圣仪式，来源于传统的佛教礼仪——绕佛。绕佛是按照顺时针方向走的礼佛方式，有时边走边念经，所走圈数有一圈、三圈、百圈、千圈不等。佛教经典《萨婆多毗尼毗婆沙》云："右绕者顺佛法故，所以右绕"，印光大师对绕佛的方向进行了解释："当如日月之由东，至南，至西，至北，不可由东，至北，至西，至南。以顺绕有功德，逆绕有罪过。"因此大朝台路线亦遵循顺时针的方向，多始于南台，先后经西台、中台、北台、东台完成仪式。

对于藏传佛教信徒来说，最虔诚的朝台方式莫过于在整个朝台过程中以"磕长头"的礼佛方式完成全程，即在行进以三步一叩的形式表达对文殊菩萨的身敬、语敬、意敬，许多前往五台山朝台的虔诚信徒都是以磕长头的形式完成旅程。五台山朝台路线独特的魅力和绝美的自然风光也吸引了大量户外活动爱好者来此徒步穿越五座台顶，与一路叩拜的朝圣者"同行"，让这条徒步线路多了一层神秘的禅意。如今，通往台顶公路的修建给更多游人提供了瞻仰台顶风光的便利（图5-16）。

图5-15 大朝台沿线的自然风光

图5-16 南台的朝台车辆

（二）朝寺路线

在上文提到的诸多历史朝山线路中，除徐霞客是由北路华严岭入山，其他朝山者均是由龙泉关、长城岭，过石咀台由东南向西北沿清水河河谷进入台怀地区。蒙古僧人作于1846年的《五台山全景图》中在朝寺路线上绘有大量车马僧人，反映了清道光年间五台山的朝山盛况（图5-17）。该线路途经的寺院接近五台山寺院总量的半数，而且五台山最著名最具特色的台怀镇寺院群、南山寺（图5-18）、镇海寺等均分布在此条游线两侧，使之成为以朝寺为主要目的的朝圣者的游览路线，也是前往黛螺顶"小朝台"者的必经之路。

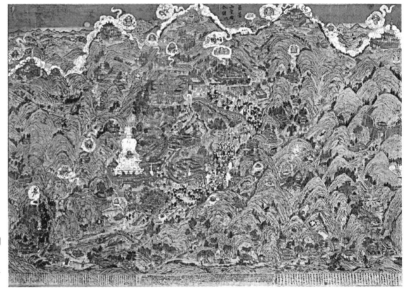

图5-17 《五台山全景图》中的朝寺路线
(图片来源：原图藏于鲁宾艺术博物馆，引自http://www.asianart.com/exhibitions/wutaishan/1.html)

图5-18 南山寺远眺
(图片来源：http://www.chinawalking.net.cn/activeview.php?newsid=683)

第三节 基于朝台、朝寺路线的景观视觉敏感度分析

朝台、朝寺路线是两条具有不同宗教氛围的廊道，具有极高的历史文化价值、景观视觉价值。目前五台山风景名胜区的规划保护往往是以点（历史寺院寺院、景物）和面（生态资源、地质景观）为控制性要素，缺乏对这两条历史景观通廊综合价值的重视，使其景观风貌受近现代人工干扰较大、历史内涵文脉断裂。为了更好地保护这两条线路，本研究试图利用定性描述与定量分析结合的方法基于两条线路进行较为客观的景观评价。因此引用景观视觉敏感度（Landscape Visual Sensitivity）的原理和方法对两条路线进行了视觉景观的分析（图5-19），以期通过综合评价结果提出景观保护、管理、建设、规划相关的有效建议。

景观视觉敏感度是指景观被注意到的程度，反映了景观的易见性、可见性及醒目程度。在山岳型风景名胜区中，景观敏感度越高的区域代表景

① 朝台路线的研究仅考虑连接东、北、中、南四台的线路。

图5-19 两条朝山路线①

观越有可能被注意，微弱的干扰都会产生冲击，因此需要作为重点保护区。

一、景观视觉敏感度评价因子选择

景观视觉敏感度评价的前提是建立评价指标体系模型，是由目标层—因素层—评价层综合构建的多指标结构层次。目标层是评价的核心，为"五台山风景名胜区两条朝山路线的景观视觉敏感关系评价"。参照国内外学者的相关研究，选取相对坡度、相对视距、视觉几率、醒目程度四个单因子作为评价层指标。

相对坡度能够反映景观的可视性，可用景观表面相对于观景者视线方向的投影面积来进行衡量。景观表面垂直于视线方向时，投影面积最大，景观被看到和被注意的可能性也最大；景观表面与视线方向的夹角越小，投影面积越小，景观被看和被注意的可能性就越小（图5-20）。根据观察点的高低不同，可将观景景位分为平视、仰视、俯视。朝寺路线的观景景位以平视为主，较佳的平视观景视角为垂直视角在26°~30°之间，水平视角在45°左右的范围。朝台线路高程较高，大多数路段属平视与俯视景位。

相对视距是指观景者相对于景观的临近程度以及景观的易见性与清晰度。观赏者对景观的直接认知和理解受到相对视距的影响：在近景区，观景者容易被风景的细节影响，如具有特异性的植物和风貌建筑；中景区风景细节的重要性降低，地形与植被变得清晰，整体面貌的影响更加显著，自然要素影响中景对视觉质量的可感知度；远景区内景观的整体格局和层次更为重要。因此，视距带的划分十分必要。

视觉几率指景观在观景者视域中出现的频率大小或时间长短，既能区分可见区域以及不可见区域，也能直观反映各景点被观察到的几率。视觉几率的评估可以将具有代表性的地点作为视点，也可以将观景线路抽象为若干观景点进行分析，景观在观景者视域范围内出现的频率越大或时间越长，该处景观的视觉敏感度就越高。

构成山岳型风景名胜区的景物要素十分丰富，既有人文景观又有自然景观，这里讨论的是在体量、形态、质感、颜色等视觉效果上与周围环境有着突出对比的要素，主要是五台山中寺院建筑、地质景观等具有明显的视觉异质特征的景物。

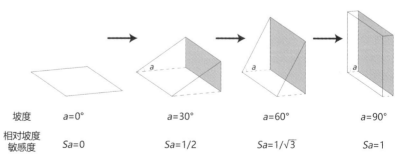

图5-20 坡度与相对坡度敏感度的关系

二、景观视觉敏感度各因子评价结果分析

(一) 相对坡度敏感度 (Sa)

国内外不同的研究有不同的相对坡度等级的划分方式。例如俞孔坚在对王相岩风景区峡谷视觉敏感度评价研究中将相对坡度划分为14.5°以下的平缓区、14.5°~30°的缓坡区、30°~90°之间的陡坡区、90°的峭壁与陡崖区;汤晓敏等人在进行长江三峡相对坡度划分时采用了美国风景资源管理(Visual Resource Management,VRM)界定的数值,以30°和60°为分界;胡畔等人在进行宁夏水洞沟视觉敏感度综合评价时,将相对坡度分别设定为:一级$Sa=\sin 90°$、二级$\sin 30°<Sa<\sin 90°$、三级$\sin 14.5°<Sa<\sin 30°$、四级$Sa<\sin 14.5°$;在波特兰海角风力农场的视觉影响项目中,塔斯马尼亚州林业局将坡度小于10°的区域定为低敏感区,坡度在10°~40°之间的区域为中敏感区,大于40°的区域为高敏感区。总体来说,相对坡度划分无统一标准,划分方式较为多样。

五台山风景名胜区内谷地宽度均为其深度2~5倍,坡度多在38°以下,在这样的地形环境中,游览者观景景位以平视为主。结合实际地形及现场感受,选用15°和35°为相对坡度分界值。通过Arc GIS的空间分析平台对研究范围内山体坡度进行重新分类,绘制出相对坡度的分级分布情况(图5-21)。

表5-3显示了研究范围内相对坡度敏感度分级的情况,研究范围内以15°~35°的中敏感坡度为主,面积为36640.05公顷,占总面积的

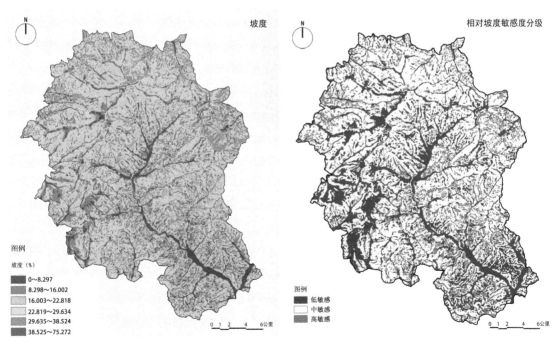

图5-21 研究区域坡度及相对坡度敏感度分级图

61.8%，主要分布在清水河谷及各个山谷的坡地上。坡度在15°以下的低敏感区面积为20217.24公顷，占研究区域总面积的34.1%，分布于河谷、山谷谷底以及台怀地区，山脊、山峰与五台台顶也属于低敏感坡度区。坡度在35°以上为高敏感区，面积为2430.81公顷，占研究区域面积的4.1%，主要位于靠近山顶、山脊的大坡度山体坡面。

表5-3 基于相对坡度敏感度面积统计表

相对坡度敏感度等级	坡度范围	面积（公顷）	百分比（%）
高敏感	35°~76°	2430.81	4.1
中敏感	15°~35°	36640.05	61.8
低敏感	0~15°	20217.24	34.1

（二）相对视距敏感度（Sd）

1. 朝寺路线相对视距敏感度

通过对研究范围的实地考察，朝寺路线内观景者距离景观的距离较近，参照黄帝陵风景名胜区（贾翠霞，2010）、潭獐峡风景区（旷莉珠，2015）等相关研究，根据五台山景区景观特征，选定视距小于300米的区域为近景范围，300~900米的区域为中景范围，900米以上的区域为远景范围（图5-22）。结合Arc GIS的视域分析功能，将视距分为近景区、中景区、远景区以及不可见区，各距离带对应的视觉敏感度高敏感区、中敏感区、低敏感区和不敏感区。绘制出以朝寺路线为基线的相对视距景观视觉敏感度分级分布情况（图5-22）。

如表5-4所示，在相对视距的景观视觉敏感度各个等级中，近景区面积约为2925公顷，占研究范围总面积的4.9%，相对视距敏感度最高。根据图5-20所示结合实地调研体验可知，本区域内可视情况良好，位于清水河谷沿线两侧600米的范围内，该范围内可见的寺院有金刚庵、海会庵、白头庵、白云寺、镇海寺、万缘居士林、灵峰寺、普化寺、灵应寺（梵仙山）、殊像寺、大文殊寺、万佛阁、塔院寺、罗睺寺、十方堂、圆照寺、下善财洞、广华寺、普寿寺、七佛寺、集福寺、碧山寺、光明寺等23座，是五台山地区寺院分布密度最高的游览线路。

表5-4 基于相对视距敏感度面积统计（朝寺路线）

相对视距敏感度等级	距离带	面积（公顷）	百分比（%）
高敏感	近景区	2925	4.9
中敏感	中景区	4351.6	7.3
低敏感	远景区	12244.6	20.7
不敏感	不可见区	39766.9	67.1

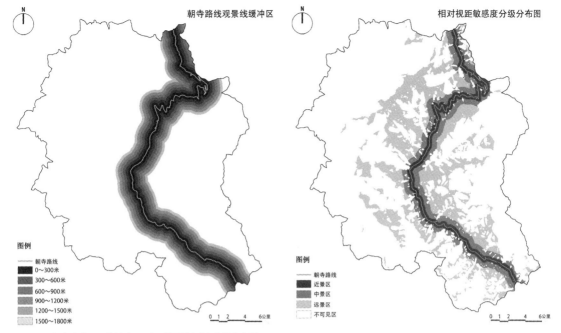

图5-22 朝寺路线观景线缓冲区及相对视距敏感度分级分布图

中景区为相对视距的中敏感区，即300～900米的可见区域，该区面积为4351.6公顷，占总面积的7.3%，这一范围内可见的寺院有古佛寺、南山寺、金界寺、上善财洞、黛螺顶、菩萨顶、显通寺、三塔寺、慈福寺等9座寺院。

远景区对应相对视距敏感度低敏感区，面积为12244.6公顷，占总面积的20.7%，该区可见的寺院有寿宁寺、三塔寺、观音洞、东台望海寺、北台灵应寺等五座寺院。不可见面积最大，约为39766.9公顷，占总面积的67.1%。

朝寺路线中，视觉感知的景观主体为行进时近景区和中景区的寺院和自然景观，各台和群山作为远景增加了景深与丰富度。

2. 朝台路线相对视距敏感度

朝台路线平均海拔高度较高，在山脊及台顶部分的观景景位为平视及俯视，以大尺度的山川景观为观赏对象，因此，借鉴用以评价大规模风景地域的美国风景资源管理（VRM）对距离带的划分方式，将800米以内的范围划为近景区，800～3200米之间的范围划为中景区，3200米以上的范围划为远景区，结合视域分析获得相对视距敏感度等级分区（图5-23，表5-5）。

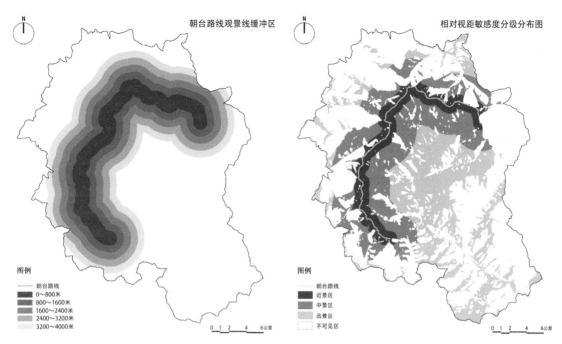

图5-23 朝台路线观景线缓冲图及相对视距敏感度分级分布图

表5-5 基于相对视距敏感度面积统计（朝台路线）

相对视距敏感度等级	距离带	面积（公顷）	百分比（%）
高敏感	近景区	4219.4	7.2
中敏感	中景区	9448.1	15.9
低敏感	远景区	15181.9	25.6
不敏感	不可见区	30438.3	51.3

综合比较两条路线不同相对视距敏感度等级的分布情况和相应的景观特征，朝寺路线更注重佛教文化和人文景观的体验，朝台路线是领略五台山山岳景观的极佳线路，强调大范围自然风景与形胜的体验。

（三）视觉几率敏感度（St）

将两条游览线路作为观景线，利用Arc GIS的视域分析功能，对观察线上景观在视域中出现的频率不同进行敏感度的划分。

沿着线路以1000米为间距设置观景点，朝寺路线和朝台路线分别取得27个和32个观景点，通过对研究范围内数字高程模型的可见性分析，并对栅格数据重分类，获得两条路线视觉几率敏感度分级分布图（图5-24）。

朝寺路线景观可见的频次在0~27之间，依据景观被看到的次数，将研究范围内的视觉几率敏感度划分为四个等级：

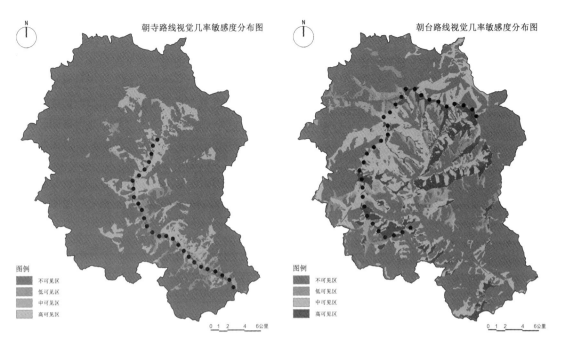

图5-24 视觉几率敏感度分布图

表5-6 朝寺路线视觉几率敏感度面积统计

视觉几率敏感度等级	出现几率（次）	面积（公顷）	百分比（%）
高敏感	6~27（高可见区）	5559.4	9.4
中敏感	3~5（中可见区）	2953.2	5
低敏感	1~2（低可见区）	2496.2	4.2
不敏感	0（不可见区）	48279.1	81.4

　　能从6~27个观景点观察到的景观区域为高敏感度区，对应表5-6中高可见区，该区面积为5559.4公顷，占研究范围总面积的9.4%，主要分布于河谷宽阔区域路线两侧的坡地上，如金岗库村、杨柏峪村、台怀地区及东台沟周边；从3~5个观景点能够观察到的景观区域为中敏感度区，即中可见区，面积为2953.2公顷，占总面积的5%；从1~2个观景点看到的区域为低敏感度区，即低可见区，占总面积的4.2%，主要位于石咀村到蛤蟆石村之间以及栖贤谷到白云寺村段的线路两侧；沿观景线路看不见的区域为不敏感区，为各敏感度等级中面积最大的区域，占总面积的81.4%。

　　可见，由于地形的限制，沿朝寺路线行进时观赏到的景观为清水河河谷两侧坡地及其河谷周边延伸出的山谷坡地，可见为研究范围总面积的18.6%。

朝台路线景观可见的频次在0~32之间，由于该线路海拔高，视野开阔，各景观区域出现的频率明显高于朝寺路线，因此对不同视觉几率敏感度对应的频次进行调整，获得朝台路线视觉几率敏感度面积统计表（表5-7）。

表5-7 朝台路线视觉几率敏感度面积统计

视觉几率敏感度等级	出现几率（次）	面积（公顷）	百分比（%）
高敏感	16~32（高可见区）	5821.4	9.1
中敏感	5~15（中可见区）	13084.8	20.6
低敏感	1~4（低可见区）	9967.5	15.7
不敏感	0（不可见区）	34778.3	54.6

能从16~32个观景点观看到的景观区域为高敏感区，该区面积约5821.4公顷，占研究范围总面积的9.1%，北台到东台之间的山脊南侧、台怀地区东侧山岭的西北坡属高敏感区集中的地段；能从5~15个观景点观看到的景观区域为中敏感区，该区面积为13084.8公顷，占总面积的20.6%，其中60%以上的中可见区集中分布于五台以内的山坡地；能从1~4个观景点观看到的景观区域为低敏感区，该区面积为9967.5公顷，占总面积的15.7%；不敏感区对应不可见区，面积为34778.3公顷，占总面积的54.6%，远低于朝寺路线的不敏感区规模。

（四）醒目程度敏感度（Se）

五台山风景名胜区集人文景观与自然景观于一体，呈现出寺院建筑与山地相互交融的景观特色，其中，寺院、地质景观点、重要标识物在景观效果上与周边自然山体环境形成突出对比，识别性强，因此将其作为醒目景物。利用现场实测和谷歌地球辅助定位，将醒目程度高的景观区域加以统计，绘制出研究区内景观醒目程度敏感度分布图（图5-25）。

通过将醒目景物分布与相对坡度、相对视距和视觉几率的敏感度分布图进行叠加，发现醒目景物一般集中分布于两条游览路线沿线，多位于坡度15°以下的相对坡度低敏感区，同时属于游线视距范围的近景区或中景区，与朝山者较近。醒目景物在视觉几率敏感度的高可见区、中可见区、低可见区皆有分布，寺院多分布于高可见区和中可见区。

三、综合景观视觉敏感度

经过对以上各分量的评价，获得了相对坡度敏感度分级、相对视距敏感度分级、视觉几率敏感度分级和醒目景物分布，将各分级分布图进行叠置，利用Arc GIS实现不同评价指标的合取与析取。综合景观视觉敏感度公式为$S=(Sa \wedge Sd \wedge St) \vee Se$，由于研究范围内相对坡度敏感度

图5-25 研究范围内醒目景物分布图

分布均质且较破碎，按照此公式求取的结果不能很好地反映评价结果，因此在进行合取和析取时忽略相对坡度敏感度的影响，将公式变更为$S=(Sd \wedge St) \vee Se$。

首先将相对视距敏感度与视觉几率敏感度两项评价结果进行合取，将两者的高敏感区合取，成为综合的一级视觉敏感区；将两者经过上一步骤后剩下的、且不属于低敏感区和不敏感区的区域合并到第二级视觉敏感区中；将两项评价体系中不敏感区域合并，成为第四级视觉敏感区；最后将两者剩下的部分合并为第三级视觉敏感区中。之后将合取结果与醒目程度敏感度分量进行析取，获得景观视觉敏感度分级分布图（图5-26）与面积统计表（表5-8、表5-9）。

（一）朝寺路线综合景观视觉敏感度

从朝寺路线景观视觉敏感度综合分级分布表（表5-8）中可以看出，朝寺路线的综合景观视觉敏感度分级分布中，四级敏感区的面积最大，占

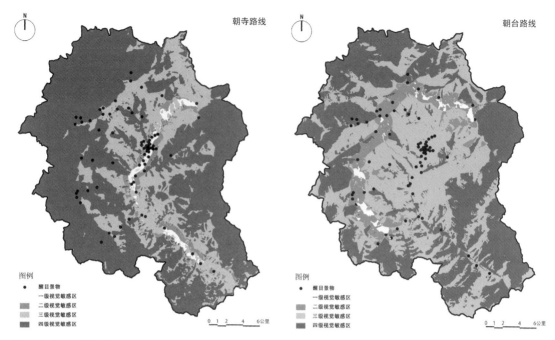

图5-26 综合景观视觉敏感度分级分布图

研究区总面积的62.89%,三级敏感区面积次之,占22.81%,二级敏感区占总面积的9.21%,一级敏感区所占面积最小,占总面积的5.09%。

表5-8 朝寺路线景观视觉敏感度综合分级分布表

综合景观视觉敏感度分级	分布与特征	面积(公顷)	百分比(%)
一级敏感区	在近景区、视觉几率最大的区域	3242.3	5.09
二级敏感区	多分布于一级敏感区两侧,在近景带或中景带,视觉几率敏感度较高或居中的区域	5861.8	9.21
三级敏感区	主要分布在清水河河谷两侧高起的山脊及坡地上,包括部分近景区、中景区和大部分远景区	14519.3	22.81
四级敏感区	不可见区域	40028.6	62.89

一级敏感区主要分布在两个区域,一处在清水河河谷从金岗库乡到大甘河村这一段,该段谷宽较大,在400~800米之间,视觉几率敏感度较高,另一部分集中分布在镇海寺以北的清水河河谷地区。

二级敏感区多分布在一级敏感区两侧,主要是近景带与中景带中视觉几率为中敏感度以上的区域(除一级敏感区外),是构成中景的区域。一级敏感区与二级敏感区醒目景物较多,能够给观景者以强烈的视觉冲击力,在该区,不恰当的人为建设或其他行为都会严重干扰视觉景观,因此需要严格保护自然景观与人文景观的分布格局。

三级敏感区主要为近景区、中景区以及远景区中视觉几率敏感度为低敏感度以上的区域（除一、二级敏感区外），该区主要分布在清水河河谷两侧高起的山脊和坡地，为沿朝寺路线游览时的远景的构成区域，自然山体与植被景观占了绝大部分，以保护现有风貌为主。

四级敏感区即不可见区，主要分布在五座台顶以外的区域以及清水河两侧山谷的谷底部分，由于地形对视线的阻挡在朝寺路线上无法观看到，敏感度低，许多村落都分布在这些地区。

（二）朝台路线综合景观视觉敏感度

从朝台路线景观视觉敏感度综合分级分布表（表5-9）可以看出，以朝台路线为游览路径的综合景观视觉敏感度分级分布中，四级敏感区与三级敏感区的面积相当，分别占研究范围总面积的46.52%和43.19%，二级敏感区占8.69%，一级敏感区面积最小，占1.6%。

一级、二级敏感区位于近景区和中景区，涵盖了五台及山脊处的大多数寺院、圣迹和台顶周边地质景观，但由于台顶游人量过大且机动车可通行，广袤的台顶变成了天然停车场，高山草甸受到严重破坏，土地裸露，地质地貌景观受到破坏。三级敏感区主要位于远景区，台内地区几乎全部包含在内。

表5-9 朝台路线景观视觉敏感度综合分级分布表

综合景观视觉敏感度分级	分布与特征	面积（公顷）	百分比（%）
一级敏感区	在近景区、视觉几率最大的区域	1019.7	1.6
二级敏感区	位于山脊，在近景带或中景带，视觉几率敏感度较高或居中的区域	5528.9	8.69
三级敏感区	主要分布在五台怀抱的区域，在远景区，视觉几率敏感度较低的区域	27493	43.19
四级敏感区	不可见区域	29610.4	46.52

朝台路线与朝寺路线的一级敏感区和二级敏感区内的醒目景物较多，能够给人以直观的人文景观和自然景观认知体验，不和谐的人工景观和人造景观会对该范围内风貌产生强烈的冲击。为提高沿两条主要路线游览时的风景品质，因此建议将两条朝山路线对应的一、二级敏感区列入风景名胜区分级保护中一级保护区的范围（图5-27）。作为风景名胜区行政和商业中心的杨柏峪村以及作为移民搬迁点的金岗库乡金岗库村、大甘河村虽处于一级、二级敏感区的范围，但由于功能定位和建设要求，仍建议作为二级保护区即严格限制建设的范围。

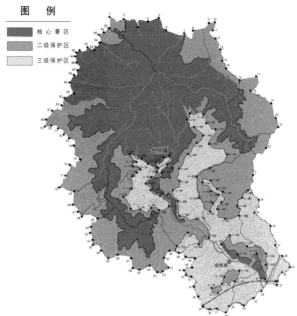

五台山风景名胜区总体规划（2020—2035年）：分级保护规划图

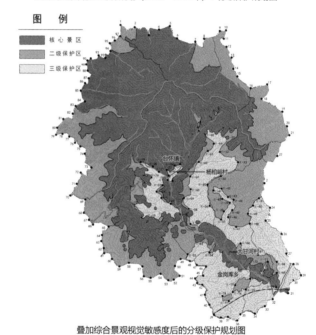

叠加综合景观视觉敏感度后的分级保护规划图

图5-27 叠加综合景观视觉敏感度后的分级保护规划建议

参考文献

[1] 梁璐，许然，潘秋玲. 神话与宗教中理想景观的文化地理透视[J]. 人文地理, 2005, 04: 106-109.
[2] 德净. 佛说地外文明无尽庄严三千大千世界[EB/OL]. http://bodhi.takungpao.com.hk/ptls/wenhua/2015-07/3041564_print.html, 2015-07-09/2016-10-06.
[3] 王玉德. 堪舆术研究[M]. 北京：中央编译出版社, 2010: 26-35.
[4] 殷光明，WANG Pingxian. 敦煌显密五方佛图像的转变与法身思想[J]. 敦煌研究, 2014, 01: 7-20.
[5] 任道斌. 佛教文化辞典[M]. 杭州：浙江古籍出版社, 1991: 293.
[6] 方庆奇，王学斌. 五台山文殊菩萨（续二）[J]. 五台山研究, 1994, 02: 17-24.
[7] [清] 徐继畬. 五台新志卷二[M]. 龙潭：崇实书院, 1883.
[8] 王志勇，崔玉卿. 清凉传志选粹[M]. 太原：山西人民出版社, 2000.
[9] 王小柠. 论"五方"观念对中国传统山水画方位意识的影响[D]. 扬州：扬州大学, 2012.
[10] 赵声良. 莫高窟第61窟五台山图研究[J]. 敦煌研究, 1993, 04: 88-107+124-127.
[11] [东晋] 郭璞. 葬书[M]. 西安：陕西师范大学出版社, 2010.
[12] 李祥妹. 中国人理想景观模式与寺庙园林环境[J]. 人文地理, 2001, 01: 35-39.
[13] 王玉德. 堪舆术研究[M]. 北京：中央编译出版社, 2010: 108.
[14] [明] 缪希雍. 葬图葬经翼[M]. 上海：中华书局, 1991.
[15] 张章. 说文解字（下）[M]. 北京：中国华侨出版社, 2012: 415.
[16] [魏] 管辂，许颐平，程子和. 图解管氏地理指蒙管辂上部：形势断吉凶[M]. 北京：华龄出版社, 2009: 91.
[17] （日）圆仁. 入唐求法巡礼行记[M]. 台湾：文海出版社.
[18] 乔宇. 五台山. 引自崔正森. 五台山游记选注[M]. 太原：山西人民出版社, 1989: 1-4.
[19] [明] 徐霞客. 游五台山日记. 引自崔正森. 五台山游记选注[M]. 太原：山西人民出版社, 1989: 84-93.
[20] 高鹤年. 五台山旧路岭龙泉寺开山葬会首塔铭. 引自崔正森. 五台山游记选注[M]. 太原：山西人民出版社, 1989: 84-93.
[21] 高士齐. 扈从西巡日录. 引自崔正森. 五台山游记选注[M]. 太原：山西人民出版社, 1989: 32-47.
[22] 任道斌. 佛教文化词典[M]. 杭州：浙江古籍出版社, 1994: 281.
[23] 印光大师. 印祖文钞续编卷上·复宁德晋居士书[M]. 上海：弘化社, 1931.
[24] Bacon W R. The visual management system of forest service, USDA. In: Proceedings of Our National Landscape. G Elsner and R. C Snardon, eds. USDA Forest service General Technical Report PSW-35. 1979.
[25] 俞孔坚. 景观敏感度与阈值评价研究[J]. 地理研究, 1991, (02): 38-51.
[26] 旷莉珠. 峡谷型风景区景观视觉敏感度评价研究[D]. 成都：西南大学, 2015.
[27] 贾翠霞. 基于GIS和遥感的景观视觉资源评价[D]. 西安：西安建筑科技大学, 2010.
[28] 裘亦书. 基于GIS技术的景观视觉质量评价研究[D]. 上海：上海师范大学, 2013.
[29] 汤晓敏，王云，咸进国，王祥荣. 基于RS-GIS的长江三峡景观视觉敏感度模糊评价[J]. 同济大学学报（自然科学版）, 2008, 12: 1679-1685.
[30] 胡畔，权东计，王振. 遗址旅游区景观资源评价方法探讨-以宁夏水洞沟景观资源为例[J]. 西北大学学报（自然科学版）, 2008, 02: 318-322.
[31] 毛文永. 建设项目景观影响评价[M]. 北京：中国环境科学出版社, 2005.
[32] 汤晓敏. 景观视觉环境评价的理论、方法与应用研究[D]. 上海：复旦大学, 2007.
[33] 张淼埜. 基于GIS的灵石山国家森林公园景观敏感度研究[D]. 福州：福建农林大学, 2010.

第六章

五台山村寺共生聚落系统

五台山山地系统极其庞大，沟谷纵横，按照地形地貌特征分为台顶脊线、若干谷地、清水河河谷。寺院与村落散布山地系统中，在空间分布层面表现出一定的相关性，在社会关系层面，二者一直保持着紧密的文化联系和经济联系，因此形成了佛居空间与民居空间和谐并存、佛教文化和世俗文化融合共生的五台山风景特征，在本章中将寺院与村落形成的整体面貌称为五台山的"村寺共生聚落系统"（图6-1），其中"村"代表了承载世俗文化的民居空间，"寺"是指辐射佛教文化、具有宗教影响力的神圣空间。

　　五台山风景名胜区村寺共生聚落系统位于繁峙县与五台县分水岭东南的台怀镇及金岗库乡（图6-2），属于清水河流域，是具有特征边界的半封闭系统，其中的物质运动和各向交换的总和表现为单向流，成为一个独立的系统。

图6-1　从北台远望五台山村寺共生聚落系统

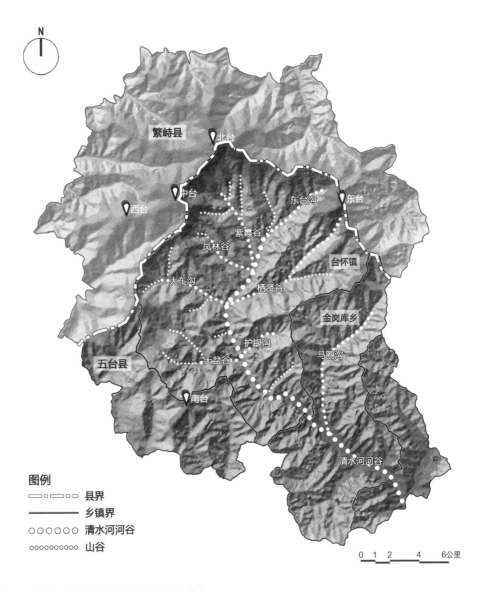

图6-2 台怀—金岗库村寺共生聚落系统的地形特征

第一节　寺院选址特点

合适的寺院选址是解决在有限的空间尺度内营造无限景观这一矛盾的重要方法，即人为选择营造景境的物质环境，通过具体的艺术方式找到突破，以构建院内景观与院外山水的联系，并将有限的园林景观融汇到无限的宇宙天地中。

由于寺院是供奉佛菩萨的宗教活动场所，也是僧侣学法修身之处，既有对外开放的朝拜空间，又有私密的禅修和生活空间，其本身就是一个禅、居结合的综合建筑空间。因此，其选址既要解决僧俗现实生活问题，又要突出须弥圣境的神域景观特色。计成在《园冶》中云："园地惟山林最胜，有高有凹，有曲有深，有峻而悬，有平而坦，自成天然之趣，不烦人事之工。"五台山丰富的山地地貌使寺院选址和布局具有了更多的灵活性，人们可以依据景观理想，在自然的环境中通过建筑手段加工改造并赋予其宗教美学价值。

据统计，研究范围内现存寺院共61座（不包含新址新建寺院），具体位置如图6-3所示。

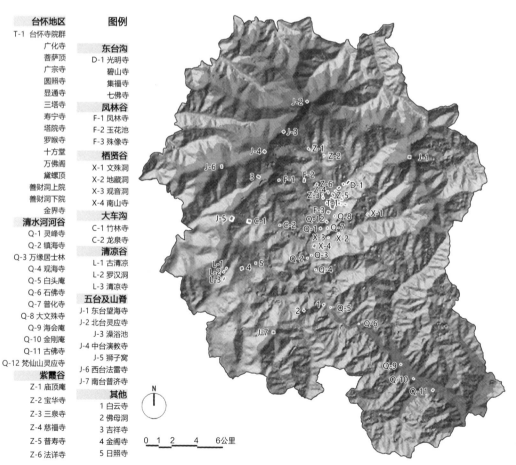

图6-3　研究范围内寺院分布图

一、寺院选址的地形特征

从寺院选址处的地形特征来看，可分为制高空间、平脊空间、坡地空间、山麓空间和平坦空间五类，其中位于坡地空间的寺院数量最多，占总数的52.47%，位于山麓空间寺院的数量次之，为26.23%，两类地形上寺院总数就占研究范围寺院总数的78.7%。位于平脊空间与平坦空间上寺院数量最少，均只占总数的3.28%（表6-1，图6-4）。

表6-1　五台寺院分布与地形特征的关系

地形特征		寺院名称	数量（座）	所占比例(%)
制高空间	台顶	东台望海寺、北台灵应寺、中台演教寺、西台法雷寺、南台普济寺	5	8.20
	台怀四峰	菩萨顶、寿宁寺、黛螺顶、灵应寺	4	6.56
平脊空间		狮子窝、澡浴池	2	3.28
坡地空间	台怀缓坡	广宗寺、圆照寺、显通寺、塔院寺、罗睺寺、十方堂、万佛阁	7	11.48
	依山缓坡	金界寺、集福寺、七佛寺、法祥寺、三塔寺、南山寺、龙泉寺、竹林寺、镇海寺、观海寺、金阁寺、日照寺、古清凉、罗汉洞、庙顶庵、凤林寺、吉祥寺、玉华池	18	29.51
	依山陡坡	三泉寺、慈福寺、上善财洞、灵峰寺、观音洞、佛母洞、清凉寺	7	11.48
山麓空间		碧山寺、光明寺、下善财洞、大文殊寺、殊像寺、普化寺、文殊洞、地藏洞、万缘居士林、白云寺、白头庵、石佛庵、金刚庵、宝华寺、石佛寺、普寿寺	16	26.23
平坦空间		广华寺、海会庵	2	3.28

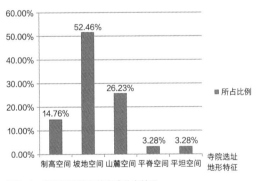

图6-4　各类地形特征的寺院分布情况

（一）制高空间

在中国传统的空间观中，制高山顶有着高、险、幻的特点，高为客观条件，险为直观感受，幻为客观条件产生的心理感知。虽然山顶并不符合"藏风聚气"的理想居住条件，但由于高处具有通神作用并且给人以崇高超脱的神秘感，因此我国自古以来就有出于宗教性或精神性的目的，于高山之巅构建与神沟通场所的习惯。

综合五台山制高空间特征，可将其上的寺院分为两类：

第一类，五台台顶寺院，从海拔高度来看五座台顶为境域内的绝对制高空间。

苏轼有诗《送张天觉得山字》中有描绘五台山壮丽的景色："西登太行岭，北望清凉山。晴空浮五髻，晻霭卿云间。"诗中"五髻"就是指五台山五个制高的台顶，登上台顶，山川大观一览无余。

五台山台顶平广，保留着中国北方最大规模的古近纪古夷平面，周长1000～2500米之间，台顶周围开阔，无地物限制，为寺院建设提供了较适宜的基址。自隋文帝下诏令"五顶各置寺一座，设文殊像"起，经历了古今五台更替，于各代均有修葺、重建，形成如今五台五寺供五方文殊的占顶式寺院特征，从五台山的五个方位标识出"佛域空间"，是对五台山五方山岳格局的呼应与强调，赋予了五台山地区新的秩序与意义。为避风向阳，寺院均按照坐北朝南的方向进行修建，以顺应天道，得山川之灵气，受日月之光华。

第二类，台怀四峰峰顶寺院，四峰为核心地区的相对制高空间。

台怀四峰是四座位于台怀地区相对周边明显隆起的小峰，分别为台怀北面的灵鹫峰、东面的黛螺顶、西面的寿宁峰及南面的梵仙山。台怀四峰是台怀范围内的"制高空间"，虽然与五台山的五座台顶及重重山峦相比，四峰海拔并不算高，却在台怀地区具备了空间坐标的功能。

四峰顶部的寺院分别为灵鹫峰上菩萨顶、黛螺顶、寿宁峰上寿宁寺和梵仙山顶灵应寺。四座寺院之所以成为台怀地区重要的地标，与其出现的灵迹传说密不可分：灵鹫峰曾有文殊化现；寿宁峰、黛螺顶曾有异众感通；梵仙山昔有仙人成道。这些山峰顶部较为平缓，能够作为修建寺院的基址，且与五座台顶有较为紧密的空间对位关系。

灵鹫峰位于中台翠岩峰支脉上，海拔高度为1780米，北魏孝文帝见此小峰"顶平无林木，峭然高显，类西域之灵峰"，故称之为化文殊台，并于顶部建大孚灵鹫寺，是五台山地区最早的一批寺院之一。唐代僧人法云在此见"光中现文殊像"（《清凉山志》），因此又名真容院，后又先后易名大文殊寺与菩萨顶。菩萨顶视野开阔，可俯瞰台怀诸寺，远望五台诸顶。顺治十七年（1660年），将菩萨顶由青庙改为黄庙，并从北京派去了住持喇嘛。清康熙年间，又敕令重修菩萨顶，向该寺授"番汉提督印"，并命山西全省向大喇嘛进贡。从此，按照清王朝的规定，菩萨顶的主要殿宇铺上了表示尊贵的黄色琉璃瓦，这在五台山是绝无仅有的。自此以后，菩萨顶成了清朝皇室的庙宇，在五台山中地位最高。

寿宁寺亦建于北魏太和年间，据《清凉山志》载，北齐文宣帝高洋三子因"身婴重疾"而入清凉寺求见文殊，因梦老人点化，故在文殊像前"然身供养"，帝敕建王子焚身寺以悼之。北宋景德年间改建，更名寿宁寺，明永乐十二年（1414年），释迦修葺寿宁寺，成为五台山最早弘扬藏传佛教的寺院，"文化大革命"后恢复为青庙。寿宁寺位于菩萨顶西偏北19°方向，距菩萨顶仅687米。

黛螺顶位于菩萨顶东偏南19°方向的一座小峰上，发源于东台支脉。"唐释法念，栖禅青峰，庵南，有大松若舍，可避风雨。法念尝坐其间，若昧不昧，见僧作老比丘形，说苦空法。"后建寺院，明清多有修葺。乾隆五十一年（1786年），青云和尚将五方文殊合塑于黛螺顶，开小朝台之先河。黛螺顶坐东向西，海拔高度为1911米，比菩萨顶高128米，是四峰中海拔最高的寺院，也是俯瞰台怀寺院群的最佳场所，绝佳的景观视角可能也是清乾隆帝将其作为小朝台寺院的重要原因。在清帝王的青睐扶持下，黛螺顶在诸寺中的地位得到提升。

　　梵仙山位于菩萨顶南偏西14°的中台支脉上，海拔高度为1805米。据《清凉山志》载此处"昔有五百仙人，饵菊成道"。顶上寺院始建于北齐，初名饭仙寺，现名灵应寺。寺院居于山顶，却未采取坐北朝南的建筑布局形式，而是根据其与台怀诸寺的视线关系和空间对位选择了坐西朝东的面向关系。

　　四座峰顶寺院在平面上构成了一个近乎等边的三角形（图6-5），其中寿宁寺、菩萨顶、黛螺顶位于一条东偏南19°的直线上，寿宁寺、黛螺顶、灵应寺之间的距离均约为1800米。三个角点寺院的朝向形成逆时针旋转的循环关系，暗示了佛教体系中"三世因果，循环不失，此生空过，后悔无追"（《大般涅槃经》）的因果轮回思想。

　　借峰峦之势营造昆仑、须弥之境，是中国佛教建筑营造的常见手法，五台山五台、四峰寺院的占顶格局就是这种景观理法的直观表达。制高空间四周开敞，历险登高能领略险峰之上的无限风光，因此制高处建筑就成为风景名胜区中极目远眺的览胜观景点，也是其他诸寺借景的对象，在各个观景角度都是景观透视构图的重要组成部分。

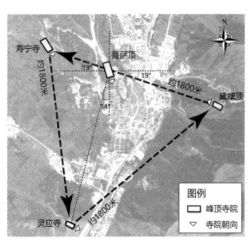

图6-5　台怀四峰顶寺院位置关系

　　从区域层面来看，五台、四峰制高空间的建筑形成了一张无形的网络（图6-6），前者标识出五台山佛国的核心领域，后者拱卫了宗教中心台怀寺院群。在传统的宇宙观与宗教观的基础上，五台山制高空间的寺院是神圣的空间地标，制高空间的寺院体系构建了俗、圣沟通的空间媒介。

（二）平脊空间

　　两个坡向相反、坡度不一样的斜坡相遇形成脊状延伸的条形地貌为山脊，是两个区域的分水岭。五台山台顶之间连成的部分山脊纵坡不大，无明显起伏，所以将此类地形称为平脊。平脊能勾勒出山体轮廓，形成天际线，其上建筑物也易被观察到，成为视觉构图的元素之一。

　　五台山典型平脊空间寺院有狮子窝、澡浴池二座（图6-7）。

　　狮子窝位于北台—中台支脉平脊的鞍凹部，比两侧高起的山脊低约70米，寺院坐北朝南，被前后两峰所夹，故得名"窝"。垂直平脊走向的东西两侧为沟谷，视野开阔，东侧为车沟，沟内有竹林寺、龙泉寺两座坡地

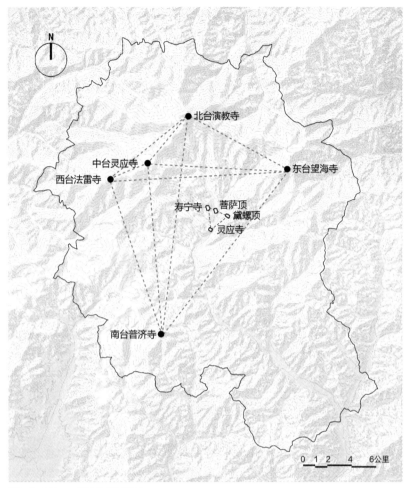

图6-6 五台、四峰寺院位置关系

图6-7 平脊空间寺院位置

寺院，三座寺院自西向东呈直线排布，沿车沟上行三寺依次展现，平脊上的狮子窝充当了引导路线的视觉焦点。

澡浴池位于北台—中台之间山脊线中点，以北台为青龙山，中台为白虎山，寺院坐北朝南正对紫霞沟，沟内有多座寺院与村落，山脊上的灵应寺、澡浴池、演教寺共同勾勒出山脊的天际线。

（三）坡地空间

坡地呈现出倾斜的趋势，在山地的各种地形属性中，所占面积比例最大。在斜坡上构景，能够有群山相衬、佳木映掩而获得深远多变的风景层次，既能充分向外借景，也成为被借景的对象。

五台山中于坡地选址的寺院数量最多，占总数的52.46%，坡地空间寺院视野开阔，是俯瞰、远眺的良好观景点，其与景区主路之间通过步道、蹬道等人行通道进行连接。

根据坡地寺院选址的坡度大小将坡地空间划分为三类，分别是坡度在20%以下的平坦缓坡、坡度为20%～38%的依山缓坡以及坡度在38%以上的依山陡坡（图6-8）。

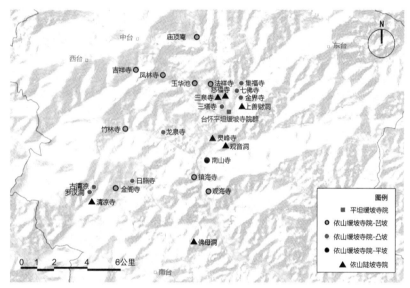

图6-8 坡地空间寺院位置

1. 平坦缓坡

平坦缓坡主要位于台怀地区。这一类坡地集平坦空间和坡地空间的优势于一身：与坡度较大的基址相比，平坦缓坡能保证便利的交通，提供足够的施工建设场地，建设屋宇的施工难度和成本更低，也便于构建较大规模的建筑群；与平坦空间相比，适度起伏的地形能为寺院布局的变化提供更多的可能。由于这一类地形在山区较为罕见，因此平坦缓坡就成为难得的寺院选址。

台怀地区是难得的风景佳穴。灵鹫峰南侧的平均坡度约为13.6%，为五台山少有的开阔坦夷的典型缓坡空间，难怪早在北魏年间就被孝文帝看中并进行开发，环灵鹫峰"置十二院"。明代大臣乔宇游历至此，对此地地形及风貌描述为"梵刹数十拥于（显通寺）左右，此下地渐宽夷"，其中包括位

图6-9 从梵仙山望向台怀诸寺

于显通寺、广宗寺、圆照寺、塔院寺、罗睺寺、广仁寺、万佛阁等寺院，发展至今已成为五台山规模最大最具代表性的历史佛教建筑群（图6-9）。

从寺院群布局来看，各个寺院依山就势，朝向全部为坐南朝北，自高而低密密层层覆盖山体，建筑与地形呈现出"屋包山"式的咬合关系。各个寺院的平面和立面都有联系和呼应，利用高差打造出丰富的建筑立面层次，形成了一处鳞次栉比的壮观的古代建筑群，坡地上的寺院拱卫、衬托着灵鹫峰制高处的菩萨顶。

2．依山缓坡

依山缓坡为坡度在20%～38%之间的坡地空间，研究范围内共有18座寺院修建在依山缓坡上，按照寺院所处坡地的空间形态又细分为凹坡、凸坡以及平坡三类（图6-10）。

第一类为凹坡空间。

凹坡空间两侧高，中间低，有明显的地形围合。建于凹坡之上的寺院以山体作为背景，两侧地形呈环抱之势，根据山位的不同又可细分为两种：一种为图6-10中A处的谷地凹坡，一般位于谷地上部接近山顶的地方，此处是山谷聚气的源头，空间形态虽属凹形，但环抱之势较弱，位于这种空间的寺院皆朝向谷口，成为沿谷地上行时重要的控制性视觉焦点，基址地形为此类的寺院有竹林寺、金阁寺、庙顶庵、吉祥寺、凤林寺等；另一种为图6-10中B处的凹坡，位于山谷两侧的坡地上，内凹尺度虽小，

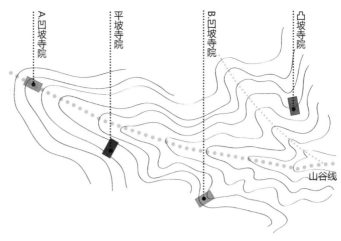

图6-10 缓坡的空间形态及寺院朝向

但空间环抱之势较强，视野较为封闭，地形对视线有极强的控制力，一般具有单向的景观，这一类地形上的寺院有观海寺、镇海寺、法祥寺、玉华池等寺院。

第二类为凸坡空间。

凸坡空间特征与山脊类似，不像山脊那样具有明确的空间指向态势，具有多个方向的坡向。凸坡空间寺院视野较为开敞，视线范围大于凹坡与平坡上构建的寺院，景观界面大于180°，同时又因容易从各个位置观察到寺院所在，多成为重要借景、对景的对象。

典型的凸坡寺院为栖贤谷谷口的南山寺。南山寺由三层寺院组合而成，各寺院朝向均不相同，下院极乐寺坐北向南，轴线方向穿越栖贤阁宾馆西侧的景观水面朝向灵峰寺，中院善德堂与上院佑国寺坐东朝西，轴线方向与车沟走向一致。南山寺巧妙利用了高程和坡向的变化，景观变化丰富，视野范围可达270°。

第三类为平坡空间。

平坡空间地形较为均质，对视线方向的限定较弱，一般多位于河谷和山谷两侧，如台怀西侧的三塔寺、台怀东侧的金界寺、车沟北侧的龙泉寺、东台沟西侧的七佛寺和集福寺、清凉谷西侧的罗汉洞和古清凉、九龙岗的日照寺等。

3. 依山陡坡

依山陡坡空间坡度在38%以上，研究范围内共有7座寺院建在此类坡地上。陡坡又可细分为三个等级，坡度从低到高分别为一级陡坡、二级陡坡和三级陡坡，不同等级有不同的寺院布局方式与之对应。

一级陡坡寺院朝向与等高线垂直，以院落为基本单元的寺院，各院落沿等高线方向排布，相较垂直等高线方向的多院落布局减少了土方开挖量和填补量，如三泉寺。

二级陡坡布局方式有两种：其一，不采用完整院落布局而是将主殿沿等高线横向排布,如灵峰寺、佛母洞、上善财洞;其二,寺院布局为轴线控制式,朝向与等高线方向平行,以减少削山平整坡地的土方,这样的寺院有慈福寺和清凉寺。

三级陡坡坡度最大,见于观音洞山体部分建筑组群,寺院建筑沿曲折高下的石径依山就势地排布在陡崖之上,停留和通行空间十分局促。

(四)山麓空间

山坡和周围平地之间的过渡带为山麓,下接河谷、谷地或平地,有明显的转折。五台山山麓空间与其他地形空间相比,其优点如下:多濒临河流水系,取水方便;多直接与景区主路相连,交通便利;地形较为平缓,适于建设和扩建活动展开;寺院背有靠山,既可以形成良好的小气候,又能成为景观背景。

具有如此多的优点的山麓空间为寺院建设提供了良好的基础条件,共有16座寺院建于此类地形空间,占研究样本综述的26.23%。按照建筑与地形的关系可分为三类(图6-11、图6-12):一是建筑建在平地空间上的寺院,如光明寺、大文殊寺、万缘居士林、金刚庵、地藏洞、白头庵、石佛寺、下善财洞、宝华寺、古佛寺等寺院,这类寺院内各进院落间无高程变化;二是建筑建于坡地空间的寺院,有碧山寺、殊像寺、普寿寺、白云寺,入口设台阶、坡道,寺院中的每进院落之间通过台阶坡道等要素来消化坡地高差;三是平地和坡地上都有建筑分布的寺院,如文殊洞、普化寺,这一类寺院在平地部分与坡地部分交接处会集中设置大量台阶以进行竖向连接。

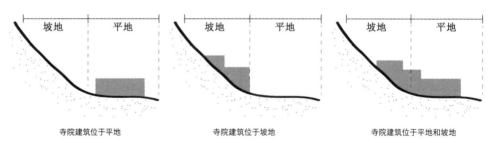

图6-11 山麓寺院与地形的关系

(五)平坦空间

平坦空间不同于山麓空间中的平坦区域,而是指与周边山体、坡地等地形有一定距离而无明显连接关系的广平空间。这类空间在五台山多分布在谷宽600米以上的清水河谷,仅有台怀地区的广华寺和大甘河村南清水河畔的海会庵为建在平坦空间的寺院(图6-12),两寺的共同点为均与风景区主路和清水河关系紧密,交通便利。

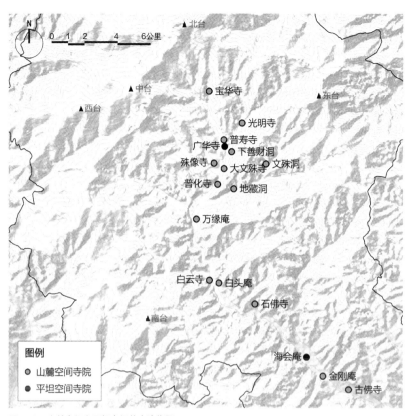

图6-12 山麓空间和平坦空间的寺院位置

二、寺院选址与竖向相关性

(一)寺院选址的高程分析

通过统计软件SPSS19.0对61个五台山寺院分布的高程状况进行统计分析(表6-2),求得均值为1880.02米,标准差为367.861米,得到数组的柱状图以及数组的正态分布曲线(图6-13)。42座寺院位于海拔1600～2000米之间,占总数的68.85%,其中高程在1600～1800米之间寺院数量最多,共有29座,主要分布在台怀盆地、清水河畔的坡地以及台怀附近的东台沟、车沟、栖贤谷,1800～2000米之间的寺院共有13座,多分布于清凉谷、东台沟、天盆谷和台怀梵仙山、寿宁峰;2000～2200米的寺院有3座,分别位于凤林谷、紫霞谷、天盆谷顶部;2200米以上的寺院共9座,分布于五座台顶、连接各台顶的山脊以及附近山谷中;高程在1400～1600米之间的寺院有4座,位于栖贤谷以南、大甘河村以北的清水河畔;高程在1400米以下的寺院有3座,位于大甘河村南部的清水河谷地区。

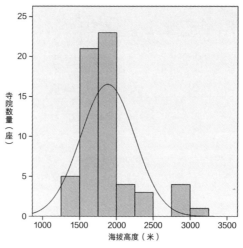

图6-13 不同海拔高度的寺院分布频率

表6-2 各高度范围寺院分布情况

高度范围（米）	寺院名称	数量	所占比例（%）
3000以上	北台灵应寺	1	1.64
2800~3000	中台演教寺	1	1.64
2600~2800	东台望海寺、西台法雷寺、澡浴池	3	4.92
2400~2600	南台普济寺	1	1.64
2200~2400	吉祥寺、狮子窝、玉华池	3	4.92
2000~2200	凤林寺、庙顶庵、金阁寺	3	4.92
1800~2000	法祥寺、古清凉、罗汉洞、宝华寺、竹林寺、日照寺、佛母洞、黛螺顶、三泉寺、清凉寺、寿宁寺、慈福寺、灵应寺	13	21.31
1600~1800	文殊洞、光明寺、菩萨顶、集福寺、三塔寺、碧山寺、七福寺、广宗寺、善财洞上院、金界寺、龙泉寺、普寿寺、圆照寺、广化寺、塔院寺、罗睺寺、南山寺、善财洞下院、十方堂、显通寺、万佛阁、殊像寺、地藏洞、大文殊寺、观音洞、灵峰寺、普化寺、观海寺、镇海寺	29	47.54
1400~1600	万缘居士林、白云寺、白头庵、石佛寺	4	6.56
1400以下	海会庵、金刚庵、古佛寺	3	4.92
总计		61	100

（二）寺院选址的坡向分析

利用Arc GIS分析五台山风景名胜区台怀片区寺院基址的坡向信息，统计获得不同坡向寺院分布的数量，其中，东南向坡地分布最多，达到总数的44.24%，南坡次之，平地、西南坡、西坡再次之，东坡、西北坡最少，各占6.56%，北坡、东北坡无寺院分布。这与五台山冬季盛行北风与西北风有关。

寺院选址的坡向对寺院朝向有一定的影响。研究样本中，60.66%的寺院集中分布在东南坡与南坡上，其中坐落于东南坡的寺院最多，这是因为东南坡向的光照情况更为优越。寺院朝向以坐北朝南和坐西北朝东南为主，有38座寺院坐北朝南，9座寺院坐西北朝东南，共占总数的77.05%（图6-14）。

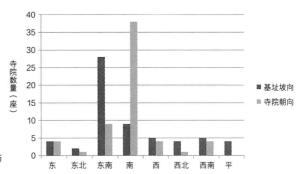

图6-14 寺院基础坡向与朝向统计图

为检验坡向与寺院朝向之间的相关性，利用SPSS19.0对各坡向寺院分布情况和寺院朝向的数量进行双变量相关的分析，得到二者的相关性系数。这个数值的正负能够反映二者是正相关还是负相关，其绝对值大小代表二者相关是否密切，值越大关系越密切，反之同理。本次分析获得相关性系数为0.243，即基址坡向与寺院朝向具有正相关的趋势。

三、寺院选址与水体相关性

水因山而成，山因水而就，水虽然不是五台山景观主体，但却作为重要的生产生活资源影响着寺院的选址和布局。五台山风景名胜区内的水体按照生成方式可分两类：一为在陆地表面汇集成线形流动的河溪；二是地下水成点状涌出地表的泉。

研究范围内共有42座寺院位于清水河周边和各个河谷中，占总数的68.85%，其中，清水河边仅有下善财洞、大文殊寺、普化寺、万缘居士林、海会庵5座寺院位于河流沿岸100米以内的一级阶地上，各河谷中共有5座寺院位于近水的山麓平地区，其他33座寺院建于距水一定距离的坡地和山麓上。寺院的空间分布情况反映了其选址既依赖水资源又警惕水患的态度。

第二节 村落分布特点

为了研究村落分布与山水地形的关系,选取台怀镇与金岗库乡行政范围内47个自然村(图6-15),通过现场调研和Google Earth辅助定位,得到了村落的分布情况及相应地理特征信息,作为研究村落分布规律的基础资料,具体信息如表6-3所示(各谷地内村落按照海拔高度自高向低排序)。

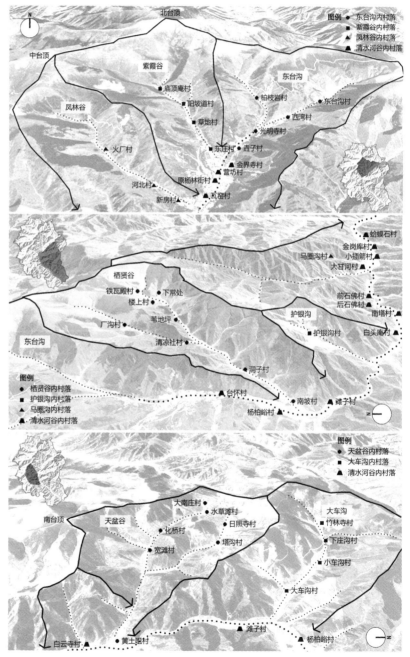

图6-15 五台山风景名胜区台怀片区村落分布情况

表6-3 五台山风景名胜区隶属台怀镇及金岗库乡的村落地理信息

所在区域	村落名称	村落规模（平方米）	谷宽（米）	平均高程（米）	平行谷地坡度	垂直谷地坡度	方向
紫霞谷	庙顶庵村	8400	130	2020	18.0%	2.6%	面向谷口
	阳坡道村	17200	150	1898	10.2%	4.5%	面向谷口
	草地村	24000	210	1833	6.1%	5.6%	面向谷口
	东庄村	45500	330	1754	4.2%	10.6%	面向谷口
东台沟	七角坡村	3400	160	1865	10%	24%	面向谷口
	柏枝岩村	19000	160	1900	6.8%	10.5%	面向谷口
	东台沟村	22400	200	1937	5.6%	5.5%	面向谷口
	西湾村	8400	300	1844	6.2%	13.5%	垂直谷地
	光明寺村	32200	300	1780	4.9%	10.0%	面向谷口
	垚子村	19400	260	1745	1.0%	6.1%	面向谷口
凤林谷	火厂村	3960	150	1818	8.7%	3.3%	垂直谷地
	河北村	17370	180	1742	4.9%	8.0%	垂直谷地
	新房村	21200	200	1699	5.1%	2.8%	垂直谷地
栖贤谷	下常处	7400	131	1951	14.0%	6.6%	坡地上
	楼上村	4524	330	1953	2.6%	14.0%	坡地上
	苇地坪	11680	160	1833	7.9%	11.2%	垂直谷地
	厂沟村	9170	75	1930	9.6%	10.9%	垂直谷地
	清凉社村	7280	150	1768	4.2%	14.3%	面向谷口
	洞子村	19000	190	1677	3.6%	8.3%	面向谷口
	南坡村	16074	660	1622	2.6%	11.6%	垂直谷地
天盆谷	大南庄村	6900	57	1944	14.1%	13.8%	坡地上
	水草滩	6000	110	1891	1.0%	9.8%	坡地上
	日照寺村	9400	220	1868	13.5%	8.7%	垂直谷地（两组团）
	塔沟村	6800	140	1801	3.9%	15.9%	垂直谷地
	化桥村	1720	116	1761	3.2%	16.7%	面向谷口
	宽滩村	6900	175	1695	9.3%	0.0%	面向谷口
	黄土咀村	24300	320	1518	8.9%	6.4%	垂直谷地
车沟	竹林寺村	25000	520	1898	14.1%	5.5%	面向谷口
	下庄沟	15680	240	1810	9.6%	9.2%	垂直谷地
	小车沟村	15300	300	1730	5.9%	11.8%	垂直谷地
	大车沟村	34200	148	1661	11.2%	3.1%	面向谷口
护银沟	护银沟村	9800	150	1794	11.0%	16.2%	垂直谷地
清水河	金界寺村	16910	560	1718	2.7%	6.9%	面向谷口
	营坊村	30720	560	1714	4.3%	4.7%	面向谷口
	瓦窑村	25400	450	1677	6.0%	6.3%	面向谷口
	台怀村	58570	220	1662	3.0%	2.5%	垂直谷地
	杨柏峪村	34000	660	1615	1.9%	7.5%	垂直谷地
	滩子村	19440	330	1579	2.6%	4.4%	面向谷口
	白云寺村	4950	380	1508	1.0%	10.0%	面向谷口
	白头庵村	22000	500	1484	4.2%	2.0%	面向谷口
	南塔村	9400	300	1471	3.3%	18.0%	面向谷口
	后石佛村	9600	270	1445	2.0%	11.3%	垂直谷地
	前石佛村	16800	270	1428	3.2%	14.2%	垂直谷地
	大甘河村	42018	600	1376	2.8%	5.8%	面向谷口
	小插箭村	9590	620	1357	0.9%	11.8%	面向谷口
	金岗库村	82500	550	1327	3.1%	8.0%	面向谷口
	蛤蟆石村	18450	590	1298	1.0%	7.0%	面向谷口

一、依谷而建

从空间布局上看,研究范围内所有村落都位于各小流域谷地和清水河畔,其中89.6%的村落都位于平坦谷底,亦有10.4%的村落位于距离谷底100米以内的谷地坡面上。与斜坡、山脊等山位相比较,谷地是承载小流域坡面径流的区域,有水系溪流发育,坡度平缓,具有相对宽广的平坦区域以及便宜的交通,为村落的形成发展提供了方便取用的水源、充足的土地、稳定的地质条件以及肥沃的耕作土壤,有利于聚落的形成和发育。

研究发现1400～1600米、1600～1800米、1800～2000米三个区段之间村落出现的频率较高,分别为总量的14.89%、40.43%、34.04%。海拔最低的村落为金岗库乡的蛤蟆石村,对应的高程为1298米,海拔最高的村落为紫霞谷顶的庙顶庵村,对应的高程为2020米。结合谷宽进行对比发现,村落较为集中地分布在谷宽100～300米、高程1600～2000米的位置区域上(图6-16)。

所有村落选址的横纵坡均在20%以下,既能保证基址具有稳定的地质基础,减少泥石流、滑坡等自然灾害的影响,又能满足村落的排水要求。纵坡在15%以上的村落只有一个,为紫霞谷顶的庙顶庵村(图6-17),村落坐西北朝东南,面向谷口,基址塑为台地状,民居依坡而建,形成前后错落的立面效果,村内通过坡道连接不同台层。

为分析不同规模村落的分布特点,将其划分为4类,分别为:10000平方米以下的小型村落,10000～30000平方米的中型村落,30000～40000平方米的大型村落以及40000平方米以上的巨型村落。小型和中型村落占总数的83%,大型和巨型村落仅占17%。大型村落多位于各谷地谷口和清水河河谷,毗邻省道大石线或风景名胜区主干道,在五台山旅游业的发展中承担了重要的景区服务功能。通过对比各个规模的村落分布情况,得出不同规模村落的分布与谷地综合条件的相关性如下:

(一)小型村落

规模在10000平方米以下的小型村落共有19个,占样本总数的

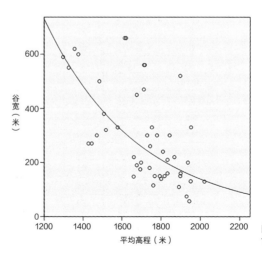

图6-16 各村落位置的海拔与谷宽统计图

（a）从南望向庙顶庵村

（b）从东侧山望向庙顶庵村

图6-17 庙顶庵村与庙顶庵
（图片来源：http://www.xiangshu.com/read.php?tid=3039741）

40.4%。大部分位于谷宽在200米以内的谷地中，少量位于200～400米之间的谷地上；高程1700～2100米之间出现小型村落的可能性更高；谷地横坡（垂直于谷地方向的坡度）对这一规模的村落影响不大，各个坡度范围均有分布；小型村落在各个谷地纵坡（平行于谷地方向的坡度）范围亦均有分布，大部分位于10%以下的纵坡上。

（二）中型村落

规模在10000～30000平方米之间的中型村落共有20个，占总数的42.6%，在不同谷宽范围均有分布，谷宽400米以下分布较多；1600～2000米的高程范围内，中型村落出现频率较大；横坡在12%以下，中型村落出现频率较大；90%的中型村落分布在纵坡10%以下的谷地和河滩地。

（三）大型村落

规模在30000～40000平方米的大型村落共有4个，按照规模从大到小分别为大车沟村、杨柏峪村、光明寺村、营坊村，对应谷宽为148米、660米、300米、560米，各村平均海拔高度均在1600～1800米之间，对应的横坡在3%～10%之间，大车沟村场地纵坡为11.2%，其他村落纵坡在2%～5%之间。

（四）巨型村落

规模在40000平方米以上的巨型村落有4个，分别为金岗库村、台怀村、东庄村、大甘河村，对应的谷宽为550米、220米、330米、600米，东庄村海拔最高，为1756米，台怀村次之，海拔为1662米，其他两村位于金岗库乡海拔高度在1300～1400米之间，巨型村落横坡在2%～11%之间，纵坡在2%～5%之间。

二、村寺相依

我国不同地区的村落命名习惯和称谓反映了不同村落在形成过程中所受到的人文或地理因素的影响，村名是人们根据村落的自然环境地形地貌、历史人物或历史事件、当地地域特色，从主观角度出发赋予地理实体的一种代号。五台山部分村落命名直接体现了村寺相依共生的文化现象。

研究范围内共有9个村落以寺院命名，包括庙顶庵村、前石佛村、后石佛村、光明寺村、竹林寺村、日照寺村、白云寺村、白头庵村、金界寺村，这些村落与对应寺院的依附关系非常明显，寺院具有的知名度能够有助于村落的识别及定位。五台山村寺共名的现象反映了五台山佛教文化与村落世俗文化的融合。

根据对现状村落与寺院相对位置的统计发现，有23村落与较近的寺院有明显的临近关系，按照空间相对位置划分为"村邻寺"与"村望寺"两种空间关系（表6-4），其中每个村落与周边的寺院又有独特的视线关系和交通。

表6-4 村落与寺院的位置关系

村落区位		村落	相近寺院	与村落的关系	关系结构
五台县台怀镇	紫霞谷	庙顶庵村	庙顶庵	庙顶庵村内部	村邻寺
		东庄村	普寿寺	东庄村南端	村邻寺
			三泉寺	东庄村西770米	村望寺
			慈福寺	东庄村西300米	村望寺
	台怀地区	营坊村	广化寺	营坊村北边	村望寺
			菩萨顶	营坊村西200米	村望寺
			广宗寺	营坊村西200米	村望寺
			圆照寺	东距营坊村220米	村望寺
		西沟村	菩萨顶	西邻西沟村	村邻寺
			显通寺	西北紧邻西沟村	村邻寺
			三塔寺	西沟村西200米	村望寺
			广宗寺	西沟村西250米	村望寺
			圆照寺	西沟村西250米	村望寺
		金界寺村	金界寺	金界寺村西150米	村望寺
	台怀南清水河谷地	杨柏峪村	灵峰寺	临杨柏峪村	村邻寺
		滩子村	万缘居士林	滩子村南	村邻寺
			镇海寺	滩子村西南400米	村望寺
		白头庵村	白头庵	白头庵村北端	村邻寺
		后石佛村	石佛寺	后石佛村东端	村邻寺
		台怀村	普化寺	台怀村南	村邻寺
			大文殊寺	台怀村北100米	村邻寺
			灵应寺（梵仙山）	台怀村西300米	村望寺

续表

村落区位		村落	相近寺院	与村落的关系	关系结构
五台县台怀镇	东台沟	光明寺村	光明寺	光明寺村南100米	村邻寺
		垚子村	碧山寺	垚子村与光明寺村连线的中点	村望寺
			集福寺	垚子村西北150米	村望寺
			七佛寺	垚子村西南400米	村望寺
	凤林谷	新房村	殊像寺	新房村东150米	村望寺
			灵应寺	新房村南500米	村望寺
		瓦窑村	殊像寺	西临新房村东临瓦窑村	村邻寺
	栖贤谷	清凉社村	文殊洞	清凉社村北300米	村望寺
		洞子村	地藏洞	西邻洞子村	村邻寺
		南坡村	观音洞	南坡村西800米	村望寺
			南山寺	南坡村南400米	村望寺
	车沟	竹林寺村	竹林寺	竹林寺村西300米	村望寺
		小车沟村	龙泉寺	小车沟村西北200米	村望寺
	天盆谷	日照寺	日照寺	日照寺村西北200米	村望寺
		白云寺村	白云寺	白云寺村南	村邻寺
五台县金岗库乡		蛤蟆石村	古佛寺	蛤蟆石村西150米	村邻寺
		金岗库村	金刚庵	金岗库村北端	村邻寺

（一）村邻寺

"村邻寺"是指寺院与村落距离较近，高程一致，相对距离皆在200米以内。按照村寺相对位置关系又可细分为隔水相邻模式、紧密相邻模式、寺包村模式和村包寺模式。

1. 隔水相邻模式

村落与寺院之间有水系分隔，这一类型的村落有光明寺村、洞子村（图6-18）。村落距离谷口有一定距离，沿谷地和水系呈带状分布，村落长宽比在3.7以上，每个村落仅与一座寺院有邻近关系。

2. 紧密相邻模式

村落紧邻寺院，二者交通相互独立，可以不经过村落直接到达寺院，这一类型的村落有东庄村、台怀村、滩子村、金岗库村、蛤蟆石村。

东庄村位于紫霞谷谷口，前往谷内的庙顶庵、宝华寺、法祥寺等寺院会经过此村，交通位置较为重要，可以南望灵鹫峰，对望关系较好。与东庄村关系最为紧密的寺院为普寿寺，紧邻东庄村南端，近年新建的普寿寺尼众佛学院建于村东南，呈现紧密的村寺相邻的空间布局特征。

台怀村位于台怀盆地过渡到河谷空间的关口上，南北两端分别为普化寺和大文殊寺，呈左青龙右白虎镇守之势，清水河流经村前，隔水有梵仙山作为案山，符合堪舆学中最佳村址选择的各项条件，弥补了其位于西北坡山麓的位置弊端。以台怀村为观景点，灵应寺为景点，经测算获得村内

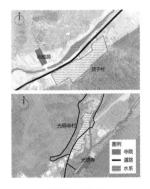

图6-18 村寺隔水相邻

观赏灵应寺的垂直视角在21.5°~31.5°之间，符合人眼生理最佳观景垂直视域的范围（26°~30°），可见梵仙山灵应寺是台怀村重要的对景景点。

滩子村位于清水河左岸，南侧紧邻万缘居士林；金刚庵位于金岗库村西北角，二寺与相应的村落关系紧密，平面相连成块状；蛤蟆石村与古佛寺较为独立，寺院与村落依附关系不强。以上三组村寺距离都在100米以内。

3. 寺包村模式

菩萨顶西侧的西沟村是最为典型的寺包村结构（图6-19），村落呈"Y"形，一支沿三塔寺北侧谷地延展，一支沿灵鹫峰山脚呈线状排布，连接五爷庙及菩萨顶的道路从村中穿过。西沟村平面形态随地形、道路变化，占边把脚地填满了灵鹫峰下的谷地，与庞大的寺院群相比毫不起眼，为从属地位，在过去可能为服务寺院的村民聚居点，寺院群的建设发展促进了村落的形成。

4. 村包寺模式

研究范围内的白头庵村、后石佛村和庙顶庵村属于较为典型的村包寺结构（图6-20）。

白头庵村和后石佛村海拔都在1440~1500米之间，位于清水河畔的河漫滩上，两村相距2.2公里，周边为大量山体径流冲刷形成的缓坡滩地，适宜农业耕作，进村道路跨河与大石线相接。两村山水布局较为相似，背靠主峰，前有河流，隔水相望有案山作为对景，符合理想格局的要求，村内民居均坐北朝南。清朝曾在白头庵村设汛，归金岗库所辖[①]，白头庵原寺在清朝乾隆三十三年（1768年）已废，现有寺院为近代新建，寺院的朝向坐东北朝西南，与村落的朝向偏差较大。石佛寺位于后石佛村东北角，被民居建筑团团包围，难以察觉。寺院现仅存明清时期佛殿一座及古云杉两株。

庙顶庵村位于紫霞谷顶端，发育于中台及北台的两条沟谷在此汇合，基址纵坡达到18%，建筑垂直纵坡设置，坐西北朝东南，入村口处设关帝庙一间，可见佛道信仰在五台山民间得到了融合。

① 清代在五台县共置军营四所，汛地十九处，台内军置营两所，分布在台怀镇和金岗库，各设三汛，台怀镇三汛设于金岗岭、碧山寺、栖贤社，金岗库三汛设于石咀村、芦家庄和白头庵。

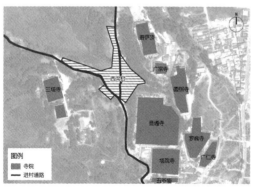

图6-19 西沟村与周边寺院

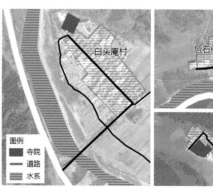

图6-20 村包寺结构村落

在村包寺模式的布局中，村落紧邻寺院，呈现比较紧凑的咬合关系，而且村寺共用一套交通体系，需先进入村落才能到达寺院，这三座寺院均始建于明朝，体量较小，寺院附属于村落而存在。

（二）村望寺

"村望寺"指村落与寺院相对距离在100～300米之间，寺院海拔高度明显高于临近村落，具有非常明确的视线对望关系，这样的村落共有12个。

杨柏峪村与灵峰寺分布于阳白谷口两侧，相距300余米，海拔相差38米，寺村隔谷相望。随着旅游业的发展，在20世纪80年代后期，杨柏峪村逐步建设成为五台山的行政服务中心和台怀南部主要的商业区，中共五台山风景名胜区委员会、五台山风景名胜区政府、财政局、五台山公安局台怀派出所、台怀镇中心卫生院、五台山风景名胜区急救中心等行政机构均分布在此，整个区域沿清水河谷地延绵1.8公里，东至普化寺，西到大车沟。

营坊村位于灵鹫峰东侧，北临广化寺，西为以菩萨顶为核心的台怀寺院群，与之相距不到150米，与菩萨顶有64米高差，与最近的圆照寺有17米的高程差，向东可远望坡地上的金界寺、善财洞、黛螺顶。营坊村与杨林街村原为台怀地区的贸易街市，后发展为村落，在2007～2008年间的核心景区拆迁整治项目中，原位于营坊村南部杨林街村被拆除。

瓦窑村位于台怀南部，西南紧邻殊像寺（图6-21），北望灵鹫峰寺院群，东南与大文殊寺隔水相望。瓦窑村被南北向的道路划分为三块，其中西侧团块在1949年前就有居民聚居，近三十年发展成如今的规模，现临路界面商铺聚集，和营坊村、金界寺村临街商铺一起成为服务台怀的商业街。

图6-21 民国时期的瓦窑村
（图片来源：根据《中国文化史迹》中图改绘）

此外，金界寺村、垚子村、南坡村、白云寺村、清凉社村、竹林寺村、小车沟村、日照寺村等村落与邻近的寺院同样有"村望寺"的位置关系：金界寺村位于金界寺西部山麓，高程相差34米；南坡村位于南山寺东北150米处，村寺有75米的高差；垚子村位于集福寺东南150米，高程相差20米；白云寺村位于白云寺东北120米，有20米高程差；清凉社村距离文殊洞290米，高程相差23米；竹林寺村在竹林寺东300米，高程相差40米；小车沟村在龙泉寺西南200米处，高程相差26米；日照寺村在日照寺东南200米，高程相差60米。

第三节　村寺共生聚落系统构成

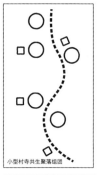

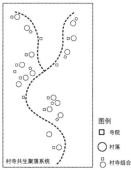

图6-22　村寺组合、小型村寺共生聚落组团、村寺共生聚落系统构成示意

村落和寺院是构成五台山村寺共生聚落系统的最基本元素，其中空间位置相关性强的村和寺构成了人居空间与宗教空间的综合体——村寺组合，为村寺共生聚落系统的基本单元。五台山自然地形地貌表现出极高的丰富性和多样性，在谷地地形的限制下，两个或两个以上位置邻近的村寺组合构成具有一定交通联系、社会经济联系、文化联系的小型村寺共生聚落组团，相似的地形空间结构中的小型村寺共生聚落组团在交通结构和功能布局上也会表现出一定的相似性。

多个小型村寺共生聚落组团共同构成了五台山现有的聚落风貌，即五台山村寺共生聚落系统，它的形成经历了漫长的发展演进，其中每个村落与寺院的选址与建设都是在特定的历史文化背景下形成的，因此这种明确的布局关系和空间结构呈现出极强的稳定性（图6-22）。

一、小型村寺共生聚落组团

小型村寺共生聚落组团指若干村寺组合或村落、寺院或构成的多村多寺的聚落组团，每个小型禅居组团之间不相连，有400米以上的间距。在地形空间的影响下，小型村寺共生聚落组团表现为三种主要的形态特征，分别为团块型村寺共生聚落组团、条带型村寺共生聚落组团、念珠型村寺共生聚落组团。

（一）台怀地区团块型村寺共生聚落组团

台怀盆地周边被群山包围，形成盆谷状地形，盆底地形较为平坦，平均坡度为5.2%，是五台山地区难得的宽广平地，孕育了台怀地区村寺共生聚落组团。由于周边山体的空间围合作用，聚落组团形态的空间投影为团块型（图6-23），结构较为紧凑。这种空间结构模式可以有效地组织僧民的生产、生活行为。

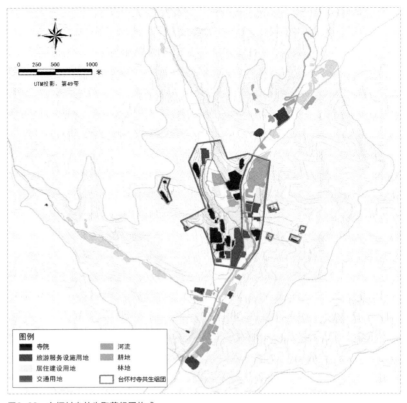

图6-23 台怀村寺共生聚落组团构成
（图片来源：改绘自台怀镇用地现状图，原图引自《基于多重价值识别的风景名胜区社区规划研究》）

台怀地区的团块型村寺共生聚落组团是五台山村落规模较大、寺院最集中、人口密度最大的区域。清水河从组团中穿过，将其分为河东与河西两个小组团，有良好的对视关系。河西的村落有杨林街村（已拆除）、东庄村、营坊村、西沟村，寺院有菩萨顶、圆照寺、广宗寺、显通寺、塔院寺、万佛阁、罗睺寺、三塔寺、广仁寺、慈福寺、寿宁寺、普寿寺、广华寺、七佛寺。河东组团规模较小，仅有金界寺村一个村落，寺院有金界寺、善财洞上院、善财洞下院、黛螺顶。组团现存4个村落，18座寺院，其中三分之二的寺院坐落在盆地中，三分之一位于盆地周边的山体坡面上。

（二）清水河谷的条带型村寺共生聚落组团

条带型村寺共生聚落组团平面形态为长条带状，其主体轮廓长短轴之比大于10：1，五台山多个小型村寺共生聚落组团中共有2个属于此类型，分别为台怀北侧的垚子—光明寺组团以及台怀南侧的瓦窑—杨柏峪组团，两个组团均沿清水河谷分布（图6-24）。

垚子—光明寺组团为垚子村向北至光明寺村之间的范围，位于东台沟，全长1.3公里，规模较小，属于常规条带型，聚落组团两端为垚子

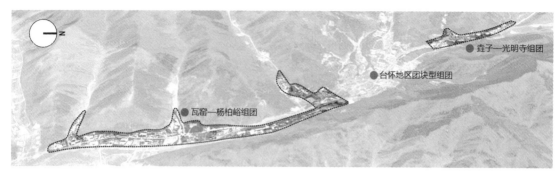

图6-24 条带型村寺共生聚落组团

村、光明寺村，内有集福寺、碧山寺、光明寺、茅棚山庄4座寺院。

瓦窑—杨柏峪组团是指瓦窑村向南至南岸沟内之间范围，为五台山最大的条带型村寺共生聚落组团，全长2.6公里，在凤林谷、阳白谷、南岸沟等空间节点有向谷地延伸出的小型带状结构，属于分枝条带型，聚落组团内有4个村落，自北向南依次为瓦窑村、新房村、台怀村、杨柏峪村，寺院有殊像寺、大文殊寺、灵应寺、普化寺、灵峰寺共5座。

（三）山间谷地的念珠型村寺共生聚落组团

念珠型村寺共生聚落组团由3个或3个以有一定间距的村、寺和村寺组合构成，各村寺组团间通过1~2条过境交通干道进行连接，空间形态表现为念珠状。这种村寺共生聚落组团分布在清水河河谷和山间谷地地区，在五台山地区较为常见。

清水河河谷的念珠型村寺共生聚落组团为滩子村—蛤蟆石村组团（图6-25），位于台怀镇南部和金岗库乡，自北向南依次为滩子村万缘居士林村寺组合、镇海寺、观海寺、普安寺、黄土咀村、白云寺村寺组合、白头庵村寺组合、南塔村、后石佛村石佛寺组团、前石佛村、大甘河村、小插箭村、海会庵、金岗库村金刚庵组团、蛤蟆石村古佛寺组团，全长16公里，每个团块之间有着300~2800米的间距。

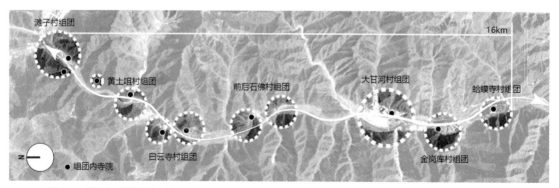

图6-25 清水河河谷念珠型村寺共生聚落组团

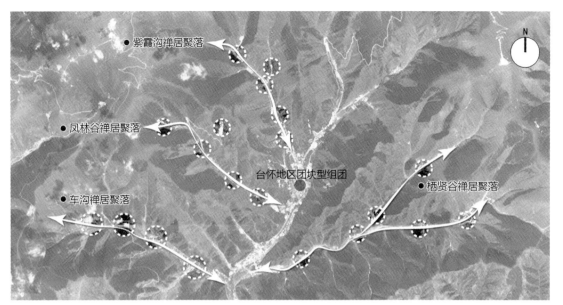

图6-26 各山谷念珠型村寺共生聚落组团

山间谷地念珠型村寺共生聚落组团是五台山较常见的村寺共生聚落组团形态（图6-26），紫霞沟、凤林谷、车沟、栖贤谷内皆有分布。

二、村寺共生聚落系统形态特征

综合上述村寺共生聚落组团形态的分析可以发现，五台山村寺共生聚落系统的形态与地形地貌特征有极大的相关性，研究范围内的谷地系统形态呈树状，以清水河河谷为主干，其他溪沟、山谷为次干，大多数村、寺都是依托河谷或山谷进行建设，因此沿谷地分布的多个小型村寺共生聚落组团共同构成了树形的五台山村寺共生聚落系统（图6-27）。

村寺共生聚落系统的主干沿清水河河谷南北向分布，北以台怀地区村寺共生聚落组团为起点，向南为瓦窑—杨柏峪带状村寺共生聚落组团和滩子村—蛤蟆石村村寺共生聚落组团，三个村寺共生聚落组团的等级依次下降；台怀村寺共生聚落组团向北延伸出紫霞沟村寺共生聚落组团及垚子—光明寺村寺共生聚落组团，台怀组团以南的清水河河谷向东西两侧延伸出凤林谷村寺共生聚落组团、栖贤谷村寺共生聚落组团、车沟村寺共生聚落组团等，河西岸组团多以寺院为收头，东岸的同类型组团以村落为终点。

由此可见，村寺共生聚落系统是团块型、条带型、念珠型等多种村寺共生聚落组团的综合体，从寺院、村落等级来看，台怀地区团块型为五台山村寺共生聚落系统的核心，其他组团沿河谷、山谷延伸分布，总体呈现出单中心聚核、一主干延伸、多角度放射的结构特征。

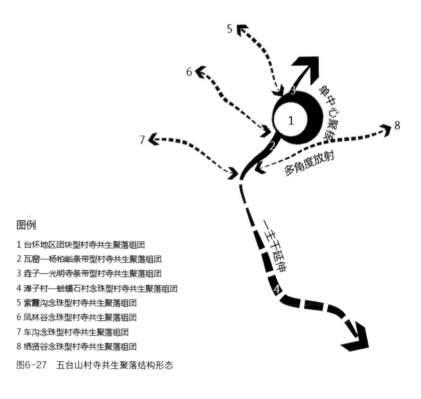

图例
1 台怀地区团块型村寺共生聚落组团
2 瓦窑—杨柏峪条带型村寺共生聚落组团
3 垚子—光明寺条带型村寺共生聚落组团
4 滩子村—蛤蟆石村念珠型村寺共生聚落组团
5 紫霞沟念珠型村寺共生聚落组团
6 凤林谷念珠型村寺共生聚落组团
7 车沟念珠型村寺共生聚落组团
8 栖贤谷念珠型村寺共生聚落组团

图6-27 五台山村寺共生聚落结构形态

三、村寺共生聚落系统的近现代共生关系

在德国建筑师恩斯特·柏石曼（Ernst Boerschmann）1923年出版的"Baukunst und Landschaft in China"（《中国建筑与景观》）中记录了1910年之前的五台山，旧照中村落呈点状分布在寺院周边和河谷，其余的土地被大片农田和自然植被填满。当时的台怀镇原在梵仙山下的清水河东南，有南北向大街，两旁排列店铺，因街道紧傍清水河，村民多受洪水侵扰，故于1967年举村搬至清水河西，成为新台怀，与杨林街、营坊街、杨柏峪、东庄村、鱼湾村和台怀寺院群连成一片，原有的农村居民点有所扩张。

1978年中共十一届三中全会后五台山重新受到政府政策支持，佛教活动开始恢复，旅游业发展起来。五台山风景名胜区第一轮总体规划于1987年编制完成，总体规划范围376平方公里，共规划了九个景区，并在景区景点外围设置光明村服务区、台怀镇、杨柏峪服务区、南梁沟度假村、金岗库行政管理区等生活服务区。20世纪80年代后在台怀镇旧址，新建了明清一条街，并在台怀地区建成杨林步行街、营坊度假村，台怀地区建筑密度大大增加。大型建筑大都建在清水河西北岸的杨柏峪村、大车沟村，使这一带成为五台山新兴的旅游生活服务区。

近30年间，五台山每年游客总数呈现指数增长。1987年游客总数为33.2万人次，至2015年全年，五台山接待中外游客475.7万人次。随着五台山旅游业大发展，五台山村民除继续从事农业生产外，也希望利用五台山的风景资源增加就业机会、提高收入、改善生活水平。因此参与旅游服务经营的村民比例不断增加，以台怀镇为核心出现了大量村民自发经营的旅店、饭店及商铺，居民普遍从事纪念品生产售卖、住宿餐饮、照相导游、租赁车马等行业，当地村民成为五台山风景名胜区内主要的旅游服务人员，这一现象是民国以前以寺养民、以山养民的生产生活方式的现代化表现。

旅游服务需在统一有序的组织策划下才能健康可持续发展。由于五台山农村社会发展现状和村民群众自身素质的限制，导致村民自发性的经营管理水平较为落后、服务档次不高。随着接待人数的增多，出现了许多亟待解决的问题，主要为景区违法旅游服务设施失控，名山古刹景观面貌受到极大的影响，呈现城市化的趋势，并且伴有污水垃圾处理和消防安全隐患的问题增加。曾经的"佛国圣地"逐渐演变为"高山闹市"。

《五台山风景名胜区总体规划（2006—2025年）》要求对台怀核心景区的建筑和村落进行综合整治，期限为2006~2010年，前后分为一、二、三期工程：一期整治范围为车沟加油站至营坊村南，包括太平街、鱼儿湾、杨林街等村；二期范围为营坊、台怀、瓦厂以及明清街；三期整治范围包括金界寺村、新坊村（不包括瓦厂）、光明寺村、东庄村、阳坡道村以及未搬迁拆除的宾招服务设施等。

由于拆迁整治难度巨大，当时风景区仅完成一期综合整治的任务，时间跨度从2007年10月到2008年4月，以台怀核心景区为主要对象，拆迁涉及21家国有、集体单位和杨林街、鱼儿湾、太平街3个村庄及5个台顶，拆迁占地面积近100000平方米，建筑面积近600000平方米，涉及单位职工507人，居民129户456人。被疏解的居民搬迁到位于五台山核心景区沿清水河南下15公里的金岗库乡旅游服务基地。该基地东起石咀村西北，西至南梁沟口，沿清水河两岸分布，按功能分为"一心三区"，分别为游客接待中心、旅游服务接待区、移民商住区和管理服务区。拆迁工作完成后，台怀地区人口得到疏散，原有杂乱的村寺组合得到梳理，景观面貌得到极大改善（图6-28）。未搬迁的村民仍在此从事自发性的旅游服务工作。

图6-28 五台山台怀地区拆迁前后肌理变化

《五台山风景名胜区总体规划（2020—2035年）》中，关于风景区内居民点调控有以下描述："风景名胜区内规划疏解型居民点48个、缩小型居民点19个、控制型居民点25个、聚居型居民点6个，规划居民点总人口19310人，远期向风景名胜区外疏解2800人；规划建设用地237.29公顷，远期缩减66.98公顷；人均建设用地约122.9平方米。"

这一轮规划的落实会极大地改变五台山村寺共生聚落系统的面貌，共生状态会发生根本性变化。村落的搬迁能够在一定程度上缓解村民自发建设、经营对五台山景观质量和风貌带来的不良影响，却忽略了几千年来五台山形成的村寺共生聚落系统本身的历史价值及合理性，仅将寺院作为保护对象使得当前以旅游和经济为纽带的僧民关系变得更加淡漠。如果未来真的将风景名胜区内的村落悉数疏解，五台山村寺共生聚落系统稳固的社会、文化联系将逐渐减弱。最后，佛教文化可能仅仅成为五台山的旅游符号，而这种文化形态千百年来孕育的村寺共生聚落实体将会面临消失的危机。

参考文献

[1] 计成, 陈植. 园冶注释[M]. 北京：中国建筑工业出版社, 1988: 58.

[2] 赵光辉. 中国寺庙的园林环境[M]. 北京：北京旅游出版社, 1987: 11.

[3] 赵林恩. 五台山诗歌总集[M]. 北京：宗教文化出版社, 2002: 71.

[4] [明] 释镇澄. 清凉山志[M]. 银川：宁夏回族自治区佛教协会, 1998.

[5] 乔宇. 五台山. 引自崔正森. 五台山游记选注[M]. 太原：山西人民出版社, 1989: 1.

[6] 孙大章. 中国民居研究[M]. 北京：中国建筑工业出版社, 2004: 473.

[7] 雷丽霞. 湖南邵阳村落名称及其区域分布研究[D]. 长沙：湖南师范大学, 2014.

[8] 李云芸, 赵磊, 王晓俊. 基于视觉原理的水域空间景观分析——以宁波东钱湖为例[J]. 规划师, 2011, 11: 35-40.

[9] 王其亨. 风水理论研究（第2版）[M]. 天津：天津大学出版社, 2005.

[10] （日）常盘大定, 关野贞. 中国文化史迹[M]. 杭州：浙江人民美术出版社, 2017.

[11] 王应临. 基于多重价值识别的风景名胜区社区规划研究[D]. 北京：清华大学, 2014.

[12] Boerschmann, Ernst. Baukunst und Landschaft in China. [M]. Dover Publications, 1982.

[13] 余德淑, 郭云. 五台山风景名胜区规划[J]. 城市规划, 1988, 01: 42-43.

[14] 王应临, 杨锐, 邬东璠. 五台山风景区"僧民关系"探析[J]. 中国园林, 2014, 04: 63-66.

[15] 李喜民. 五台山风景区核心景区专项保护规划研究——以五台山风景名胜区灵峰圣境核心景区为例[J]. 城市规划, 2010, 09: 78-81+87.

[16] 三联生活周刊. 五台山搬迁：20亿元的"申遗"成本[EB/OL]. http://news.sohu.com/20080411/n256229527_1.shtml, 2008-05-11.

第七章

五台山寺院空间布局风景析要

五台山以自然山林与寺院建筑的结合作为风景的营造手段，是为"佛"在世间打造的居所和园囿，由室内、室外两种属性的空间构成。室内空间供奉佛、菩萨塑像，宗教氛围浓厚；室外空间包括院墙内外的景观，建筑、庭院、寺院周边的风景环境都属于寺院布局中的重要因素，是人们寄情山水、享乐山林的场所，起到了"寓教于乐"的宗教教化作用。基于游览寺院空间体验的变化，将五台山寺院空间布局解析为寺院内部的空间布局、寺院外部的引导段落、多寺院构成的寺院群三部分。

第一节　五台山寺院空间布局

一、古代文献中寺院空间布局方式

　　汉传佛教建筑史认为三国时笮融所创的浮屠祠为确切知道的最早的佛寺，汉晋时期的寺院采取了以佛塔为中心的空间格局；到南北朝时期，寺院中各种建筑类型逐渐出现，汉传佛教寺院最初形式渐次形成，布局开始趋于规整、完善；唐代佛教寺院建设达到了最为宏大、辉煌的时期，这个阶段寺院空间由回廊、院落与殿堂构成，规模宏大的寺院以数量众多的庭院组合为重要特征，在严谨整齐的寺院庭院中，还可能将园池、山林景观组织进来；辽金、两宋时期的寺院配置模式多见以一组中轴线上布置主要殿堂，两侧辅以功能性、后勤性、辅助性建筑的小型或中型寺院，奠定了明清佛教寺院空间定型化的基础，建筑组群模式由回廊院模式向四合院模式的转变；到明清时期，中国汉传佛教寺院空间构成格局基本定型，由于藏传佛教渐受推崇，汉地构建了一批藏传佛教寺院，其空间布局杂糅了汉传佛教寺院的空间布局方式，是该时期寺院空间格局上的一个创新。

　　综合不同时期佛教寺院空间布局的历史变迁来看，中国寺院空间可概括为两种具有代表性的、稳定的布局方式。一类是唐五代时期以天竺寺院形制为蓝本的廊院式布局，每个廊院以佛塔或佛殿为中心，周围环绕以廊屋，形成独立的院落，大的寺院可以由多个廊院组成。第二类是在明清时期定型的中轴控制的布局方式。以三门（元代后称"山门"）或天王殿为主入口，沿轴线纵列数层殿堂，中间连以横廊，划分为几进院落，构为寺院主体。较大寺院在主轴线两侧平行设一到多条次纵轴，布置若干小院落。与廊院式布局相比，主轴式布局寺院中塔的位置退至次要地位，或者不建佛塔。

　　五台山寺院建设始于北魏孝文帝时期，历代均有寺院建设，虽然关于不同时代寺院空间布局的历史记载寥寥无几，但却能根据相关文献勾勒出五台山一些重要寺院在唐五代与明清这两个典型时期的空间布局情况。

（一）唐五代时期的寺院布局

五代后汉时期，由第四任曹氏归义军节度使曹元忠主持凿绘于莫高窟61窟西壁的《五台山图》是记录唐五代时期五台山主要寺院规制及布局情况的珍贵历史材料，它以唐龙朔二年（662年）会赜和张公荣所绘"五台山图"小账、神英所绘"五台山十寺血脉图"、道义所绘"金阁寺化现图"、开成五年（840年）绘制的"五台山化现图"以及敦煌僧人至五台山朝山后在太原画的"五台山图"为粉本创新绘制，于后晋天福九年（944年）至后周显德二年（955年）期间成图，反映了当时五台山寺院廊院式布局的重要特征。

根据图中墨书榜题统计，《五台山图》中共有寺47座、兰若17座、庵21座，另绘佛塔28座（图7-1）。小型的寺、兰若、庵均绘制为建筑单体，建筑建在砖砌台明之上，开间、进深皆绘为三间，墙上安有直棂窗和板门，门前有砖砌台阶，柱上斗栱均为最简单原始的一斗三升栱①，屋顶绘为四阿顶，屋面铺有青瓦，屋脊、檐边涂有绿色，正脊有鸱吻与宝瓶，侧脊亦有戗兽。

《五台山图》中共有大型寺院25座（图7-2），平面皆为矩形廊院式布局，根据是否设置角楼将寺院布局分为无角楼廊院式与设角楼廊院式，无角楼廊院式寺院共有11座，为廊院式布局的基本形式。

① 一斗三升，由一只大斗、一个横栱和三个三才升构成的斗栱，为不出踩斗栱，只起传导荷载作用。

图7-1 《五台山图》中的小型寺、兰若、庵、阁、塔
（图片来源：数字敦煌网站五台山图http://www.e-dunhuang.com/cave/10.0001/0001.0001.0061）

图7-2　五台山图中的主要寺院
（图片来源：根据赵声良绘线摹版《五台山图》改绘）

《五台山图》中共有14座寺院的回廊设置了角楼，三门、佛殿、角楼、后殿皆为二层及二层以上楼阁式建筑，屋顶为单檐四阿顶，两层的开间、进深皆绘为三间，四周围有朱栏。廊院四角均设角楼的寺院共有12座，分别为万菩萨楼、大圣文殊真身殿、大佛光之寺、大建安之寺、大贤之寺、大法华之寺、大王子之寺、大福圣之寺、大华严之寺、大竹林之寺、大清凉之寺、大金阁之寺，除画面中心的万菩萨楼外，其他寺院前皆书"大"字。《入唐求法巡礼行记》中有记："常例，每年救送衣钵香花等，使送到山，表施十二大寺，细被五百领，……，手巾一千条，兼救供巡十二大寺设斋。"这里提到的"十二大寺"极有可能就是上述的12座廊院四角设角楼的寺院。

按照《五台山图》中寺院的平面布局的特征以及是否设置角楼，将《五台山图》中大型寺院的布局形式划分为以下五类：

1. 廊院式布局基本形式（无角楼）

属于廊院式布局基本形式的寺院有11座，规模较小，由回廊、三门、佛殿构成（图7-3）。三门为单层门殿建筑，佛殿亦为单层的小寺有玉花之寺、弘化之寺、金界之寺等。三门和佛殿形式为楼阁的寺院有应理之寺、铁勒之寺、东塔常住之寺、灵应之寺等。东塔常住之寺在东侧回廊正中置楼阁式三门一座，很有可能是由于两个方向临街而做出的布局上的调整。这种由山门、佛殿、矩形回廊组成的廊院式寺院为基本布局，其他更为繁复的布局形式均是在此形式之上的增减和扩展。

从以上寺院可以看出寺院三门是中轴线空间序列的起点，回廊呈方形环绕形成院落，佛殿为回廊院的核心建筑，位于寺院中心，寺院内主殿位于中轴线上，构成廊院式布局基本形式的主要特征。

2. 以殿/塔为中心的基本布局（设角楼）

以殿/塔为中心的基本布局的寺院包括万菩萨楼、大圣文殊真身殿、大佛光之寺、大建安之寺、天寿之寺和某无名寺，以上寺院的共同点是回廊设角楼，拥有一座三门建筑（图7-4）。其中天寿之寺与位于画面右侧的无名寺在单三门寺院中规模较小，仅设两座角楼，其他四座寺院四角均设角楼。

大圣文殊真身殿，位于整个图面正中央，在整个图面中是所占幅面最

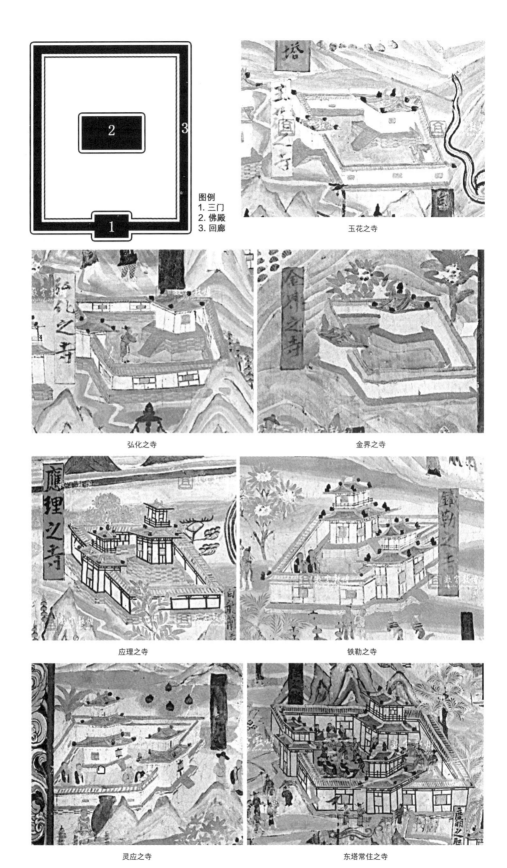

图例
1. 三门
2. 佛殿
3. 回廊

玉花之寺

弘化之寺

金界之寺

应理之寺

铁勒之寺

灵应之寺

东塔常住之寺

图7-3 廊院式布局寺院的基本形式

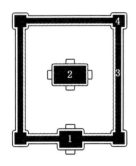

图例
1. 三门
2. 佛殿
3. 回廊
4. 角楼

万菩萨楼

大圣文殊真身殿

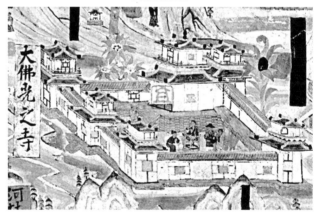

大佛光之寺

图7-4 以殿/塔为中心的寺院
（图片来源：模式图为自绘，寺院图来自数字敦煌网站）

大建安之寺

无名寺

天寿之寺

图7-4 以殿/塔为中心的寺院（续）
（图片来源：模式图为自绘，寺院图来自数字敦煌网站）

大、刻画最精细的寺院，可见该寺院在五台诸寺中地位极高。寺院正中的佛殿之前绘华严三圣，中间为释迦牟尼佛莲花坐像，左右分别为大圣文殊真身骑狮像和大圣普贤真身骑象像，反映了唐代华严宗在五台山盛传的历史背景。据推测，此寺应为当时有文殊显圣的真容院，即现今菩萨顶。

墨书榜题"万菩萨楼"所在的寺院，位于大圣文殊真身殿下方，形制基本相同，寺院正中设一座四层佛塔，两侧各坐菩萨六位，是《五台山图》中唯一一座以塔为中心四周匝以廊庑布局的寺院。

大佛光之寺与大建安之寺形制相同，佛光寺正中的单檐四阿顶二层楼阁明显与现存建于唐大中十一年（857年）的庑殿顶东大殿形制不同，可见图中反映的该建筑是"会昌灭佛"之前的形制。

3. 多个三门的布局（设角楼）

在以殿/塔为中心、单三门的基本布局基础上，衍生出一类以大福圣之寺、大华严之寺、大竹林之寺为代表的多三门布局的寺院（图7-5）。其特点是在单三门寺院的基础上，在回廊增加左右侧门或后门，增设三门一个到三个不等。

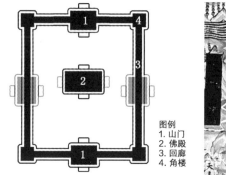

图例
1. 山门
2. 佛殿
3. 回廊
4. 角楼

大华严之寺

大竹林之寺

大福圣之寺

图7-5 多三门寺院
（图片来源：模式图为自绘，寺院图来自数字敦煌网站）

大贤之寺

图例
1. 三门
2. 佛殿
3. 回廊
4. 角楼
5. 殿阁

大法华之寺

大王子之寺

图7-6 廊院外立楼阁的寺院
（图片来源：模式图为自绘，寺院图来自数字敦煌网站）

第七章 五台山寺院空间布局风景析要 | 145

大华严之寺在回廊后侧正中建三门，大竹林之寺在右侧和后侧回廊正中建有二层楼阁式三门，大福圣之寺在左右两侧和后侧均建三门，并且该寺仅在东南东北两角设角楼。根据《辩正论》中摘录《本相经》所记"天尊门内有狮子、猛虎，守门左右，拒天力士，威赫前后者"，这时的三门极有可能起到了护持一方佛法与僧寺的作用。

4. 廊院外立楼阁的布局（设角楼）

《五台山图》多个寺院为廊院外立楼阁的布局形式（图7-6），如大贤之寺、大法华之寺（即今尊胜寺下院）、大王子之寺（即今寿宁寺）。这类寺院的主体仍是以带角楼的回廊环绕形成院落，院内中心置二层佛阁，与以上布局形式的不同之处在于廊院外后方增设了一座二层佛阁。

5. 一正两配式布局（设角楼）

一正两配式布局在隋代时就已出现，唐代这一配置方法得到延续，在《五台山图》中的大清凉之寺与大金阁之寺中得到体现，两寺做法稍有不同（图7-7）。

大清凉之寺的正殿左侧置三层楼阁，右侧为二层佛阁。大金阁之寺除在正殿两侧对称设置二层楼阁作为配殿外还于廊院外立一座三层高的楼阁，此阁与圆仁《入唐求法巡礼行记》所载的文殊阁形式相符，为"会昌灭佛"之前的形制，清华大学王贵祥教授对此佛阁进行了复原（图7-8）。

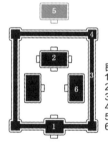

图例
1. 三门
2. 佛殿
3. 回廊
4. 角楼
5. 殿阁
6. 配殿

大清凉之寺

图7-7 一正两配式布局寺院
（图片来源：模式图为自绘，寺院图来自数字敦煌网站）

大金阁之寺

图7-7 一正两配式布局寺院（续）
（图片来源：模式图为自绘，寺院图来自数字敦煌网站）

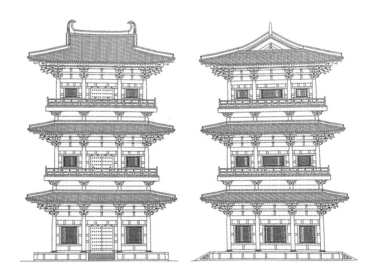

图7-8 金阁寺文殊阁立面推想图
（图片来源：引自王贵祥《中国汉传佛教建筑史》）

图7-9 日本飞鸟寺寺院格局
（图片来源：自绘）

一正两配式布局在南北朝隋代就已出现，随着佛教文化的传播影响到日本寺院的建设和平面布局的形式。建于日本崇峻天皇元年（588年）的一塔三堂式的飞鸟寺正是处于吸收中国佛教文化的历史时期，从图7-9飞鸟寺的平面格局中可以看出它与《五台山图》中大金阁寺的平面布局有些相似之处。

（二）明清时期的寺院布局

明清时期五台山一些重要寺院的布局情况在清乾隆年武英殿刻的《钦定清凉山志》中有较为详细的记载（表7-1）。

表7-1 清代五台山寺院布局相关记载

寺院类型	寺院名称	《钦定清凉山志》中相关记载
大型寺院	大显通寺	"内外山门六楹，钟鼓楼各一，文殊殿五楹，大雄宝殿五楹，无梁殿七楹，千佛殿三楹，铜殿一区，铜塔五座，前后配殿四十楹，后阁五楹，藏经楼二所，禅舍僧房二百四楹。本朝康熙二十六年发帑重建仍名显通寺"
	大宝塔寺	"内有佛舍利塔，左有文殊塔佛祖碑，后有转轮藏，内外山门六楹，钟鼓楼各一，延寿殿五楹配庑六楹，藏经楼五楹，禅房僧舍三十四楹，山门外千佛阁三楹，文殊殿三楹，龙王祠三楹，僧房七十楹，寺旁精舍三楹"
	大圆照寺	"山门五楹，钟鼓楼各一，前殿三楹，大殿三楹，配殿六楹，配庑禅房九十楹"
	大广宗寺	"山门三楹，钟鼓楼各一，文殊殿五楹，铜殿三楹，配庑僧房四十楹"
	罗睺寺	"山门三楹，钟鼓楼各一，文殊殿三楹，都纲殿五楹，后阁五楹，前后配庑六十楹，山楼十楹，僧房六十八楹，寺后有转轮阁。本朝康熙四十五年重建"
	殊像寺	"山门三楹，钟鼓楼各一，大殿三楹，后殿五楹，大悲阁三楹，配庑二十二楹，僧舍二十四楹，旁有精舍、敞轩三楹，山楼三楹。……康熙……三十六年发帑重建，乾隆十一年发帑重修"
	大螺顶	"山门三楹，文殊殿三楹，后殿五楹，配庑十四楹，僧舍十楹，寺旁精舍六楹。本朝乾隆十五年发帑重修"
	清凉寺	"山门三楹，钟鼓楼各一，坊一，亭一，前殿三楹，正殿三楹，前后配庑二十四楹，僧舍三十三楹。寺旁有精舍，正殿三楹，配庑、轩亭十八楹"
小型寺院	中台演教寺	"山门三楹，正殿三楹，配庑六楹，本朝康熙二十二年发帑重建"
	东台望海寺	"山门三楹，前殿五楹，后殿三楹，配庑三楹，僧房三楹，龙王祠一楹，本朝康熙二十三年发帑重建"
	西台法雷寺	"山门一楹，前殿三楹，后殿三楹，配庑六楹，本朝康熙二十二年发帑重建"
	南台普济寺	"山门三楹，正殿三楹，文殊殿三楹，配庑十楹，山房六楹。寺旁精舍三楹。本朝康熙二十二年发帑重建"
	北台灵应寺	"山门三楹，正殿三楹，配庑六楹，配庑十楹，后庑三楹，龙池三楹，僧舍七楹。本朝康熙二十二年发帑重建"
	明月池	"山门三楹，坊一，文殊殿三楹，配庑十二楹，僧舍五楹。池旁精舍三楹，敞轩三十六楹，层峦翠霭，楼阁参差，镜影澄波，与月上下，为台山最盛处"

综合上述大小寺院空间构成，可以看出这一时期五台山寺院具有以下几个特点：

第一，中轴线两侧不再设回廊院，而多是以左右配殿或配庑围合成合院模式；

第二，中轴线建筑延续古代寺院规制，有一进、二进、三进甚至更多进院落的布局方式；

第三，寺院建筑左右两序更加程式化，如山门以内配置钟鼓楼，中轴线殿堂前左右配置配庑或配殿等；

第四，寺院出现园林化的趋势，一些寺院旁设有敞轩、山楼、轩亭，增加了寺院的园林意趣，如殊像寺、明月池等；

第五，大宝塔寺、大螺顶、清凉寺、普济寺、明月池等寺院旁设精舍作为僧人修行之地，也为许多文人雅士提供避世安养之所。

二、现存寺院空间布局方式

五台山现存寺院的空间布局基本延续了明清时期的空间布局特征,例如大显通寺与《钦定清凉山志》中描述基本相同,也有寺院在清后期或民国时期进行了改建,如乾隆年间殊像寺中轴建筑分布为山门、大殿(三楹)、后殿(五楹)、大悲阁,现存主殿大文殊殿为五开间,但殿前并无大殿之设,殿后亦非大悲阁,可见经历近现代和当代,五台山一些寺院布局也有了一些变化。为了解当代五台山寺院空间布局,本文选取了36座重要的现存寺院,以研究不同地形条件下寺院建筑布局形式,按照寺院形成的原因和布局特征可概括为轴线控制型、洞穴主导型两类。

(一)轴线控制型

早在母系氏族时期,中国先民已经初步具有轴线对称的概念,并以此指导聚落布局和房屋建设,这种布局方式充分体现了古人的宇宙观和对礼制秩序的尊崇,此后中轴线逐步成为古代城市规划和建筑设计的重要特征。五台山大多数寺院采用了轴线控制式的布局方式,按照纵轴的数量和状态又可划分为单一主轴式、主副轴并存式、主轴局部偏移式三类(表7-2)。

表7-2 五台山寺院布局模式分类及对应寺院数量

寺院布局模式		寺院数量	所占比例	合计
轴线控制型布局	单一主轴型	22	61.1%	88.9%
	主副轴并存型	5	13.9%	
	主轴线局部偏移型	2	5.6%	
	原址新建的现代寺院	3	8.3%	
洞穴主导型布局	无轴线控制型	2	5.5%	11.1%
	轴线控制型	1	2.8%	
	混合型	1	2.8%	
总数		36	100.0%	100.0%

1. 单一主轴式

单一主轴式的寺院布局是五台山最普遍的一种形式,数量占研究对象总数的61.1%。采用这种布局形式的寺院规模较为灵活,轴线的长度由寺院的规模确定,可以形成深度很大又富有变化的空间。按照沿主轴线院落数量的多少,可将五台山寺院划分为单进院落式布局、二进院落式布局、三进院落式布局和多进院落式布局。

第一,单进院落式布局

单进院落式寺院的布局结构最为简合计单,规模最小,这一类型的寺院有妙德庵、观海寺及梵仙山灵应寺,寺院面积皆在3000平方米以下(图7-10)。

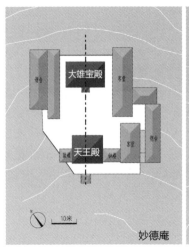
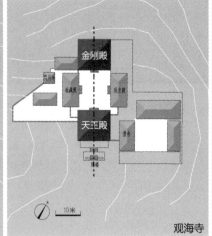
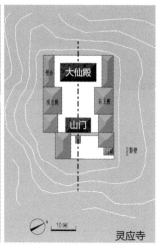

图7-10 单进院落寺院布局
（图片来源：自绘）

这类寺院内的佛殿类型尽量简化，寺院中仅设一座主殿，观海寺、灵应寺，甚至没有设置钟鼓楼。妙德庵仅有大雄宝殿作为礼佛空间，其他以居住生活类建筑为主。观海寺位于谷地一侧的凹地中，由于地形限制，无法构建常规的寺院殿宇体系，故予以简化，寺院内不设大雄宝殿，以金刚殿作为主殿，两侧配以地藏殿和观音殿。位于梵仙山顶的灵应寺，建设面积有限，将主殿设为双层楼阁，其下层为三间石碹窑洞，上层为木结构建筑，皆供胡仙，两侧配殿供奉文殊、地藏、观音、太上老君等佛道仙家，反映了五台山地区民间信仰与佛、道两教的融合。

第二，二进院落式布局

二进院落的寺院有广宗寺、寿宁寺、宝华寺、凤林寺、白云寺、清凉寺、古佛寺、下善财洞、万佛阁、大文殊寺等。这类寺院一般都包含天王殿、钟鼓楼、大雄宝殿和其他佛殿在内的较完整的殿宇体系。

从二进院落寺院的平面布局上看，多个寺院在有限的院落空间中心安置佛教建筑或佛教圣物（图7-11），例如寿宁寺第一进院正中的六角文殊殿，宝华寺第一进院落中设置的佛塔，清凉寺第二进院中的清凉石。这一手段增强了院落的向心性和聚合效应，形成视觉中心，在有限的院落空间之中增加了景观体验和宗教感知的层次。

寺院平面形态受地形影响极大，如位于制高空间的寿宁寺，寺院长宽比为1:1.16，位于山麓或坡地空间、中轴线与等高线垂直的广宗寺、宝华寺、凤林寺等寺院长宽比在0.8~1.1之间，寺院形态多数趋近于方形，寺院内部高差通过各进院之间的台阶和坡道解决。近代重建的白云寺和凤林寺，基地存在明显的高差，通过将地形台地化处理形成适宜寺院建设的基址，使天王殿到最后一座大殿地坪标高递增，强化了主要建筑的地位与体量，形成层次丰富的立面效果，这种高差处理手法在五台山许多寺院中均有应用。

清凉寺西临清凉谷，位于谷地东侧坡度较大的坡地空间，无法设置垂直等高线方向的轴线，因此将寺院中轴线与等高线平行设置，寺院长宽比

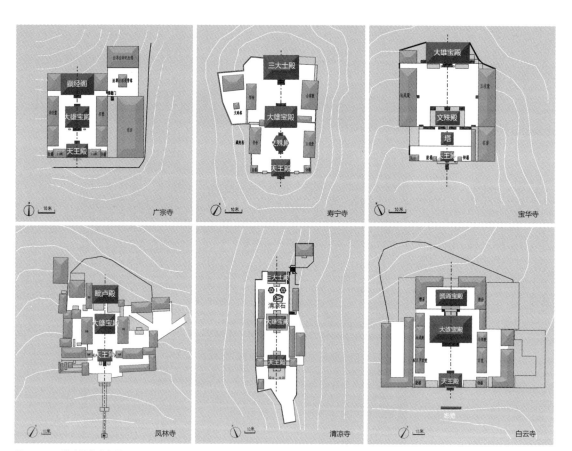

图7-11 二进院落寺院布局
（图片来源：根据实地踏勘自绘）

约为2.5∶1，形态偏瘦长。现有建筑为近代恢复，清建殿宇毁于"文化大革命"期间。寺院南北各进院之间无明显高差变化，在东北角山地高处新建玉皇殿，在寺院西北侧新建大型殿宇（图7-12下图）。

万佛阁布局较为特殊（图7-13），未设置山门、天王殿、钟鼓楼等建筑，第一进院落主殿为龙王殿，供奉五龙王[①]。传说五龙王喜爱看大戏，因此龙王殿正南建有戏台，在年节、庙会有定期的演出，是一种特殊的杂糅了地方信仰而采用的"娱神"形式的寺院布局方式。龙王殿东侧万佛阁高度与体量虽大于龙王殿，但在位置上仍为从属，可见五台山"五龙王信仰"的地位和影响力。

第三，三进院落式布局

三进院落的寺院有碧山寺、殊像寺、集福寺、广仁寺、广华寺、慈福寺等（图7-14），除建有天王殿、钟鼓楼、大雄宝殿、文殊殿等常规殿阁外，开始出现藏经阁（楼）的设置。

从平面布局与地形的关系来看，碧山寺、广仁寺与广华寺的基址位于空间舒朗的缓坡，主要院落空间纵横向长度比为2～3之间。集福寺与殊像寺所在基址坡度较陡，近年加建的房屋或院落布置于主要礼佛空间两侧，使得院落的纵向及横向的长度比趋近于1∶1。

---

① "龙王"一词最早随佛经传入，在中国本土原有的龙的形象基础上不断地丰富和完善，最终成为在儒、释、道以及民间信仰中都占有重要地位的神灵。五台山的五龙王传说历史悠久，唐代《古清凉传》宋代《广清凉传》《续清凉传》等史志中多有记载。发展到今天，形成了以"五爷"为代表的独具特色的龙王信仰，带有浓厚的民间信仰色彩。

图7-12 清凉寺

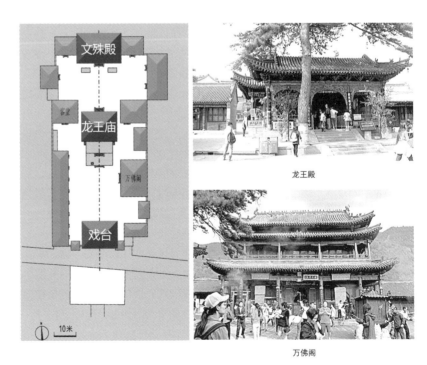

图7-13 万佛阁平面图及重要佛殿

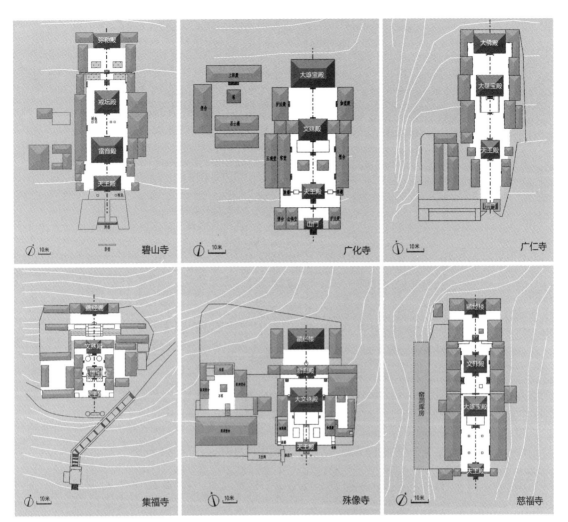

图7-14 三进院落寺院布局
(图片来源:根据实地测量自绘)

慈福寺的中轴线与等高线平行,在建筑与地形关系的处理上与清凉寺相似,慈福寺院落空间纵横向长度比约为2.6:1,平面形态呈矩形,利用西侧山体陡坎挖建窑洞库房,东侧视野开阔可眺望山景(图7-15)。

集福寺最后一座大殿藏经阁为近代新建,与文殊殿地坪高差约为12米,平面距离仅为18米,为了在有限的空间中处解决高差,原先的自然坡地被改造成台地,中部设剪刀式楼梯、两侧设双折式楼梯以组织交通游线(图7-16)。顶部和中间的台层都建了殿阁,达到了丰富立面构图、增强建筑与环境的融合度的作用,形成寺包山的整体建筑形象特征。

除集福寺之外,其他三进院落及寺院最后一进院落均由中间的佛殿和两侧配殿围合,个别寺院末端甚至被处理成独立的小院,正对佛殿设置了垂花门、围墙,佛殿两侧设对称的配房,如碧山寺(图7-17)、慈福寺。

图7-15 慈福寺

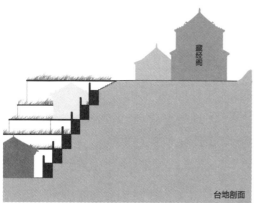

图7-16 集福寺后方台地

图7-17 碧山寺最后一进院落入口

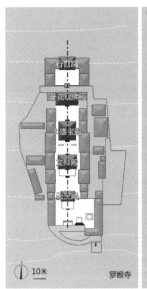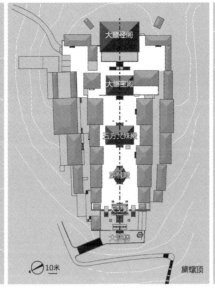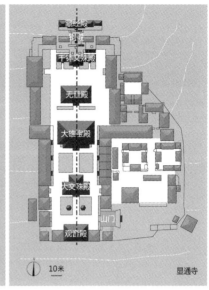

图7-18 多进院落寺院布局
（图片来源：根据实地测绘自绘）

第四，多进院落式布局

多进院落式布局的寺院共有三个（图7-18），分别为四进院的罗睺寺、五进院的黛螺顶和六进院的显通寺。在这些寺院规模较大、形制较高，因此出现了许多构建方式颇有特色的佛殿，如罗睺寺的开花现佛殿，黛螺顶的六角旃檀殿、五方文殊殿，显通寺的无量殿、千钵文殊殿和铜殿等，这些佛殿不仅是五台山重要的历史文物，更是我国佛教建筑中的珍品。

开花现佛殿是罗睺寺中轴线上的第四间大殿，殿中央有一个塑于清代的木质彩绘大莲花，平时，花瓣紧合成莲苞状，当莲花花茎下方连接的大圆盘转动时，花瓣会打开，现出中央四尊背靠背端坐的阿弥陀佛像，故名"开花现佛"。这一有趣的佛像形式吸引了众多佛教徒前来朝拜，是五台山弘法形式世俗化、趣味化的体现。

黛螺顶旃檀殿是一座六角重檐攒尖顶的建筑（图7-19），殿内供释迦牟尼站像而非常见的跌坐形象，其建筑形象相较普通佛殿，体量小巧，造型活泼，在五台山寺院群中独树一帜，营造出与众不同的寺院空间体验。旃檀殿后为单檐歇山顶的五方文殊殿，殿内集五台五座文殊法像于一室。乾隆五十七年（1792年），清高宗第五次朝台时在黛螺顶一次性拜访了五方文殊，开创了五台山"小朝台"之先例，赋予游览黛螺顶独特的宗教意义。

无量殿和铜殿是显通寺中识别性最高的建筑（图7-20、图7-21）。无量殿是一座明建砖石结构建筑，殿内塑卢舍那佛。外观为两层歇山顶楼阁，实际为三孔砖券的穹隆拱洞，四壁全用青砖砌就，拱壁为山墙，山墙

图7-19 黛螺顶旃檀殿

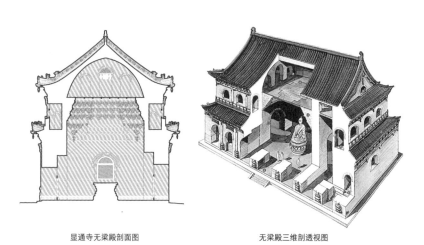

显通寺无梁殿剖面图　　　　　无梁殿三维剖透视图

图7-20 显通寺无量殿
（图片来源：左图为清华大学建筑学院建筑历史与文物建筑保护研究所测绘图，右图引自《穿墙透壁：剖视中国经典古建筑》）

图7-21　显通寺铜殿

上又开有拱门,将三孔拱券串联在一起。券洞由一块块青砖垒砌,利用力学原理,边上边缩,虽殿内没有梁柱,通高却达20.3米,是五台山砖石建筑的杰作。无量殿后为千钵文殊殿,建筑形式为单檐硬山顶,内供铜铸千手千钵文殊法像。文殊殿后的清凉妙高处上有一座明万历年间铸造的青铜殿,外观为歇山顶二层楼阁,内里为孤顶殿堂,供有高约1米的狮像,周围铜壁上铸满了一万尊质鎏金小佛像。

2. 主副轴并存式

随着寺院僧众的增多,由于受到周边其他寺院或地形的限制,单一轴线式的布局难以满足日益增长的使用需求,便出现主副轴并存的寺院结构。这种组织方式的寺院体量庞大,层次分明,结构整齐有序。属于此类型结构的寺院有普化寺、龙泉寺、塔院寺、金阁寺、镇海寺等。按照轴线数量的不同可分为一主一副式布局和一主多副式布局。

(1) 一主一副式布局

金阁寺、塔院寺属于典型的一主轴一副轴的布局形式(图7-22)。金阁寺主轴所在的各进院落之间有较大的高差变化,两进院落之间空间独立,金阁寺被处理成三个平台,第一层平台较宽阔,北侧为双层建筑,下层为十九眼石碹窑洞僧舍,上层筑有十九间木构建筑作为供奉佛、菩萨、罗汉的佛堂,中间的一眼窑洞设门,内砌石台阶可通往第二层平台和大雄宝殿,这排楼殿是衔接院落之间高差的边界;二层平台分为中间以大雄宝殿为核心的一进主院落以及与之平行的两边侧院;第三层平台以高峻的挡土墙砌成,居中设卧佛殿,成为寺院制高点。三层院落层层递进,院落空间的大小变化影响了人的观景体验,形成放一收一放的景观感知节奏,朝圣氛围逐步得到烘托。

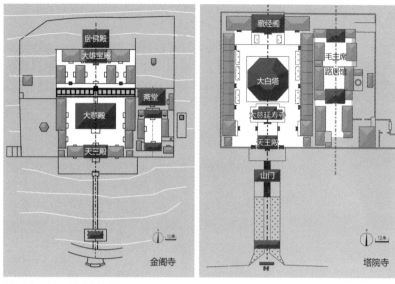

图7-22 一主一副式布局的寺院
（图片来源：根据实地测量自绘）

塔院寺主轴控制的两进院落间无明显高差变化。核心院落空间为塔殿共轴式布局，位于大慈延寿宝殿和大藏经阁之间的大白塔是寺院的中心，通高75.3米，庞大的体量使它成为台怀地区的视觉标志物。塔院东侧为平行于主院的三进院落，1948年毛泽东主席曾路居于北端的方丈院，故此殿又称"毛主席路居馆"。

（2）一主多副式布局

普化寺、龙泉寺、镇海寺属于一主轴多副轴的布局形式（图7-23），主轴上佛殿的规模和轴线的尺度均高于副轴。

普化寺位于清水河东侧山脚下，地势平坦，原为玉皇庙。民国十四年（1925年）在玉皇庙的废墟上重建，经多次加建改建形成如今平面形态均衡对称的寺院格局。院落结构由一主轴三次轴控制，中院为主，左右各有院落护持，形成四轴并排的格局。主轴线上自西向东布置了天王殿、大雄

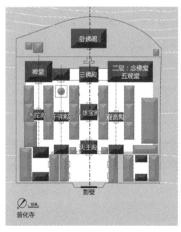 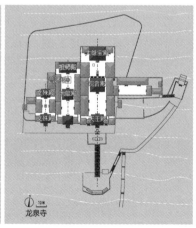 

图7-23 一主多副式布局的寺院

宝殿、三佛殿（图7-24），南北两侧设二层楼阁，楼廊之间以券洞相通。为增强主轴线游览的仪式感，寺院后部依山建挡土高台并设置重檐歇山顶卧佛阁，作为主轴线的终点。次轴院落尺度与主轴院落尺度虽然差别不大，但殿宇体量和配房尺度明显小于主要院落，以此来突出主轴线院落空间的控制性地位（图7-25）。

图7-24　普化寺主要轴线上的三佛殿

图7-25　普化寺次要轴线上的观音殿

图7-26　龙泉寺内空间连接处
（图片来源：照片为自摄，左图为自绘）

龙泉寺位于车沟北侧山坡，平面轴线布局为一主轴两副轴式。西侧与中间的轴线前端各有一座山门与东侧轴线前端的天王殿并排，三个院落各自独立，入内有券门将各个院落相勾连成为一体。东侧主轴线两组院落高程不同，挡土高台上砌筑砖墙分隔两进院落，以台阶连接，墙上开券洞作为第二进院的入口，上行台阶正对垂花门一座，起到障景的作用，避免大雄宝殿直接进入视线范围，增加了二进院的空间层次（图7-26）。主轴线第一进院落主殿为观音殿，西侧院落布置岫净文公大和尚之塔与文殊殿，中间院落自南向北依次布置地藏殿、普济和尚墓塔和祖师殿。文殊殿与地藏殿居于次要地位，可见龙泉寺是一座主要供奉观音菩萨的寺院。

镇海寺位于一个山咀底部，与两侧环抱的山峰呈"二龙戏珠"之势，寺院主轴线是对山咀脊线的延续，两边的侧院轮廓凸显了"山咀"地形特征。主轴线上从前到后依次设置天王殿、大雄宝殿、观音殿为主殿的三重院落，第二进院被置于高出地坪1.35米的台层之上，使中轴线上的建筑被抬高，建筑天际线呼应了背景山体的轮廓，山脊成为寺院主轴线位置的重要参照（图7-27）。

3．主轴线局部偏移式

单一主轴式寺院在发展过程中会根据自身的需求在轴线末端进行加建扩建，由于地形和空间条件限制，新建院落轴线偏移主轴一定距离，形成了主轴局部偏移型的平面布局，菩萨顶、圆照寺的平面布局都属于这一类型。

菩萨顶寺院空间（图7-28）可划分为前院、中院和后院，前、中院为礼佛公共空间，山门、天王殿、大雄宝殿及大文殊殿沿寺院主轴分布。由于寺院位于灵鹫峰顶，东西两侧坡度较大，无充足空间营建僧人生活建筑，只能在寺院后方平坦地区建包括五观堂、僧舍在内的起居空间。

为了明确空间主次关系，避免生活空间对礼佛空间产生干扰，后院在设置时采用了轴线偏移和交通路线分离两种手段：前者是指轴线在主轴的基础上向西偏移12米左右，在平面布局上予以区分；后者指通过整理地形，将中院与后院置于两个高程相差7米的台层上，两院间交通联系通过院落西部独立的通道进行组织，即先通过大文殊殿东的大乘门和台阶到达寺院西部通道（图7-29），再通过僧舍中部的门洞到达大锅院。

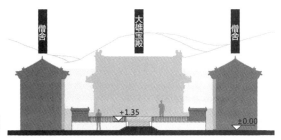

图7-27 镇海寺第一进院落正立面（图中标高仅示意相对标高）

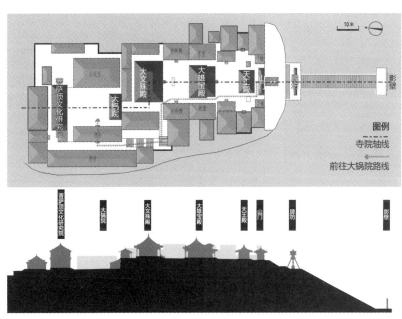

图7-28 菩萨顶平面及剖面图

图7-29 菩萨顶西侧通往后院的路线

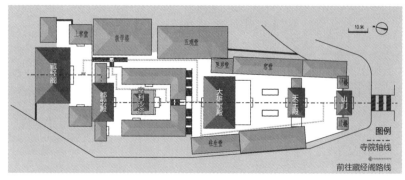

图7-30 圆照寺平面图及剖面图
（图片来源：自绘）

圆照寺由四进院落构成（图7-30），前两进院位于同一台层上，第三进院为第二台层，与前两进院有4.5米高差，由四周回廊围合成独立院落，通过南侧的楼梯与第二进院连接。这三进院落中的山门、天王殿、室利沙塔、都纲殿位于同一轴线上。由于轴线北端地形的限制和消化高差的需要，第三级台层上藏经楼的选址由中轴线向东偏移了11米，形成现在的寺院平面格局。

4．原址新建的现代寺院

近年新建成的竹林寺、普寿寺等寺院，反映了五台山现代寺院的特点和寺院更新的趋势。

竹林寺始建于唐朝，建寺以来几经兴废，按照清《钦定清凉山志》中记载："山门三楹，钟鼓楼各一，前庑三楹，前殿五楹，配殿十六楹，后阁五楹，山楼十二楹，僧舍十五楹。"乾隆年间寺院为两进院落布局，到20世纪80年代仅存明代重修的释迦牟尼佛舍利塔一座，如今的寺院为近代重建，属于原址新建的现代寺院。

新寺规模极大，占地10.67公顷，建筑布局有明显的中轴线控制（图7-31），院落空间围合感较小。寺院从低向高划分为四级台层，依次分布着天王殿、文殊宝殿、大雄宝殿和藏经楼，两侧为综合教学楼、五会念佛堂、五观堂、尊客堂等法务活动场所。可见现代寺院的功能随着时代的发展，在传统寺院的基础上也进行了扩展。

普寿寺亦作五台山尼众律学院，也是今年新建的仿古寺院，总占地面积4.33公顷，分为东西两院，各有一主轴控制（图7-32）。西院规模较小，为佛学院诫学部，由四组院落构成，中轴线从南到北分别为山门、

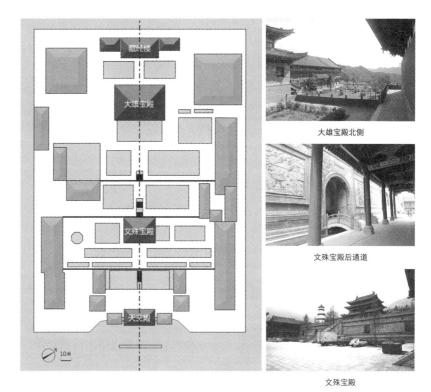

图7-31 竹林寺平面及寺院照片

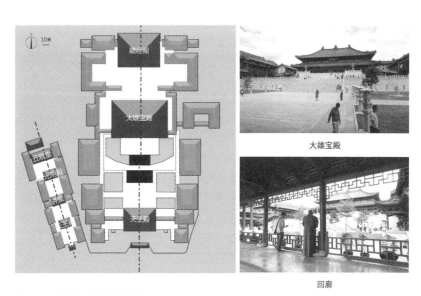

图7-32 普寿寺平面及寺院照片

天王殿、讲堂、普光明殿、五观堂。东院偌大,沿中轴线由低向高依次布有天王殿、大雄宝殿、藏经阁。主殿大雄宝殿为重檐庑殿顶建筑,面阔九间,四周出廊,建在极高的台基之上,周有围廊连接主殿及东西两侧的配殿,具有盛唐时期廊院式布局的特征。

比较两寺的平面布局可以发现，竹林寺殿阁之间距离过大，布局零散，建筑界定空间的作用被削弱，导致传统寺院的院落围合感消失。普寿寺建筑的布局相较更为紧凑，建筑与院落的尺度比例较竹林寺更加协调，回廊与高台的设置强化了院落形态，突出了主殿的地位。虽然与菩萨顶、显通寺等格局紧凑的历史寺院风格大相径庭，却展示了一座气势巍峨的仿古寺院的风貌，将现代佛教教学空间与传统佛事活动空间紧密地融合在一起，成为五台山现代寺院建设的良好案例。

（二）洞穴主导型

天然洞穴是一类充满神秘感的特殊空间，常被当成宗教中的神圣场所。五台山的一些洞穴或是伴有菩萨显圣的灵迹，或是具有特殊的形态构造，或是高僧修行的居所。一些洞穴旁会建设寺院，并以洞命名该寺，如善财洞、佛母洞、文殊洞、观音洞、地藏洞、普贤洞等等，呈现出地质景观"圣迹化"的现象。

五台山有些洞穴位于山腰或接近山顶，依洞而建的寺院往往因山就势，建在坡地上，如上善财洞、佛母洞；有些洞穴所在的坡地离地面位置较远，但坡陡多山石，不适合因山构建常规寺院，便在平地建造寺院，通过登山步道将洞穴灵迹与核心空间连接起来，这一类的寺院有观音洞、地藏洞等；有些洞穴位于离地面很近的山麓，寺院便建在平坦地面上，通过台阶步道连接寺院和洞窟，如文殊洞。

洞穴所处的山位不仅决定了寺院的选址，也对寺院的建筑布局形式产生影响。根据各寺院建筑布局的特征，又可将洞穴主导型寺院划分无轴线控制式布局、轴线控制式布局以及混合式布局三类。

1. 无轴线控制式

无轴线控制的寺院多位于视野开阔的陡坡峭壁之上，在强调主殿地位的基础上，不拘泥于常规寺院中轴式的布局方式，根据地形特征沿等高线排布建筑，使建筑群组与环境良好融合为一体，因地制宜地形成主次有序的寺院空间，采用此类布局的寺院有上善财洞、佛母洞等。

上善财洞坐落在黛螺顶半山麓陡峭的绝壁之上（图7-33），因石洞中掘出包括善财童子像在内的三尊铜像而在此建寺供奉。寺院距离山脚下的下善财洞有百余米，由山下向上望去，可以看到掩映在绿树林荫中的夯土台基与红墙灰瓦。

从平面布局来看，上善财洞的寺院山门朝北，山门南侧各殿沿坡地展开分布，自北向南依次为僧舍、双塔、天王殿、大文殊殿、大雄宝殿、华严三圣殿、善财洞、后山门，寺院平面呈弧形条带状，东西窄而南北长，殿前修建狭长平台，形成单线式的游览线路，亦可驻栏远眺。除天王殿坐南朝北面向山门，其他各殿均背山面台怀，尤以大文殊殿和大雄宝殿视野最佳，可与塔院寺大白塔构建视觉通廊。

佛母洞位于五台山南台东南支脉接近山顶的地方，是一个天然石灰岩洞穴，与五台山其他结构简单的石洞不同，佛母洞由外洞、接口、内洞三部分构成。外洞高约3米，宽约2米，由外向内逐渐收缩，在外洞尽头的洞

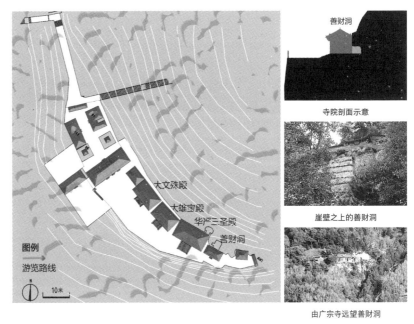

图7-33 上善财洞平面、剖面及远景图

壁有一个小口,即进入内洞的接口,洞口狭窄呈管状,斜向上延伸1米左右,仅允许一人爬钻而入。内洞可容纳5~6人,其小口大腹的特征与中国传统文化中的"壶中天地"空间模式相似。佛教徒将佛母洞拟为佛母的肚腹或子宫,象征佛教世界,入口好比子宫颈,是连接世俗世界与佛教世界的通道,这样一来普通的石洞就被赋予了非凡的宗教意义。这种将洞穴视为子宫的宗教观点不仅出现在汉传佛教和藏传佛教,也见于印度教以及柬埔寨和日本土著宗教中。佛母洞独特的佛教文化意蕴促成了寺院的建设(图7-34)。该寺始建于明初,上有危崖,下有险坡,佛殿建筑均建在人工构筑的台崖之上,主要佛殿建筑坐北向南,如主殿观音殿、玉佛殿以及背依佛母洞建于高台之上的佛母殿。由于许多游客慕名来此朝觐洞穴,佛母洞成为五台山最聚人气的寺院之一。为了增加游客容量,近代对寺院进行了重建,增设索道,增大寺院规模,人造高台平均宽度40米,东西延绵150余米长。

从佛母洞2004年及2014年寺院航拍图对比来看(图7-35),单体建筑的体量和寺院规模都变大了。可见,随着五台山佛教的壮大和旅游产业的发展,佛母洞扩建量很大。从景观效果角度来看,过大的建筑体量和生硬的游线组织方式破坏了原有选址的风景美学和风景文化内涵。从生态环境保护角度来看,非理性扩建难免对自然山体和植被产生不可逆的破坏,从而导致大量的岩壁裸露在外,加重了山体水土流失的现象,同时也会威胁到寺院的环境安全。因此在寺院改建时,应尊重寺院选址的原有景观意趣,严禁大规模改扩建,做好规划方案的审查和审批工作。

图7-34 佛母洞平面及远景图

2004年寺院规模

2014年寺院规模（同比例）

图7-35 佛母洞寺院规模的扩大
（图片来源：Google Earth）

2. 轴线控制式

这类寺院具有明确的中轴线，并由其主导建筑的布局，洞穴离寺院核心空间较近，不影响寺院平面布局的均衡性，代表寺院为文殊洞。

文殊洞坐落在东台脚下，背山面壑（图7-36），传说文殊菩萨曾在此洞中修行，《清凉山志》更记载伏虎罗汉常住此洞中，教化众生，最终坐化于此，僧俗见文殊菩萨骑狮像在此显现。因此，从古至今有无数信徒慕名前来洞中闭关修炼，以获加持。

寺院外望向天王殿　　　　　　　　　高台上的文殊殿

图7-36　文殊洞平面及照片

　　文殊洞为2006年恢复重建，基址平缓，布局规整。核心礼佛空间由天王殿、大雄宝殿和两侧的祖堂、客堂围合而成，天王殿外的砖石影壁和方形水池共同强调了寺院主轴线，其他院落依等高线走向横向延展，形成五个大小相仿、功能和氛围各异的院落空间。文殊洞位于寺院北端的小山坳中，与核心院落有一定高差，因此在洞前修殿，佛殿建筑包裹在岩腹之外，进入洞内，给人一种别有洞天的幽静之感，殿外筑高台，以台阶步道连接寺院主空间与洞穴。

3. 混合式

　　混合式布局是指轴线控制式布局与因山就势的无轴线控制式布局的结合，栖贤谷的观音洞、地藏洞属于此类。规整的寺院部分建于山麓平地，洞穴位于陡峭山坡上，离寺院部分有一定的距离，以攀山蹬道将洞穴纳入游览体系中，通过建筑与园林手段的点缀将两种不同的空间类型串联起来。

　　观音洞传说是观音显灵的地方，故因洞建寺。寺院包括两部分：下院为中轴对称式布局，以大雄宝殿为正殿，两侧有客房、僧寮等配房陪衬，是大型佛事活动开展的场所；上院是在地形狭窄、难容弹丸的崖壁上营建的五座殿堂和一座观景亭，按照高程排布，其自下而上顺序依次为五爷殿、观音殿、观音亭、观音洞、闭关院（图7-37）。

　　大雄宝殿正后方有一段延续中轴线的石台阶，过渡到沿崖壁而建的登山石径，台阶狭窄蜿蜒，仅允许一人通过。最先抵达的是五爷殿小院，建筑坐北朝南，背靠危岩，殿前有狭窄平台；再往上行，为观音殿，从东侧

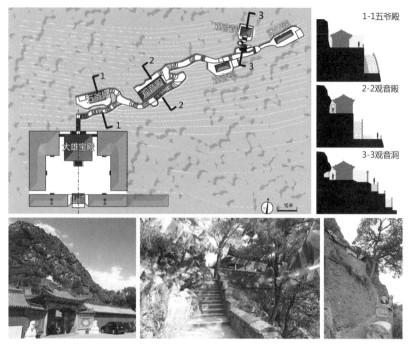

图7-37 观音洞平面、剖面及照片

洞门进入是墙壁和石壁之间不足三尺的院道；出观音殿前行20余米为一单檐歇山顶木亭，建在突出的石壁上，前无林木遮挡，视野开阔，垂直视角最大；山崖中腰的石径终端，是观音洞及洞前大殿所在的小院，院前为Z字形的台阶蹬道，东侧为十三世达赖喇嘛坐静的闭关院。

单调的岩壁之上，精心布置了曲折高下的游览路径，虽然这条石径水平距离仅一百余米，但通过与地形的契合、转弯处小型平台的布置、建筑前逗留空间的预留，产生了若干可从不同角度、高度、方向观赏风景的视点，景观之间有高低、远近之参差错落，形成了立体的景观因借关系，可见构景之匠心。

三、寺院布局中的建筑元素

五台山现存历史佛教建筑中，仅南禅寺大殿与佛光寺大殿为唐代建筑，少数寺院保留了宋、金、元遗构，绝大多数存留至今的历史建筑建于明清及民国时期。

寺院内的建筑型能够满足礼佛、修行、生活起居、服务接待等多种功能，诸寺院的建筑类型与空间配置虽有差异性，但也有共性可循。因此，在这里对现存寺院的建筑类型进行扼要梳理，按照建筑形式可分为殿阁与佛塔两类，其中前者又可分为主要殿阁建筑、主轴两侧与主要殿阁相配置的殿阁。

（一）主要殿阁

大多数主要殿阁位于寺院中轴线上，包括寺院内礼拜祭祀类建筑，如天王殿、大雄宝殿、菩萨殿、戒坛殿及其他佛殿，藏经阁多为寺院轴线上的最后一座建筑，也将其作为主要殿阁。

1. 天王殿

南北朝时期，四天王信仰开始兴起。后至唐代中叶，毗沙门天王信仰在北方流布，天王造像的情况或寺院内设置天王堂的现象开始普遍。至宋元时期的寺院中仍有天王堂之设。到明代，天王堂渐趋势微，而天王殿作为一种全新的建筑类型在汉传佛教寺院的主轴线上出现。

天王殿的出现使山门不需要那么突出，因此，一些寺院开始将天王殿与山门结合设置，天王殿成为具有山门的门径作用以及护法作用的门殿类建筑。殿内一般于正中供奉着弥勒塑像，其背面供奉守护寺院的韦驮天尊塑像，殿内左右供奉着四大天王。

五台山天王殿一般为单檐歇山或硬山顶，面阔三间，大多数寺院都是将天王殿与山门结合设置，作为寺院入口门殿。如妙德庵、观海寺、广宗寺、寿宁寺、宝华寺、凤林寺、白云寺、清凉寺、碧山寺、慈福寺、殊像寺、金阁寺、普化寺、龙泉寺、镇海寺、集福寺、黛螺顶、文殊洞等寺院都属于此类型；同时设立山门和天王殿的寺院有菩萨顶（图7-38）、罗睺寺、塔院寺、圆照寺、广华寺、广仁寺、善财洞上院等；不设天王殿的寺院较少，有佛光寺、显通寺、万佛阁、普寿寺尼众佛学院、灵应寺（梵仙山）、观音洞等。

2. 大雄宝殿

"大雄"为释迦牟尼的德号，在宋代文献中已有大雄殿或大雄宝殿的称谓，到明代时，寺院常见以大雄宝殿为正殿的情况。大雄宝殿是举办盛大佛事活动的场所，殿内一般于正中供释迦牟尼佛像，像旁立二比丘像（迦叶、阿难），亦有供三身佛（法身佛毗卢遮那佛、报身佛卢舍那佛、应身佛释迦牟尼佛）、横三世佛（中间释迦牟尼佛、东方药师佛、西方阿弥陀佛）、纵三世佛（过去佛燃灯佛、现在佛释迦牟尼佛、未来佛弥勒佛）、华严三圣（释迦牟尼佛、左胁侍文殊菩萨、右胁侍普贤菩萨）者，殿两侧多

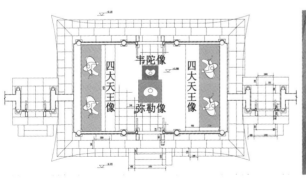 

图7-38　菩萨顶天王殿平面与北立面
（图片来源：左图改绘自清华大学建筑学院建筑历史与文物建筑保护研究所测绘图）

供十八罗汉。佛像背后或供观音、文殊、普贤三大士，或供观音及二童子。

五台山风景名胜区内有20余座寺院中设大雄宝殿（表7-3），部分殿宇图片见图7-39。大雄宝殿内主供像除上述佛像外，个别藏传佛教寺院会在佛像前供奉格鲁派创始人宗喀巴大师与两个弟子，如罗睺寺、广仁寺。佛殿形制从七间重檐庑殿顶到三间单檐歇山顶不等，大部分寺院将大雄宝殿作为主殿，如广宗寺、镇海寺、寿宁寺等。

表7-3　五台山寺院大雄宝殿形制列表

序号	寺名	屋顶	面阔	建筑周边
1	普寿寺（新）	重檐庑殿顶	九间	周围廊
2	显通寺	重檐庑殿顶	七间	前檐出抱厦五间，余各间均出廊
3	白云寺（新）	单檐庑殿顶（仿唐）	七间	—
4	广华寺（新）	重檐歇山顶	七间	周围廊
5	罗睺寺	单檐庑殿顶	五间	前出重檐悬山顶抱厦
6	圆照寺	重檐歇山顶	三间	—
7	清凉寺（新）	重檐歇山顶	三间	—
8	慈福寺	重檐歇山顶	三间	前出单檐歇山顶抱厦
9	观音洞	重檐歇山顶	三间	周围廊
10	文殊洞	重檐歇山顶	三间	前出廊
11	广宗寺	重檐歇山顶	三间	—
12	寿宁寺	单檐庑殿顶	三间	周围廊
13	集福寺	单檐庑殿顶	三间	周围廊
14	广仁寺	单檐歇山顶	三间	前置单檐歇山顶献殿
15	菩萨顶	单檐歇山顶（黄色琉璃瓦）	三间	前檐出重檐抱厦五间，余各间均出廊
16	大文殊寺、普化寺、凤林寺（新）	单檐歇山顶	三间	周围廊
17	镇海寺	单檐歇山顶	三间	—
18	黛螺顶、金阁寺	单檐硬山顶	五间	前出廊

黛螺顶、金阁寺的大雄宝殿为单檐硬山顶，形制较低，不作主殿，位于中轴线后端。近年新建的普寿寺尼众佛学院中的大雄宝殿规模大，规格高，面阔九间，屋顶为重檐歇山顶，超过了明清时期皇家敕建的所有寺院，是目前五台山地区形制最高的佛殿建筑。

3. 菩萨殿

菩萨殿为寺院中专门供奉某一位或多位菩萨的殿宇，常见的有文殊殿、观音殿、普贤殿、地藏殿、三大士殿。

五台山为文殊菩萨道场，因此文殊殿的设置最为普遍（图7-40）。文殊菩萨有多种法像，《文殊般涅泥经》中说："文殊具有三十二相，八十种好，则相好同佛矣。"在五台山，由于文殊像塑造的年代、寺院的派别、呈现的思想不同而呈现出各异的塑制风格，不同寺院的文殊菩萨像有不

| 罗睺寺大雄宝殿 | 菩萨顶大雄宝殿 | 黛螺顶大雄宝殿 |

| 南山寺大雄宝殿 | 普化寺大雄宝殿 | 集福寺大雄宝殿 |

图7-39　五台山寺院大雄宝殿

| 罗睺寺文殊殿 | 殊像寺文殊殿 | 慈福寺文殊殿 |

图7-40　五台山寺院文殊殿

　　同的说法和由来，例如：五台之上分别供奉聪明文殊、智慧文殊、狮子文殊、无垢文殊、孺童文殊，代表五佛五智，合称五方文殊；菩萨顶、罗睺寺、显通寺、塔院寺、殊像寺文殊殿内分别供奉黄文殊、白文殊、绿文殊、黑文殊、蓝文殊，合称五色文殊；显通寺供奉出自《大乘瑜伽金刚性海曼殊室利千臂千钵大教王经》的"千臂千钵千释迦文殊师利菩萨"；还有根据五台山当地传说打造的文殊形象，如吉祥寺手持灯笼的灯笼文殊、菩萨顶左肩插箭的带箭文殊、万佛阁的五龙王文殊等等。各种各样的文殊化身形式，衍生了不同类型的文殊殿，如黛螺顶和殊像寺的五方文殊殿、显通寺千钵文殊殿、吉祥寺灯笼文殊殿、菩萨顶带箭文殊殿等。

　　文殊殿多布置在寺院中轴线上，以突出其地位。有些寺院的文殊殿置于大雄宝殿前，如宝华寺、广华寺、黛螺顶、寿宁寺；一些寺院将文殊殿置于大雄宝殿后，如清凉寺、集福寺、慈福寺、罗睺寺、显通寺和菩萨顶；也有寺院不设大雄宝殿，以文殊殿为主殿，如殊像寺。

　　文殊殿不建在轴线上的典型寺院为佛光寺，该殿建于金天会十五年

① 佛教指接受和理解佛的智慧所证实的道理为"圆通","圆通"也是观音的三十二个法号之一，意是"不偏倚，无阻碍"，圆满通达。

② 北宋宣和元年（1119年），宋徽宗下诏令改称佛为金仙，改称菩萨为大士，其中文殊、观音、普贤三位菩萨合称三大士。三大士殿就是供奉这三位菩萨的佛殿。

（1137年），是五台山现存最早的文殊殿，位于佛光寺第一层平台北侧。南侧原有金建普贤殿与之对称布置，符合华严宗寺院的特征，现已不存。佛光寺文殊殿为五台山最大的文殊殿建筑，面阔七间，进深四间，屋顶为单檐悬山顶，建筑结构采用"减柱造"做法，殿内立柱减少八根，形成了巨大的供奉空间，其采用的大跨度八字枋架作为建筑遗存中的孤例，是我国古代建筑遗产的珍宝。

由于明清时期观音信仰深入人心，五台山一些寺院中专门设置供奉观音菩萨的殿宇，是除文殊殿之外设置数量最多、规格最高的菩萨殿（表7-4）。金阁寺、三泉寺、龙泉寺中都以观音殿为寺院主殿，镇海寺观音殿与白云寺圆通宝殿①被设置在大雄宝殿之后，还有一些设置将观音殿置于配殿位置上，如梵仙山灵应寺、三塔寺、观海寺的观音殿以及设置在崖壁之上的观音洞观音殿。

表7-4　五台山寺院菩萨殿形制列表

殿宇类型	序号	寺名	屋顶	面阔	建筑周边
文殊殿	1	佛光寺	单檐悬山顶	七间（殿内减柱造）	—
	2	殊像寺	重檐歇山顶	五间	—
	3	菩萨顶	单檐庑殿顶	三间	周围廊
	4	显通寺	单檐歇山顶	五间	后檐出抱厦三间，呈向北拜谒大雄宝殿之势
	5	万佛阁	单檐硬山顶	五间	前出廊
	6	广华寺	单檐庑殿顶	三间	周围廊
	7	集福寺	单檐硬山顶	三间	前出廊
	8	慈福寺	单檐歇山顶	三间	周围廊
	9	罗睺寺	单檐歇山顶	三间	周围廊
	10	黛螺顶	单檐歇山顶	三间	周围廊
	11	寿宁寺	六角攒尖顶	—	周围廊
观音殿	1	金阁寺	重檐歇山顶	五间	周围廊
	2	镇海寺	单檐硬山顶	五间	前出廊
	3	显通寺	单檐硬山顶	五间	前出廊
	4	龙泉寺	单檐歇山顶	三间	周围廊

注：表中仅列出位于寺院中轴线上的菩萨殿。

地藏殿在五台山白云寺、明月池、七佛寺等寺院中有设置，多作为配殿出现在轴线两侧，殿宇数量与规模都不及观音殿。

五台山目前没有专门供奉普贤菩萨的殿宇，其塑像多出现在三大士殿②、华严三圣殿或供奉华严三圣的大雄宝殿内。五台山清凉寺和寿宁寺中设置了三大士殿,均为中轴线尽端的最后一座佛殿,显通寺的三大士殿将观音像置于中位,因此也称观音殿,该殿坐南朝北设置在中轴线南端,与大文殊殿相对。

4. 戒坛殿

戒坛是佛教传授戒法的场所,起初仅有结界标志而无建筑屋舍,唐代已普遍存在于律宗寺院中,后期亦常见于其他宗派的寺院中。设有戒坛的一般为大寺院,也有寺院为戒坛设殿宇庇护,称为戒坛殿。

五台山碧山寺第三进大殿为戒坛殿(图7-41),殿内正中有一座绿青石砌成的戒坛,是五台山唯一一座历史遗存下来的戒坛。碧山寺戒坛始建于北魏时,弘扬律宗的法聪曾于此讲《四分律》,此后历代这里都是传戒的场所,明代在此改建。此外,近年新修建的竹林寺中也设有戒坛殿。

5. 其他类型佛殿

本处提到的其他类型佛殿多位于寺院中轴线上,形制较高,仅在个别寺院出现(表7-5)。

图7-41 碧山寺戒坛殿

表7-5 五台山寺院其他殿阁形制列表

序号	寺名-殿名	屋顶	面阔	建筑周边
1	佛光寺-东大殿	单檐庑殿顶	七间	—
2	五爷庙-万佛阁	下层单檐，上层重檐（重楼-重檐）	三间	周围廊
3	文殊寺-旃檀殿	重檐六角攒尖顶	—	周围廊
4	碧山寺-雷音殿	单檐庑殿顶	五间	后檐出单檐卷棚歇山抱厦一间
5	碧山寺-戒坛殿	单檐歇山顶	五间	—
6	寿宁寺-三大士殿	单檐硬山顶	五间	前出廊
7	五爷庙-龙王殿	单檐歇山顶	三间	前置面阔三间卷棚歇山顶献殿

最古老的佛殿为建于唐大中十一年（857年）的佛光寺主殿东大殿，大殿面阔七间，进深四间，殿内塑有阿弥陀佛、释迦牟尼佛和弥勒佛三尊主像，另有文殊、普贤等泥塑三十五尊，从大殿位置与殿内供奉对象来看，东大殿在寺院中的作用类似于辽宋以后的大雄宝殿。

有些佛殿位于主轴线后部，将其作为主要寺院空间的结束，如普化寺、金阁寺的卧佛殿、广仁寺、龙泉寺的大佛殿、碧山寺及下善财洞弥勒殿、凤林寺的毗卢殿（供奉毗卢遮那佛像）、圆照寺的都纲殿（供奉密宗高僧室利沙的殿堂）等。

有些佛殿代替大雄宝殿，置于主殿位置，如碧山寺内的毗卢殿（雷音殿）、五爷庙中的龙王殿、塔院寺的大慈延寿宝殿等。

除典型矩形或方形的木结构佛殿，五台山还有两处六角佛殿：一为寿宁寺第一进院落中心的文殊殿（图7-42），殿顶为六角单檐攒尖顶，殿内原供木刻王子像，现供彩塑文殊菩萨像，与《五台山图》中大法华之寺左侧寺院中心的六角亭殿形制十分相似（图中榜提不清）；二为黛螺顶中轴线上的第二重大殿——旃檀殿，殿顶为六角重檐攒尖顶，殿内供奉一尊站

图7-42 寿宁寺六角佛殿与《五台山图》中的六角佛殿

图7-43　万佛阁

立的旃檀佛。这两处佛殿在五台山寺院建筑中别具一格。

除了位于中轴线的佛殿外,有些寺院会在次要设置佛殿,如普化寺的千佛殿、五爷庙的万佛阁(图7-43)等。建于明代万历四十四年(1616年)的万佛阁为五台山唯一一座二层三檐歇山顶的楼阁,殿宇坐东向西,为龙王殿的配殿。

6. 藏经阁(楼/殿)

藏经阁(楼/殿)常见于正规大型寺院中,多为双层楼阁建筑,一般建在整个寺院中心轴线的后端全院地势最高的地方,是专门收藏经书之处,也是僧人阅读经书或是接待贵宾的场所。

据统计,五台山共有9座寺院设有藏经建筑。其中,菩萨顶、广宗寺、竹林寺、塔院寺(图7-44)、显通寺在中轴线末端设藏经楼或藏经殿。广仁寺、七佛寺设藏经阁,但不位于中轴线上。除了独立设置的藏经建筑,也有将藏经阁与佛殿结合设为一座建筑进行配置的情况,殊像寺将藏经楼置于五方文殊殿二层集福寺将藏经阁与下层十万文殊殿组合设置,这种组合建造的方式在明代就已出现。

(二)次要殿阁

次要殿阁建筑一般位于寺院中轴线两侧,包括山门和钟鼓楼,礼拜祭祀类的伽蓝殿与祖师殿、三圣殿、罗汉堂,习诚修禅类的禅堂、经堂以及满足僧人日常起居的生活服务类建筑。

1. 山门

中国汉传佛教寺院的入口一直都受到重视,唐宋时期寺院前部会设置三门作为前导空间,明朝时,三门逐渐被山门取代,是寺院前部的门面屋

图7-44 塔院寺藏经阁

殿。随着金刚殿和天王殿的出现，山门的地位被弱化，在明清时期只建成一座单层单檐的门殿。

五台山寺院中单独设有山门的寺院有佛光寺、菩萨顶、显通寺、圆照寺、塔院寺、广华寺、广仁寺及灵应寺（梵仙山）等，其中，显通寺山门位于寺院中轴线东侧南端，门东西向打开，垂直于轴线方向，位置极为特殊。许多寺院不设山门，以天王殿作为前导性的门径空间，在上文"天王殿"一节中已有论述。

2. 钟鼓楼

钟鼓楼最早出现在宫殿寺院中，至唐代，寺院中已经开始设置钟鼓作为报时器具。宋元时期钟鼓楼对峙而立的现象开始出现，明代寺院中开始普及钟鼓楼对称配置的做法，到清代时已经十分常见。

除三泉寺、明月池、梵仙山、佛光寺灵应寺等几处寺院未设钟鼓楼，五台山大部分寺院都按照前为山门（天王殿），门内对称设置钟楼与鼓楼，从视觉效果上起到突出山门或天王殿的作用。北台灵应寺较为特殊，以钟亭、鼓亭替代钟鼓楼（图7-45）。

3. 伽蓝殿与祖师殿

伽蓝是佛教寺院的护法神，早在宋代已有伽蓝堂的设置。祖师堂的设置是随着禅宗的兴起而出现的，早期在唐代的禅宗寺院中有设置，到宋代，寺院中出现祖师殿。从明代开始，伽蓝殿与祖师殿对称布置在寺院轴线两侧已经成为一种标准式的建筑配置模式。

五台山中显通寺、黛螺顶、塔院寺、殊像寺与竹林寺等规模较大的寺院体现了这种布局：将伽蓝殿与祖师殿分别置于第一进院落的左侧和右侧。一些寺院仅在寺院中单独设置伽蓝殿或祖师殿，仅设伽蓝寺的有镇海寺、罗睺寺等，仅设祖师殿的有菩萨顶、龙泉寺等寺，伽蓝殿与祖师殿均不设置的情况在小型寺院中较为普遍。

4. 三圣殿

大乘佛教认为，每位佛皆有大量胁侍菩萨，以便度化众生，故此在造像时会设置两位胁侍菩萨以代表之，形成"三尊"的佛像安置形式。三圣殿就采用了这种佛像安置形式，根据造像内容的区别可分为东方三圣殿、西方三圣殿和华严三圣殿。

东方三圣殿供奉东方三圣，指东方琉璃世界的三位佛菩萨，药师佛为主尊，日光菩萨、月光菩萨为胁侍，也称药师三尊。药师殿是东方三圣殿

图7-45 北台钟亭

的别称，五台山三塔寺、罗睺寺、白云寺设药师殿。西方三圣殿供奉的是以阿弥陀佛为主尊，以观世音菩萨、大势至菩萨为胁侍的西方三圣，也称阿弥陀三尊，是净土宗专修对象，七佛寺中设西方三圣殿。华严三圣殿供奉的是华严经所指华藏世界之三位圣者，主尊为毗卢遮那佛，文殊菩萨与普贤菩萨为左右胁侍。五台山中下善财洞、七佛寺设置华严三圣殿。一些寺院采用了两座三圣殿对称布置在中轴线两侧的做法，例如清凉寺第一进院落对称布置华严三圣殿与西方三圣殿，黛螺顶第二进院落东西对称布置了东方三圣殿与西方三圣殿。

5．罗汉堂

小乘佛教的教义将修行达到的最高境界称为"阿罗汉果"，又称罗汉。根据不同经卷记述，有十六罗汉、十八罗汉、一百零八罗汉、五百罗汉等不同说法。罗汉像常塑于大雄宝殿主尊两侧，也有寺院设专门供奉罗汉的殿堂，称罗汉堂。五台山寺院中有少数设置罗汉堂的例子，如显通寺、南山寺的罗汉堂以及白云寺五百罗汉堂等。

（三）佛塔

佛塔是佛教寺院中重要的一种建筑类型，随印度佛教的传播传入我国，品种繁多，可按照宗派风格、建筑材质、高度层级、形制、位势、性质、所藏之物等内容进行分类，因其种类庞杂丰富，故单独作为一部分进行阐述。

我国最初的佛教寺院是以塔为中心的寺院布局，四周用廊阁庑房围成方形庭院。唐代以后，这种布局虽被以佛殿为中心的布局替代，但佛塔的宗教地位并未被撼动。五台山佛塔众多，多为砖石材质，自北魏至今历代都有宝塔文物遗留，为梳理五台山佛塔的形制和艺术特征，在此按照佛教派别影响将五台山佛塔大致分为汉式佛塔、藏式佛塔及组合式佛塔三类，具体信息见表7-6。

1．五台山汉式佛塔

五台山汉式佛塔类型较为丰富，有楼阁式塔、密檐式塔、亭阁式塔、花塔等。

楼阁式塔的形式来源于中国传统建筑中的楼阁，在我国塔建筑中历史最为悠久，分布最为广泛，形象高大挺拔。五台山现存的楼阁式塔是用砖石依照木结构的形式，在塔的外表做出每一层的出檐、梁、柱、墙体与门窗，五台山龙泉寺令公塔（宋）、万佛洞弘教大师灵骨塔（元）、竹林寺舍利塔（明）为此形制（图7-46）。

楼阁式塔在由木结构向砖石结构转化的过程中，衍生出密檐式塔。全塔可分为塔身、密檐与塔刹三个部分。塔身在楼阁式塔底层的尺寸上加大升高，以缩减其上各层的高度，檐与檐之间一般不设门窗，形成重重塔檐密集相叠的建筑外观。五台山灵峰寺佛日圆明舍利塔（元）、显通寺妙峰

表7-6　五台山佛塔一览表

大类	小类	塔名	建造朝代	所属寺院
汉式佛塔	楼阁式塔	令公塔	宋	龙泉寺
		弘教大师灵骨塔	元	万佛洞
		舍利塔	明	竹林寺
	密檐式塔	佛日圆明舍利塔	元	灵峰寺
		妙峰祖师塔	明	显通寺
		琉璃塔	明	狮子窝
		万藏塔	民国	尊胜寺
	亭阁式塔	祖师塔	北魏	佛光寺
		大德方便和尚塔	唐	佛光寺地区
	花塔	解脱禅师塔	唐	佛光寺地区
		呆公和尚塔	金	佛光寺地区
		未名塔	金	佛光寺外西北
藏式佛塔	覆钵式塔	志远禅师塔	唐	佛光寺
		笠子塔	北宋	望海寺
		释迦文佛真身舍利塔	元	塔院寺
		文殊发塔	元	塔院寺
		文殊塔	明	罗睺寺
		白塔	明	黛螺顶
		石塔	明	万佛阁
		石舍利塔	明	广华寺
		三塔	明	三塔寺
		祈光塔	明	中台演教寺
		喇嘛塔	明、清	南台
		普同塔	清	清水河畔
		镇海塔	清	镇海寺
		曹魁祖墓塔	清	南山寺
		双塔	清	菩萨顶山门前
		喇嘛塔	清	凤林寺
		章嘉活佛塔	清	镇海寺
		莲师塔	清	广化寺
		释迦牟尼八塔	清	集福寺
		普济和尚衣钵法塔	民国	南山寺
		含空大师塔	民国	金阁寺
	金刚宝座塔	室利沙舍利塔	明	圆照寺
组合式塔	覆钵式+汉式建筑屋顶	普济和尚墓塔	民国	龙泉寺
		岫净文公大和尚之塔	民国	龙泉寺
	金刚宝座塔+组合式塔	五方铜塔	明	显通寺清凉妙高处

　　龙泉寺令公塔　　　　　　万佛洞弘教大师灵骨塔　　　　　　竹林寺舍利塔

图7-46　五台山楼阁式塔

祖师塔（明）、狮子窝琉璃塔（明）、尊胜寺万藏塔（民国）均属于密檐式塔（图7-47）。

　　亭阁式塔是印度窣堵坡与中国古代传统亭阁建筑相结合的一种古塔形式，塔身似亭，下连台基，上可设小阁，顶冠塔刹，结构简单易于修建。亭阁式塔多为高僧墓塔，在金代之前较为流行，五台山佛光寺周边有塔为此形制，分别为建于北魏的祖师塔以及建于唐代的大德方便和尚塔（图7-48中1、2）。

　　此后，随着亭阁式塔与印度东南亚地区佛塔的雕刻艺术的结合，一种造型较独特的佛塔发展起来。塔总体分为上、下两部分，下部为亭阁式塔身，上部分塔冠密布繁杂精细的浮雕，这种形制的佛塔被称为花塔。五台

　灵峰寺舍利塔　　　　　显通寺妙峰祖师塔　　　　　狮子窝琉璃塔　　　　　尊胜寺万藏塔

图7-47　五台山密檐式塔

1. 祖师塔　　　　　　　　　　2. 大德方便和尚塔

3. 解脱禅师塔　　　　　4. 杲公和尚塔　　　　　5. 佛光寺西北方花塔

图7-48　五台山亭阁式塔与花塔
（图片来源：图1, http://blog.sina.com.cn/s/blog_646f2ec30101ti0ob.html，图2、4引自http://blog.sina.com.cn/s/blog_535be0de0102wabx.html，图3引自http://blog.sina.com.cn/s/blog_7df8f3100101j8ld.html，图5引自http://andonglaowang.blog.163.com/blog/static/84487532201313420551 3/）

山佛光寺地区的唐建解脱禅师塔、金建杲公和尚塔以及佛光寺外西北方未名塔均为花塔（图7-48中3、4、5）。

2. 五台山藏式佛塔

五台山数量最多最常见的佛塔形式莫过于覆钵式塔，即喇嘛塔，其形式直接来源于印度的窣堵坡，因藏传佛教流传，从西藏传入中国其他地区，是中国各类塔中唯一没有或极少具有中国传统建筑文化特征的塔形制。五台山标志性白塔——建于元大德六年（1302年）的塔院寺释迦文佛真身舍利塔属于该类型（图7-49）。覆钵式塔从下到上分为三部分：最上部是塔刹，由铜刹、华盖、相轮组成，铜刹为顶，华盖位于铜刹下，相轮为塔顶上由刹杆串联之若干圆盘状物，藏式佛塔大多采用十三个相轮，故称"十三天"，有些佛塔在相轮下会设须弥座作为连接；塔身为圆形覆钵状藻瓶，形如倒扣的钵，是塔的主体；基座以方形为主，多为须弥座。

五台山佛光寺志远禅师塔（唐）、望海寺笠子塔（北宋）、塔院寺东侧文殊发塔（元）、罗睺寺文殊塔（明）、黛螺顶白塔（明）、万佛阁石

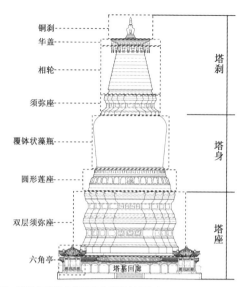

图7-49 塔院寺释迦文佛真身舍利塔立面图
（图片来源：根据清华大学建筑学院建筑历史与文物建筑保护研究所测绘图改绘）

塔（明）、广华寺石舍利塔（明）、三塔寺三塔（明）、中台演教寺祈光塔（明）、南台喇嘛塔（明清）、清水河畔的普同塔（清）、镇海寺镇海塔（清）、南山寺曹魁祖墓塔（清）、菩萨顶山门前双塔（清）、凤林寺喇嘛塔（清）、镇海寺章嘉活佛塔（清）、广化寺莲师塔（清）、集福寺释迦牟尼八塔（清）、南山寺普济和尚衣钵法塔（民国）、金阁寺含空大师塔（民国）等皆属覆钵式塔，其中，唐建志远禅师塔是我国现存最早的覆钵式塔（图7-50）。

密宗寺院圆照寺塔院中的室利沙舍利塔（明）亦为覆钵式，塔中供奉的是尼泊尔密宗高僧室利沙的舍利，与其他藏式佛塔不同的是主塔周边还设有四座小塔拱卫，这种形制是佛教密宗的一种佛塔形式，被称为金刚宝座塔，由下部的宝座和上方的五座宝塔组成，宝座代表密宗金刚部的神坛，中间的大塔和须弥座四隅的四个小塔分别代表分布五方的金刚界五方佛，塔的形式可以是密檐式、楼阁式、覆钵式等多种类型。

3. 组合式塔

组合式塔是指一座塔上同时具有汉式佛塔和藏式佛塔的风格或元素，即楼阁式塔、密檐式塔、亭阁式塔、花塔及覆钵式塔、金刚宝座塔等不同类塔中的两个或多个特点在一个塔上组合出现。

建于民国的龙泉寺普济和尚墓塔及岫净文公大和尚之塔，属于覆钵式塔与中国古代建筑屋顶结构的组合（图7-51）。普济和尚墓塔的覆钵式塔身与相轮之间以砖石仿制伞盖状八角楼檐相连接，其檐椽、斗栱、角柱、金梁等构件清晰可见。岫净文公大和尚为普济和尚的徒弟，他的墓塔形制与普济墓塔基本相同，只不过相比之下普济和尚墓塔更加精美、规制更高。

1. 塔院寺大白塔　　　　　　　　2. 清水河畔的普同塔　　　　　　3. 南山寺曹魁祖墓塔

4. 凤林寺喇嘛塔　　　　　　　　5. 志远禅师塔　　　　　　　　　6. 南山寺普济和尚衣钵塔

7. 罗睺寺文殊塔　　　　　　　　8. 三塔寺三塔　　　　　　　　　9. 广华寺石舍利塔

图7-50　五台山覆钵式塔
(图片来源：图2、3、6、8、9为自摄，图1、4、5、7分别引自http://www.mafengwo.cn/photo/10067/scenery_1004409_1.html，http://andonglaowang.blog.163.com/blog/static/84487532201311322336417/，http://blog.sina.com.cn/s/blog_4a877d4d0100le68.html，http://andonglaowang.blog.163.com/blog/static/84487532201311424443317/)

普济和尚墓塔

岫净文公大和尚之塔

图7-51 龙泉寺墓塔

五台山显通寺清凉妙高处铜殿前有五座铜塔（图7-52），其中位于东南的大圆智境塔为传统的覆钵式塔，另四座为典型的组合式塔：西南方的平等性智塔为覆钵式塔的塔身、抽象的球形塔身与楼阁式塔的结合；中央的法界体性智塔为葫芦形宝塔，由多个球体塔身组合而成，为覆钵式塔的变体；成所作智塔与妙观查智塔是楼阁式塔与覆钵式塔的组合。从塔群的组合方式来看，清凉妙高处充当了金刚宝座，五方宝塔的布局形成了契合五台山山岳格局及五方文殊布局的金刚宝座塔。

（四）佛殿建筑结构与形象

1. 建筑结构

五台山历史佛教寺院内的建筑基本是依托中国古代建筑式样而建，除佛光寺、南禅寺保留了金元以前的木构建筑，其他寺院历史建筑以明、清、民国时期为主。五台山地区建筑采用的结构方式为抬梁式木构架（图7-53）。

柱列和檐枋构成屋身基本框架，其数量取决于调节屋身规模的开间、进深。五台山历史建筑的开间以三间、五间、七间为主，面阔三间的建筑一般明间宽，次间稍窄，如菩萨顶天王殿。其他五间、七间建筑的面阔组合方式主要有三种：一类明间最宽，其余各间相等，如塔院寺大慈延寿寺、显通寺大文殊殿；另一类各间面阔递减变化，明间最宽，次间、稍间递减，若建筑有出廊则廊间最小，塔院寺大藏经阁，显通寺藏经殿、观音殿，菩萨顶大雄宝殿、文殊殿均采用这种形式，是明清时期最通行的做

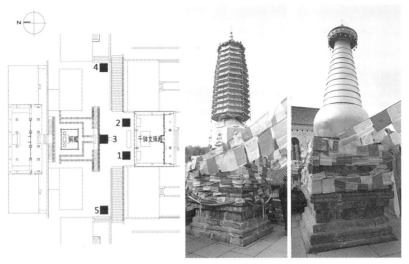

1. 平等性智塔　　　2. 大圆智境塔

3. 法界体性智塔　　4. 成所作智塔　　5. 妙观察智塔

图7-52　显通寺五方铜塔
（图片来源：左平面图改绘自清华建筑学院显通寺测绘图）

法；最后一类见于佛光寺东大殿，面阔组合为明间、次间宽度一致，稍间宽度缩小。

　　斗栱是表征屋身等级和美化立面的重要结构，唐宋时期斗栱巨硕，与柱高比可达1∶2，如佛光寺东大殿的斗栱。明清时期斗栱较唐宋小，排列较密，结构机能丧失转化为装饰化构件。五台山寺院中带斗栱的明清建筑多位于寺院中轴线上，形制多有不同，如塔院寺天王殿使用一斗三升栱，

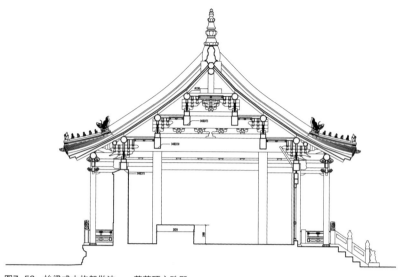

图7-53 抬梁式木构架做法——菩萨顶文殊殿
（图片来源：清华大学建筑学院建筑历史与文物建筑保护研究所测绘图）

菩萨顶文殊殿、塔院寺藏经阁采用重昂五踩斗栱，菩萨顶大雄宝殿采用单翘单昂五踩斗栱。个别寺院中轴线两侧的重要配殿也会设置斗栱，如广宗寺、普化寺等。

显通寺是建筑普遍不设斗栱的典型寺院，中轴线上观音殿、大文殊殿、大雄宝殿、千钵文殊殿、藏经阁均不设斗栱，其他不设斗栱的佛殿建筑还有塔院寺大慈延寿宝殿、梵仙山灵应寺大仙殿等。像山门、天王殿、钟鼓楼等在内的寺院建筑极少设斗栱，个别建筑除外，如罗㬋寺天王殿、南山寺钟鼓楼等。

2. 建筑形象

将建筑单体形象分解为"上分"屋顶、"中分"屋身和"下分"台基三部分。

"上分"屋顶是中国传统建筑最富表现力的部件，庑殿顶、歇山顶、悬山顶、硬山顶等屋顶类型为基本形态，较为理性、节制，在基本型的基础上会有竖向组合和水平组合的方式丰富屋顶的整体形象。

屋顶的竖向组合包括重檐构成、重楼构成两大类。五台山寺院建筑屋顶等级从高到低依次为重檐庑殿顶、重檐歇山顶、单檐庑殿顶、单檐歇山顶、卷棚歇山顶、悬山顶、硬山顶、卷棚硬山顶八个层级，此外也有六角攒尖顶、六角重檐攒尖顶建筑。重楼与重檐结合的构成方式较为少见，五爷庙第一进院东侧的万佛阁属于此结构。

从屋顶的水平组合方式来看，并联式抱厦是五台山佛寺建筑中的常见形式。抱厦多位于殿阁正前，构有屋顶，勾连则短于殿身面阔，是进入殿内空间的过渡和缓冲，在功能上能够避雨遮阳，在形象上，可以丰富建筑的立面造型，突出殿阁入口，如菩萨顶、显通寺和罗㬋寺的大雄宝殿等。有些殿阁抱厦脱离殿堂结构，成为独立建筑物，称为"献殿"，见于广仁寺大雄宝殿、万佛阁龙王殿等。

从屋顶铺设的材质来看，大多数寺院建筑屋顶铺设黑陶瓦，只有菩萨顶为例外。清代皇帝"兴黄教而安边"，对菩萨顶礼遇有加，康熙二十二年（1683年）清圣祖敕帑金令老藏丹贝和老藏丹巴按照皇宫形制修缮菩萨顶，在这次修缮中"改覆本寺大殿琉璃黄瓦"，巩固了其作为格鲁派教寺院之首的重要地位。

"中分"屋身可分为结构构成因子、装饰构成因子、围护构成因子三部分（图7-54），构成建筑形象中色彩最为绚丽、形式最为丰富的部分。此处提及的屋身是指构成建筑形象的围护构成因子与装饰构成因子。围护构成因子主要由墙体和外檐装修构成，装饰构成因子主要包括敷色、彩绘、雕饰、立匾等。

五台山寺院建筑屋身色彩装饰以红色或青灰色为主。山墙、槛墙一般直接外露青砖或漆为朱红色，外檐装修中的门、槅扇、槛窗、栏杆等部分多漆为朱红色。

石雕、砖雕、木雕等构件美化雕饰和彩画是丰富屋身形象的重要手段（图7-55），石雕集中在墙身的石活、柱基、栏杆、门枕石、墀头、山花以及影壁等部位，砖雕集中于硬山墀头、墙门、影壁部位，木雕散布在斗栱、雀替、梁头、裙板的各部位。五台山建筑装饰受"三教合流"思想和汉藏佛教交融的现象影响较大，道教的三星、八仙，儒家的四艺、八爱，藏传佛教的故事、图案均融入彩画装饰图案中。檐枋、斗栱、椽木、雀替、门窗槅扇上彩画的色彩配置主要以青绿、朱红、群青、钴蓝、湖蓝、金黄六种颜色为主，在建筑青色屋面、红色墙体门窗的整体色彩装饰中，以青-红、蓝-黄两组互补色的配搭给人以鲜明清晰的色彩印象。

五台山地区寺院棋布，匾额、楹联亦不在少数，是常见于古建装饰之中的传统文学形式，其题材涉及风光、形胜、宗教、佛法，不仅能够通过书法之美装饰屋身立面，也可通过点题、咏颂把文学意境融入建筑艺术中，带领游人神游其境，领会佛法，深化建筑的意境与内涵。

"下分"台基在结构上起到稳固屋基的作用，在视觉审美上起到调适构图、扩大建筑体量的作用，同时也能通过抬高木构和土墙，防止地下水和雨水对土木构件的侵害。台基一般包括台明、台阶、栏杆、月台四个元素，通过将以上元素中的两个或多个排列组合可以获得各种各样的台基形式。

台明是台基的主体构成，从样式上可分为平台式和须弥座两大类，根

图7-54　清式屋身构成简表
（图片来源：根据《中国建筑美学》中图改绘）

图7-55　南山寺屋身装饰

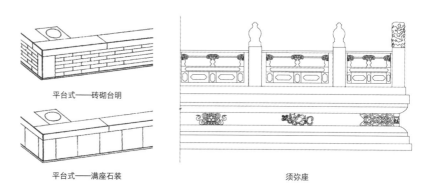

图7-56　平台式台明及须弥座
（图片来源：1-1、1-2引自《中国建筑美学》，图2引自清华大学建筑学院建筑历史与文物建筑保护研究所菩萨顶测绘图）

据包砌材料的不同，平台式又可分为砖砌台明、满装石座两类（图7-56）。须弥座等级最高，用于重要寺院的重要殿座，如菩萨顶大文殊殿；满装石座等级次之，在五台山寺院应用最为广泛，几乎所有寺院的主殿、侧殿都应用这种形式；砖砌台明等级较低，慈福寺两侧配殿、罗睺寺部分配殿采用此种做法。

台阶是上下台基的蹬道，大型寺院建筑和小寺院的主要佛殿通常采用垂带踏跺，一些重要寺院建筑台基的台阶上带有云龙石雕御路，如菩萨顶天王殿、大文殊殿、金阁寺大悲殿、殊像寺大文殊殿等。中轴两侧的僧寮、客房等建筑台阶少于3级时，会在台基前安放一根台阶石，作为简易台阶。栏杆具有防护、分隔空间、装饰台基的作用，只用于台明尺度较高、形制较尊的殿或门台基中。月台可以看成台明的延伸和扩展，做法与台明相同，与台明之间有一定高差，通过台阶连接，月台的设置可突出殿屋的体量与地位。

根据这四种元素的组合方式不同，可以将五台山寺院建筑的台基分为三种（图7-57）：第一种为基本台基，造型简单，由单一的台明、台阶两类元素组成，这种类型最为普遍，常见于一些佛殿及两侧配殿，如广仁寺弥勒殿、集福寺大雄宝殿、广宗寺大雄宝殿、镇海寺观音殿等；第二种是在基本台基的基础上增设了石栏杆，这种台基一般高度较高，如台基高度为2.81米的菩萨顶山门，建筑体量较大、有九级台阶的广化寺大雄宝殿、金阁寺大悲殿、菩萨顶大文殊殿、黛螺顶大雄宝殿等重要大殿；第三种是在基本台基的基础上增加了月台，如塔院寺大慈延寿宝殿、罗睺寺天王殿与文殊殿、殊像寺大文殊殿、慈福寺大雄宝殿、广仁寺大雄宝殿、圆照寺大雄宝殿、广华寺文殊殿等。

3．地域性建筑构造

山西常见的传统窑洞民居建成形式有靠崖式窑洞、独立式窑洞、下沉式窑洞。五台山个别寺院中也存在因地制宜建造的窑洞，主要为靠崖式窑洞和独立式窑洞（图7-58）。

靠崖式窑洞是利用天然土崖或者人工削坡形成的崖面开凿出来的拱顶

一类台阶：慈福寺大雄宝殿

二类台阶：金阁寺大悲殿

三类台阶：罗睺寺天王殿

图7-57　五台山建筑台基类型

佛光寺靠崖式窑洞

金阁寺窑房同构

南台独立式窑洞

图7-58　五台山寺院中的窑洞类型

的窑洞，例如慈福寺西侧库房、佛光寺第二层台地东侧窑洞等。在靠崖式窑洞的基础上衍生出了窑房同构的建造方式，一种为窑上建房，如清凉寺东侧僧舍，另一种是在窑洞基础上增加木结构建筑，形成下窑上楼的特殊建筑形式，见于金阁寺第一进院落北侧的石碹窑洞。

独立式窑洞是人们为获得窑洞类建筑空间而在平地上建造的掩土拱形房屋，不需依赖垂直崖壁可独立存在，建筑材料可以为土坯、砖、石。五台山独立式窑洞主要见于五台台顶，以石材作为主要建筑材料，窑洞保温性极好、稳定性佳，对于气候严寒、风速较大的台顶来说是极为适宜的建筑形式。基于独立式窑洞采用窑房同构做法的有梵仙山灵应寺和清凉寺，灵应寺主殿大仙殿下层为三间石碹窑洞，上层为木结构楼阁；清凉寺西侧僧舍亦采用了独立式窑洞的做法，并在窑上建房，以取得和东侧靠崖式窑洞同样的立面效果。

四、寺院布局中的园林特征

寺院建筑布局围合出了一个个独立又互相联系的院落空间，是佛教信徒进出佛殿进香礼拜的游线组织空间和集散空间，相较室内神圣的宗教空间，庭院展示了世俗化、园林化的氛围。

在寺院中，游人会随着建筑空间的转折而改变行进方向，加上建筑立面和庭院中的园林特征对视线的诱导，吸引视线按照景观的展开而转移。庭院中的园林特征可以分为强调轴线的景观元素、寺院中高差处理手段以及园林植物的应用三部分，不同处理手段的组合打破了空间的静态属性，诱导人们产生运动趋向。

（一）强调轴线的景观元素

寺院建筑周边有一些体量较小的景观元素，如香炉、经幢和石碑。从所处的位置来看，香炉位于中轴线上，增加中轴景观丰富性，经幢与石碑在分布中轴线两侧，拱卫着中轴，使建筑的立面充满变化。这些景观元素具有实际的功能，且蕴含特定的文化内涵，在庭院中起到装饰与点缀的作用，烘托了佛寺的宗教神圣氛围。

1. 香炉

香炉的造型一般分两种（图7-59）。一种来源于中国鼎的样式，炉身为圆形，两侧各有一个耳状物可用来搬动香炉，炉身下有三足，小型香炉足下还有一层加工为须弥座的基座。另一种炉身为长方形，两侧也有耳状物。炉身一般装饰有花卉、波浪、云纹等图案，炉足一般都有兽头作为装饰，该兽为"龙生九子"中的狻猊，因其喜香火，平时好坐，喜静不喜动，故出现在香炉上。为遮挡飞扬的香灰，避免火灾的发生，工匠为香炉加了屋顶一样的顶盖，圆形炉身的顶盖为攒尖亭的形态，设六门以起到空气流通和清理香灰的作用，有单檐和重檐之分，亭顶饰以宝珠，炉顶的翘角多寄挂风铃。为了使香炉更具气势，或将顶部设计为楼阁状，有两层、三层、五层、九层等不同样式，各层均设六门。方形炉身的顶部常设为带有单檐或重檐的歇山顶、庑殿顶的建筑，四面通透或前后开门。

罗睺寺大藏经楼　　菩萨顶大雄宝殿　　观海寺金刚殿　　南山寺雷音宝殿
　前香炉　　　　　　　前香炉　　　　　　前香炉　　　　　　前香炉

金阁寺大悲殿　　　　　方形香炉　　　　　罗睺寺大雄宝殿前
　前香炉　　　　　　　　　　　　　　　　　　香炉

图7-59　五台山寺院中的香炉

香炉作为重要的宗教礼器营造出了香气弥漫、烟气缭绕的宗教氛围。游人从绕过天王殿内供奉的弥勒佛和韦陀菩萨,映入眼帘的是香炉与大殿的建筑立面,佛殿中的佛像被香炉遮挡,避免了直白的表露,激发了人们趋近观瞻的动力。香炉精美的造型使它逐渐演变成寺院重要的装饰品,同时成为庭院中心的视觉核心与功能核心。

2. 石碑

石碑常立于寺院主殿两侧的显著位置,一般是用来镌刻记载与寺院有关的历史,如建造、修葺寺院的信息,寺院发生的重大事件,皇帝或高僧等著名人物亲自撰写的文章等。简单的石碑只有碑身,等级高、体积大、结构复杂的石碑一般由碑座、碑身、碑首三部分组成。碑座常见两类,一类为方形石质碑座,多为须弥座样式的,一类为赑屃座,赑屃为"龙生九子"中的老大,形象似龟,好负重。碑身多为方形,用来镌刻碑文,前后两面用来刻字。碑首"或刻螭、虎、龙、鹤以为饰,就剜其中为圭首,或无它饰,直为圭首,方锐圆椭,不一其制(《碑版广例》)",规制较高的为盘龙石雕式样,其中阴阳双龙交尾于天,中有圭首,有些碑首下有一层云盘与碑身相连。

圆照寺大雄宝殿前石　　　　菩萨顶大雄宝殿前

菩萨顶大雄宝殿前　　　显通寺大雄宝殿前　　　南山寺极乐寺天王殿前

图7-60　五台山寺院石碑

　　　　五台山寺院中的石碑多带有盘龙碑首与碑座，碑座既有方形也有赑屃座（图7-60）。碑文的内容以记录敕建、重修寺院或重要事件为主，如明张骏撰的《敕赐普济禅寺碑记》、明武宗撰《修铜瓦殿碑文》、明释镇澄《重修殊像寺碑记》、明万历年间撰《五台山各寺免粮碑记》等。也有一大部分为君王御制碑文，特别是清朝康熙、乾隆二位皇帝先后11次瞻礼五台，留下涌泉寺、普济寺、法雷寺、望海寺等寺院御制碑文30余通。

　　　　石碑一般呈双数对称布置于重要寺院大雄宝殿和其他中轴主殿前，如菩萨顶、显通寺、龙泉寺、圆照寺、罗睺寺、普化寺等寺院的大雄宝殿，殊像寺大文殊殿，龙泉寺观音殿，碧山寺戒坛殿、雷音殿等主要佛殿前立有石碑。个别寺院的天王殿前也会立石碑，如极乐寺、慈福寺等，这些石碑均采用赑屃盘龙样式。有些寺院建筑前立只有碑身的简单石碑，如碧山寺藏经楼。

　　　　一些极其重要的石碑会配套建有碑亭来储存和保护石碑，以防止石碑风化、侵蚀，如菩萨顶东禅院中轴线上的四角碑亭，该碑立于乾隆五十一年（1786年），碑文为乾隆皇帝第五次朝台写的《至灵鹫峰文殊寺即事成句》的七言律诗。显通寺大文殊殿前两座六角攒尖碑亭（图7-61），亭中

图7-61　显通寺大文殊殿前的碑亭

汉白玉石碑立于康熙六十一年（1722年），一通碑上书《御制五台山显通寺碑》，一通碑为无字碑。

石碑既是寺院历史的见证，也是极有价值的石雕艺术品，个别石碑还是可贵的书法作品，游览寺院的过程也是重要的艺术鉴赏之旅。

3．石经幢

唐代开始，有僧人将经文刻在圆形或多边形的石柱上，这就是石经幢，雕刻的经文有《佛顶尊胜陀罗尼经》《般若心经》《大佛顶首楞严经》等。经幢起源于唐代中期，在五代、北宋发展至高潮，元代之后经幢建造趋于没落。五台山境域范围历史遗留下来的经幢数量不多，尊胜寺、佛光寺各有两座唐代经幢，延庆寺有宋代经幢一座，广华寺保留一座北宋元丰年间所立经幢，七佛寺有宋代经幢三座，广济寺有元代经幢一座，碧山寺戒坛殿前有一座明弘治元年立的石刻经幢。

石经幢一般包括幢顶、幢身、幢座三部分（图7-62），唐代石经幢刚出现的时候一般为单层，装饰亦少，中唐以后开始采用多层的结构。五台山寺院中有些古代经幢为单层，如广华寺大雄宝殿前的宋代经幢，幢顶由檐顶、仰莲、覆钵宝珠构成。有些经幢下部为覆莲瓣基座，中部为八边形或六边形的石柱幢身，顶部为仰莲形石雕，如下善财洞、慈福寺、碧山寺和殊像寺的经幢。多层经幢的构造是通过增加平座、幢身、塔檐的组合来完成，如佛光寺两座唐代经幢。其中一座位于第一台层中部，立于唐乾符四年（877年），高4.9米，底部为八角须弥座，刻宝装莲瓣和壶门乐伎，幢身上刻陀罗尼经，其上有宝盖，宝盖上立八角矮墩，其上做八角攒尖形的屋盖，上为宝珠。另一座位于大殿前的中线上，立于唐大中十一年（857年），高3.24米，其下为六边形须弥座，束腰雕狮兽壶门，上为圆形仰覆莲座，仰莲之上立幢身，其上镌刻陀罗尼经和立幢人之姓名，幢身上

图7-62 五台山寺院中的经幢

覆宝盖与矮柱，更上原为近代补置的砖质莲瓣及宝珠，现已拆除。

（二）寺院中高差处理手段

地形影响了寺院的空间构成和空间形态，在寺院营建时会将自然地形的变化处理成可以展开建设活动的场地，即通过填挖方来塑造不同高程的台层，具体的处理手段主要有两种：一是削山为平，塑造山间平地，用于体量较小的寺院设计，如法祥寺、古清凉、罗汉洞；二是塑山成台，即塑造多层台地，保证各个院落的平整，通过在寺内增加台阶、坡道等设施组织建筑序列和层级，消化不同合院组团之间的高差，如集福寺、七佛寺、三塔寺、竹林寺、龙泉寺等。

自然坡地经人工处理之后在寺院中表现为不同院落之间的竖向变化（图7-63）。高差主要是通过台阶连接，按照其形态特征可分为规整石台阶与自然式磴道两类。这种常见的地形改造方式尊重了原有地表形态，通过强化处理的手段，完成从自然空间到人造空间的转换。

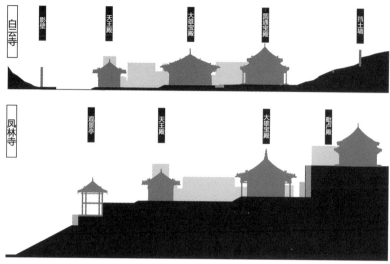

图7-63 白云寺、凤林寺竖向变化

1. 规整石台阶

台阶是组织寺院院落空间竖向交通最常用的手段，也可以起到暗示空间转换的作用。由于各进院落之间高差大小不同，因此台阶布置的位置及其与寺院轴线的关系也有所差异，下面将按照高差较小与高差较大两种情况分别进行论述。

院落之间高差不大时，会将台阶置于主殿与侧殿之间的通道上，如慈福寺、集福寺大雄宝殿两侧均设置了这种不易察觉的石台阶，个别寺院会用坡道代替台阶来解决不大的高差变化，如广化寺文殊殿两侧。一些寺院为强调空间的划分和院落之间的相互独立性，会在台阶后增设院门，如罗睺寺天王殿与寿宁寺大雄宝殿两侧。殊像寺大文殊殿两侧过道较宽，前后院高差较大，设九级垂带踏跺连接，台阶后设置形制更高的卷棚歇山式垂花门作为空间转换的标志，屏门关闭，上挂"佛"字木额，起到影壁障景作用，人流从门前两侧进入（图7-64上）。

院落之间高差较大时，会沿中轴线集中布置台阶，根据空间大小可分为四种情况：第一，若院落空间较为充裕，则直接沿中轴线方向布置台阶，如碧山寺弥勒殿院落前高差连接处，佛光寺第一、二级台层交接处；第二，当院落空间受限，为了减小台阶体量和缩短整体进深，便通过"分上双合"的方式改变台阶布局方向，如镇海寺天王殿和大雄宝殿之间、龙泉寺观音阁后、显通寺铜殿前均使用了这种台阶布局的方式（图7-64下）；第三，两进台层连接处为靠崖式窑洞时，将中间一眼窑洞作为门洞，内砌石台阶，该做法出现于佛光寺和金阁寺；第四，在坡地加建大殿时，会在山体后集中设置台地解决山坡高差变化，并于台上置佛殿，形成了登高远眺的站点，既强调了主轴线的控制性作用，也增加了建筑气势与寺院立面构图的丰富性，此类高台佛殿有金阁寺卧佛殿（图7-65）、普化寺卧佛殿、集福寺藏经阁等。

图7-64　五台山寺院台阶的使用

图7-65　金阁寺大雄宝殿与卧佛殿的建筑立面

2. 自然式蹬道

尺寸规整的整石台阶多应用于呈合院式严谨布局的寺院，给人以正式而具有仪式感的直观感受。我国山地园林在组织交通游线时，会把石阶与山体地形结合起来，形成随地势起伏的攀山蹬道，将自然山林环境、建筑物布局有机融合在一起，既解决了交通连接的问题，也丰富了组景的内容。

五台山观音洞的坡地部分就采用了山地园林高差处理手法，依山就势铺凿的自然式蹬道，极大地保留了山林野趣，石阶、平台、建筑韵律化的组织使得整体游线充满节奏感与灵动感。从山下仰望崖壁，上山蹬道完全隐匿在山林中，在绝壁上架屋构景，地势高兀，无所依托，创造出"仙山琼阁"的境界。

（三）园林植物的应用

1. 种植模式

寺院内种植都表现出沿轴线对称的对植特征，即种植多按照建筑轴线关系有呼应地布置于轴线左右两边，在空间上起引导作用，在构图上形成配景或夹景，营造了均衡稳定、庄重肃穆的植物景观氛围。受空间大小的影响，寺院内的种植规模差别较大，大型寺院中往往有成片的块状绿地，如佛光寺、显通寺、普寿寺。空间紧凑的寺院或小型寺院中往往不集中设块状绿地，仅以花池或种植池确定绿地范围，如罗睺寺、黛螺顶、慈福寺。

在绿地空间较大的寺院，植物的搭配和种类的选择显得尤为重要，以佛光寺与显通寺为例。

佛光寺上下划分为三个台层，块状绿地种植集中在第一、二级台层，采用了对称式种植的方式，留出十字形道路作为联系各个殿宇交通的通道。各台层佛殿前都有单株植物对植的应用方式（图7-66）。

进入山门，站在视点a处，两株枝叶繁茂的暴马丁香形成夹景，文殊殿与伽蓝殿被枝叶遮挡，人的视线被引导至尽端大殿处。这一组院落内绿地被十字形道路划分为四块，低矮的草花、灌木种植在通道两侧，乔木种植在离佛殿、院墙较近的边角处，以预留出观赏核心建筑立面的视轴。

行至b视点，两侧种植形成的"V"形景框强调了建筑的形态，第二

图7-66　佛光寺不同视点的景观

个台层北侧的石碹窑洞的墙面与第三台层上的大殿檐顶的形象逐渐清晰。窑洞前的侧柏与东大殿前的油松树冠相接,使游人产生错觉,仿佛两株参天古木。在树木的遮挡下,两组建筑在立面构图上连为一体,好似一座极其巍峨高大的殿宇。

当到达窑洞前的c视点时,人与建筑、植物的距离拉近,通过色彩、肌理判断出两组建筑和两组植物营造的"视觉假象"。由于光影的作用,石碹门洞中石台阶在远处无法察觉,只有趋近后才能一窥端倪,找到通往东大殿的路径。

显通寺中轴线上各佛殿前有块状绿地,两侧侧殿前有长条状绿地(图7-67)。大体量的佛殿前会种植高大乔木作为配景,如大文殊殿、大雄宝殿与无梁殿,这些古树从"记录者"的角度诉说着寺院悠久的历史,中层灌木的缺失避免了植物对建筑立面的遮挡。

小体量的佛殿前多选择小乔木或者灌木进行对植,以达到与建筑体量相协调的效果,如千钵文殊殿前种植的两株丁香,高度大致与建筑雀替齐平。寺院两侧的侧殿及僧房前的绿地为条带状,绿地面积较小时,仅种植地被层,绿地面积较大时会列植常绿针叶树,地被种植景天类植物或蔬菜,边角点缀开花灌木和多年生草本植物。

五台山大部分寺院空间较为紧凑,没有像佛光寺、显通寺以及各新建寺院中大规模的块状绿地,只能在保证集散、通行的基础上,按照需求占边把脚地保留一些种植的区域,常见的有树池与砖砌花台两种形式。

佛殿前对植植物的特征几乎在所有的寺院中都有体现,但种植的模式略有差异,可分为以下四种(图7-68)。

第一种模式是在佛殿前对称设置小块矩形绿地,每侧对植两株乔木。

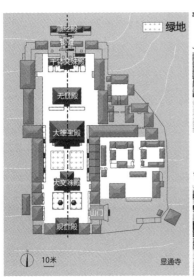

大文殊殿前油松+冷季型草

无量殿前油松+云杉

千钵文殊殿前灌木种植

侧殿前的常绿树+地被+蔬菜

图7-67 显通寺种植

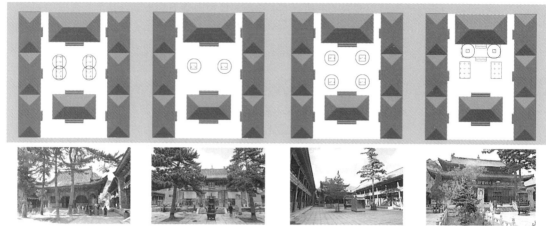

对植模式1-普化寺三佛殿　　　对植模式2-碧山寺雷音殿　　　对植模式3-慈福寺大雄宝殿　　　对植模式4-圆照寺大雄宝殿

图7-68　佛殿前对植模式

如普化寺三佛殿前、塔院寺藏经阁前。

第二种模式是在院落内仅对植1株乔木。这种对植模式在五台山寺院中较为普遍，碧山寺、罗睺寺、菩萨顶、龙泉寺、金阁寺、石佛寺等寺院均采用了佛殿前对植的做法。

第三种模式是模式二的扩展版，即在庭院四角各植一棵乔木，见于慈福寺大雄宝殿与天王殿围合出的院落。

第四种模式出现在设月台的佛殿建筑所在的院落中，月台上对植树木，月台前对称分布两个方形种植池，种植灌木或草本花卉，如广华寺文殊殿前、圆照寺大雄宝殿。

寺院中孤植树木的方式极少，见于万佛阁龙王殿前。殿前植有一株遒劲古朴的油松，枝条平伸呈华盖状，好似为佛殿撑起的遮蔽炎热之苦、疾病、障及邪恶力量的宝伞（图7-69）。

宝伞

图7-69　佛教象征物宝伞及万佛阁龙王殿前孤植油松
（图片来源：左图引自《藏传佛教象征符号及器物图解》）

2. 寺院植物种类

在印度本土佛教中，一些植物被赋予了特殊的含义，例如佛祖释迦牟尼生于无忧花树下，修道于菩提树下，涅槃于娑罗树林中，他的一生都与植物密不可分。由此可见，植物既是美化寺院环境的园林要素，也是佛教文化的载体，具有不可替代的宗教内涵。在佛教东传的过程中，植物文化也随之传入汉地，一些植物无法在部分地区栽植，便催生出汉地佛教植物体系。根据现场调研分析，发现五台山寺院园林植物的选择具有以下四个特点：

第一，能够适应当地气候条件，所选植物种类多为乡土树种。

五台山诸寺院地处深山，寺院中种植的多是就地取材的地域性植物。乔木是五台山寺院中种植的主体，常见的品种有油松、云杉、圆柏、侧柏、龙柏、青杆、文冠果、榆树、旱柳等。唐代释道世在《法苑珠林》中有关于五台山松柏的描写："有五台上不生草木，唯松柏茂林。经中明文殊将五百仙人往清凉之山，即斯地也。地极严寒多雪，号曰清凉山。"可见松柏不畏严寒的特质十分适于"清凉山"的环境，因此也就成为五台山寺院植物景观的骨干树种。

第二，符合寺院宗教气氛，植物营造的景观氛围须与寺院环境特征统一。

五台山寺院种植多以庄严肃穆的常绿乔木为主要植物材料，除乡土植物松柏外，云杉也是常见的常绿乔木。常绿针叶树色彩凝重肃穆，四季不凋，枝干遒劲古拙，其形态特征与寺院庄严的氛围相契合，故而成为主要的寺院植物。

第三，与佛教文化具有相关性，一些植物在文化层面体现了宗教内涵。

文冠果是象征着吉祥的树种，在藏传佛教广泛流布的西藏、内蒙古、青海等地的寺院中，被看作神树，种子榨的油是活佛和高级僧侣的食用油，也作为佛前长明灯用油，因此会种植在藏传佛教寺院中，如塔院寺、罗睺寺。

在《华严经》里面花代表十波罗蜜，即十胜行[①]，果代表菩提涅槃，在佛教文化中，花为因，其实为果，好因修好果，所有寺院中也会种植开花灌木和草本花卉。开花灌木主要包含丁香、蔷薇、牡丹三种，或对植于建筑两侧或点缀于通道两旁。地被层有大量草本花卉的应用，如芍药、荷包牡丹、波斯菊、大丽花、百日草、卷丹、萱草、景天等。

第四，具有一定的生活实用价值。

在显通寺、七佛寺等个别寺院中，不起眼的绿地被辟为小型菜园种植茄子、西红柿、萝卜、辣椒等蔬菜，以备寺院生活所需，体现了寺院作为宗教场所和禅居场所的双重功能需求。

---

① 十胜行包括布施、持戒、出离、智慧、精进、忍辱、真实、决意、慈与舍。

第二节 寺院引导空间序列组织

对佛教徒来讲，寺院入口是进入佛国净土的象征。进入寺院前的引导空间，不仅在交通上具有过渡与联通的作用，也象征着从非神圣领域逐渐接近神圣领域的一段具有宗教意义的体验空间，能够激发信徒、游览者展开宗教想象，产生游览情绪。

这里所指引导空间是与寺院关系紧密、通往且仅通往某一寺院的空间序列，多寺可共同登山道、园区道路不属于引导空间范畴。

一、引导空间类型

一些寺院距离风景区公共道路较近，如普寿寺、广仁寺，有些仅以影壁、牌楼等要素作为寺院入口的标识，如万佛阁、下善财洞、普化寺等。以上寺院引导空间特征不明显，故不在讨论之列。

在营造寺院引导空间时，会根据地形地势，因地制宜地组织景观序列。按照序列长短和景观特征的不同可将其划分为连接型引导空间、仪式型引导空间、山林型引导空间三类。

（一）连接型引导空间

连接型引导空间规模不大、序列较短，常以牌楼或影壁作为空间起始的标志，与入口处的山门或天王殿之间有一段较短的蹬道或坡道相连。由于空间形态特征不同可划分为两类：一类在平面上表现为延续寺院主轴的中轴对称式布局，在行进路线上建筑立面形象一览无余，例如圆照寺、碧山寺、塔院寺；一类空间形态受周边环境的影响，行进时伴随视点、视角、景观的转换，如罗睺寺、显通寺。

1. 中轴对称的连接型引导空间

圆照寺、碧山寺和塔院寺均为中轴对称的连接型引导空间。

圆照寺引导空间（图7-70）为朱红色砖墙限定的线性通廊，与寺中轴线严格对位，行走在甬道上，砖墙与建筑立面呈现的画面对称而稳定。寺院正立面全貌可以被观察到，屋顶的金黄、檐枋雀替彩画的蓝、墙

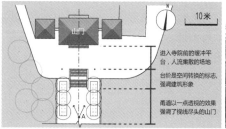

图7-70 圆照寺引导空间序列分析

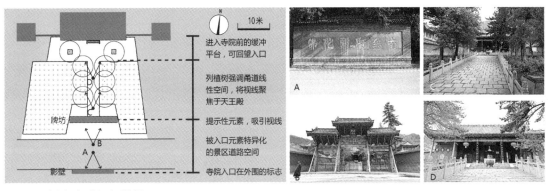

图7-71 碧山寺引导空间序列分析

与柱的朱红构成鲜明的对比，形成视觉焦点。随着视距的拉近，建筑形象随之清晰。甬道末端台阶是从外部引导空间转换到寺院空间的标志，不仅强化了建筑形象，还增加了引导空间的仪式感。山门前设置的舒朗的平台提供了缓冲、停留的空间，到达平台上时，观测视距与物体高度比趋近为1，仰角范围为45°，观赏空间距离均衡，开始可以观察到建筑细节。

碧山寺紧邻省道大石线，寺院引导空间由道路两侧元素共同构成（图7-71）。道路南侧正对入口处有一座砖石影壁，上雕"南无阿弥陀佛"六字，路北为一座三间四柱三楼牌楼，提示引导空间的开始，是建筑群起势的重要节点。路南北影壁和牌楼的组合将两个元素围合出的景区道路变成了空间缓冲的广场，消减了寺院紧邻道路带来的局促感。穿过牌楼，两侧绿地夹出一条细长的坡道，列植的乔木营造出静谧的氛围，牌楼以外的喧嚣似乎被绿地化解掉，丝毫影响不到寺院。植物的夹景、坡道的视线引导均突出了寺院天王殿的地位。天王殿前的平台为引导空间的端点，在此处回望，牌楼以及外部的影壁在视觉上融为一体，形成了界定寺院范围的标识。

塔院寺的引导空间变化最为丰富，可分为起、承、转、合四个段落（图7-72）。影壁与四柱三间三楼牌楼为引导空间的起点；牌楼后两排高耸的乔木不仅呼应了大白塔竖向线条的形态特征，而且形成夹景，将视线汇聚于寺中白塔，使视觉空间定向延伸，营造出深远、肃静的感染力；在台阶底部D点仰视，建筑以极其高大宏伟的形象呈现在眼前；穿过山门，游人空间体验经历了室外-室内-室外的空间开合变化；天王殿前的集散平台与台阶象征着引导空间的结束。从白塔在空间序列中的景观构图来看，在起点时白塔形象十分清晰，随着行进，逐渐被建筑遮挡，从而起到吸引人进入寺院一探全貌的作用（图7-73）。

2. 非对称的连接型引导空间

采用非对称的连接型引导空间的典型寺院为罗睺寺和显通寺，两个引导空间的氛围也略有不同。

显通寺引导空间序列较长，构成要素较多样（图7-74），一座横梁匾额上写有"显通寺"三字的三间四柱三楼牌楼，指示出显通寺引导空间

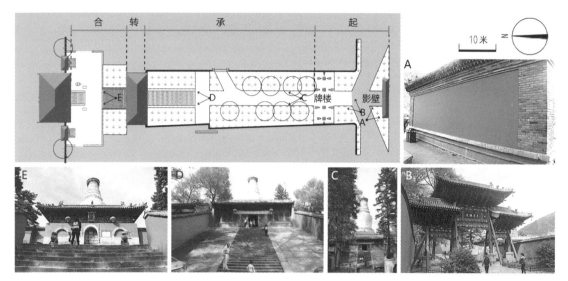

图7-72 塔院寺引导空间序列分析

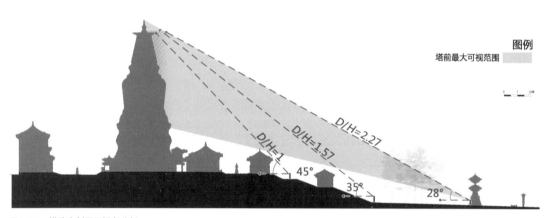

图7-73 塔院寺剖面及视角分析
(图片来源：根据现场测量和清华大学建筑学院建筑历史与文物建筑保护研究所测绘图改绘)

的起点。显通寺引导空间的前半段为街巷，西侧临街店铺与东侧罗睺寺院墙是界定空间边界、组织线性序列的引导空间界面。沿路径前行，西北侧一座高大的楼阁在建筑天际线中明显凸起，引人趋近。该建筑为显通寺钟楼，是一座十字歇山顶、两层三檐的木构建筑，下层为石碹门洞，门楣上刻"威震大千"四字点明了宗教意旨与建筑属性。穿过钟楼门洞，沿石铺道右拐，进入入口，东西向通道尽头便是寺院山门。从牌楼、钟楼，到寺院山门，沿途由街巷、建筑灰空间、绿地组成，迂回婉转，各个景观元素视觉上的对望关系加强了引导空间的联系，使之丰富且流畅，与寺院规整的中轴对称式布局形成了鲜明的对比。

罗睺寺寺院入口与导引空间起点之间有着5米左右的高差，如果采用对称连接的方式设置引导空间，未免与东侧的广仁寺趋同且缺乏区位，

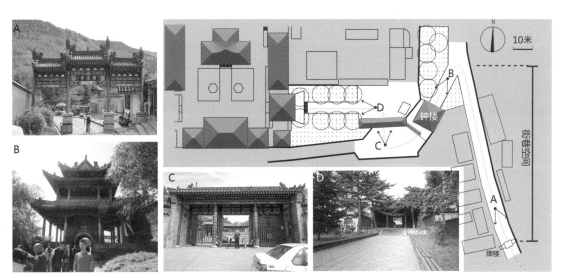

图7-74 显通寺引导空间序列分析

因此因地制宜地设置了呈"Z"形的迂回巷弄，以坡道作为缓解高差引人入胜的路线。序列开端设置了石狮一对、牌楼一座，正对"佛"字影壁，点名了宗教氛围。在红色弧形高墙的视线导引下，塔院寺大白塔成为视觉焦点，引人趋近，弧形的墙面弱化了转折点的位置，从游览者的主观视觉感受上延长了路线的距离，给人以深远与神秘之感。从角点向东望去，墙体、山门两侧的八字形影壁以及正对山门的影壁成为狭长空间的收束和引导空间的结尾，佛国意境微露。（图7-75）

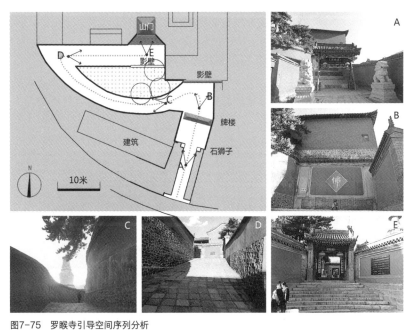

图7-75 罗睺寺引导空间序列分析
（图片来源：图A引自http://photo.163.com/feedzhyu/pp/6067131.html，图B引自http://blog.sina.com.cn/s/blog_6514f87e0101bpow.html）

(二) 仪式型引导空间

一些寺院前的引导空间序列的营造会融入佛之教法，使行进过程象征着深刻的宗教仪式。108级台阶的应用是五台山仪式型引导空间最普遍的构成要素。《大智度论》卷七说："十缠、九十八结为百八烦恼。"十缠，即无惭、无愧、嫉、悭、悔、眠、掉举、惛沈、忿、覆；九十八结，即三界之八十八见惑与十修惑。佛家认为人的烦恼有一百零八种，寺院前引导空间设置的108级台阶，就代表着消除"百八烦恼"的法门，每踏上一级台阶，便进入一个法门，意味着消除了一种烦恼。

在诸多寺院中以菩萨顶引导空间最为壮观（图7-76）。佛字影壁为引导空间起点，108级石阶是引导空间的主体，两侧为一米多高的砖砌花格栏墙，墙头为波浪线造型，柔化了台阶硬直的线条。顶部平台伫立一座四柱三间七楼官式木牌楼，在陡峭石阶的映衬下显得更加高大，犹如天门。踏上108级台阶，在步步登高的劳累之后，据顶回望，看到台怀地区殿宇重重、山峰环列的盛景。牌楼北侧为菩萨顶山门，当心间前设御路台阶，御路精美的云龙石雕，暗示了菩萨顶等级之高，台阶左右各立白塔一座，丰富了建筑立面形象。

引导空间设108级台阶的做法也见于龙泉寺、凤林寺、金阁寺、南山寺等寺院，但由于寺院所处的环境不同，景观序列的组织方式也会有所差异。

以龙泉寺为例，核心引导空间要素的组织方式与菩萨顶相同，但在视觉和趋近方式的处理上略有差异（图7-77）。龙泉寺位于九龙岗山腰，距景区道路约有150米，与灵鹫峰顶被各大寺院拱卫的菩萨顶相比，较难引起注意，因此要借助建筑元素来强调寺院的位置。龙泉寺在108级台阶前的平台上立了一座雁翅形砖石影壁，影壁高6~7米，长24.4米，在进入仪式性引导空间之前一直作为视觉焦点，在引导空间序列中起到过渡与视线转移的作用。

(三) 山林型引导空间

位于山林坡地上的寺院往往距离景区公共道路较远，相应的引导空间穿梭在自然地形和植物之间，是自然环境与人工设施综合构成的，具有提

图7-76 菩萨顶引导空间序列分析

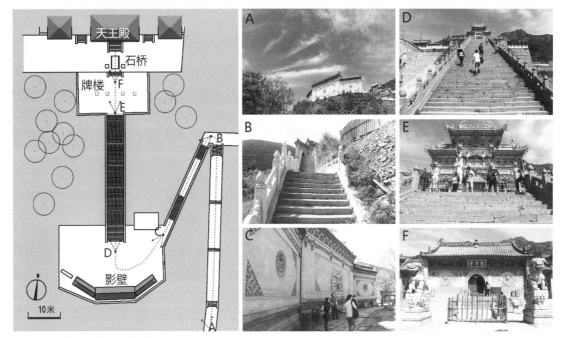

图7-77 龙泉寺引导空间序列分析
（图片来源：平面图为自绘，照片为自摄）

示、引导、停留、消化高差等作用的线性空间。镇海寺、集福寺、七佛寺均采用了山林型引导空间的营造手法。与连接型引导空间和仪式型引导空间相对比，自然环境对山林型引导空间的景观氛围影响更强。

镇海寺以临路的影壁为起景，刚好布置在寺院中轴线的延长线上，影壁北侧为登山步道，沿等高线蜿蜒而上，途中奇松古木或出现在路旁，或屹立在路中。伴着飒飒的松风沿台阶蹬道上行，寺院从不见到露出一角再到全部展现，完成了由凡入圣的空间过渡。寺院南北两侧山峰呈"二龙戏珠"之势，寺前种植呼应了地势，形成景框，通过观赏视线的控制摒俗收佳，将视线聚焦于远处的重重山峦（图7-78）。

图7-78 镇海寺前松林及远山

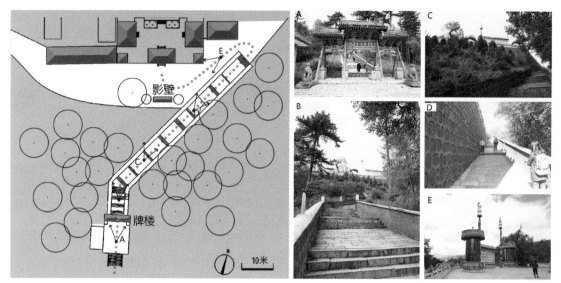

图7-79 集福寺引导空间序列分析

与镇海寺相比,集福寺引导空间人工感稍强(图7-79)。直线路径上应用了台阶与坡道的组合,引导空间起于山脚下的牌楼,沿蹬道上行,在转角处可以看到挡土高台上的一组转经筒与影壁,藏传寺院氛围凸显。路径由变高的红色挡墙与蹬道构成,呈现出强烈的一点透视,将原本不长的路程延伸到无限远。登上高台,完整的寺院形象出现,引导空间结束。位于集福寺西南400米的七佛寺采用了同样的引导空间营造手法,以影壁起景,蹬道连接,途中安置四角亭一座作为短暂停留空间。

综合以上三类引导空间,其游线组织均表现出诗文写作时"起承转合"的行文结构。在文章中"起"是起因,象征着引导空间的开头;"承"是事件的过程,象征着通过重复来强化视景主体的空间段落;"转"是事件结果的转折,即两种空间氛围切换的重要节点;"合"是文章的结尾,也是引导空间的结束。五台山寺院多为轴线控制的规整式布局,难免使人产生乏味沉闷之感,不同类型引导空间的设置,优化了景观序列的展开层次,使寺院外部园林空间更加多样,形成因地制宜、各具特色的寺院园林风貌。

二、引导空间构成元素

虽然不同寺院引导空间呈现的景观效果不同,却是由相似的元素组合而成,按照各要素的形态特征,将其划分为点状要素与线状要素。

(一)点状要素

点状要素为标志空间的建筑小品、构筑物,如牌楼、影壁、石狮、旗杆等。

1. 牌楼

五台山牌楼主要为木牌楼与石牌楼，是寺院引导空间重要的建筑要素：有些牌楼位于寺院旁的景区道路上，起标识作用，如殊像寺、显通寺、白云寺；有些暗示了引导空间的起点，如罗睺寺、塔院寺、集福寺、七佛寺；有些寺院在引导空间末端山门或天王殿前安置牌坊，如龙泉寺、南山寺、菩萨顶、黛螺顶等。

按照类型、规模、屋顶形制的不同，将五台山重要寺院引导空间中的牌楼加以整理，汇总得到表7-7。

表7-7　寺院引导空间中的牌楼

序号	所属寺院	位置	类型	规模	屋顶	横坊题字
1	菩萨顶	引导空间末端，寺院中轴线上	木牌楼（有斗栱）	三间四柱七楼	庑殿顶	灵峰圣境
2	显通寺	引导空间起点，非轴线	木牌楼（有斗栱）	三间四柱三楼	歇山顶	显通寺
3	塔院寺	引导空间起点，寺院中轴线上	木牌楼（有斗栱）	三间四柱三楼	歇山顶	正：清凉圣境；反：祇洹精舍
4	金阁寺	引导空间起点，寺院中轴线上	木牌楼（有斗栱）	三间四柱三楼	歇山顶	金阁浮空
5	碧山寺	引导空间起点，寺院中轴线上	木牌楼（有斗栱）	三间四柱三楼	硬山顶	正：清凉震萃；反：蕴结灵峰
6	集福寺	引导空间起点，非轴线	木牌楼（有斗栱）	三间四柱三楼	歇山顶	集福寺
7	七佛寺	引导空间起点，非轴线	木牌楼（有斗栱）	三间四柱三楼	歇山顶	七佛寺
8	殊像寺	引导空间起点，非轴线	木牌楼（有斗栱）	三间四柱三楼	硬山顶	前：殊像寺；后：瑞相天然
9	黛螺顶	引导空间末端，寺院中轴线上	木牌楼（有斗栱）	三间四柱三楼	硬山顶	前：大螺顶；后：青峰顶
10	观海寺	引导空间末端，寺院中轴线上	木牌楼（有斗栱）	三间四柱三楼	硬山顶	前：清风明月；后：明月池
11	罗睺寺	引导空间起点，非轴线	木牌楼（无斗栱）	一间两柱一楼	硬山顶	罗睺寺
12	灵峰寺	引导空间起点，寺院中轴线上	石牌楼（有斗栱）	五间六柱五楼（近年新建）	歇山顶	灵峰圣境
13	古佛寺	引导空间起点，寺院中轴线上	石牌楼（无斗栱）	三间四柱三楼	损毁严重	—
14	南山寺	引导空间末端	石牌楼（有斗栱）	三间四柱三楼	歇山顶	前：信天由命；后：不灵有神
15	金阁寺	引导空间末端，寺院中轴线上	砖石牌楼	三间四柱三楼	歇山顶	南天门
16	龙泉寺	引导空间末端，寺院中轴线上	石牌楼（有斗栱）	三间四柱三楼	歇山顶	佛光普照
17	白云寺	引导空间中部，无轴线	石牌楼（无斗栱）	五间六柱五楼	庑殿顶	佛国圣地

从表7-7可知，五台山的牌楼以三间四柱三楼的规格居多，多数为木牌楼，菩萨顶山门前的木牌楼为最高形制（图7-80）。菩萨顶木牌楼耸立

殊像寺木牌楼　　　　　　　　　　　菩萨顶木牌楼

龙泉寺石牌楼　　　　　　　　　　　南山寺石牌楼

图7-80　寺院引导空间中的牌楼

在一百零八级石阶高处平台上，四柱三门，上下三层共七个楼头，牌楼屋顶上铺设黄色琉璃瓦，中央开间的横枋上御书"灵峰圣境"的题字点明了这一处为登高览胜的观景点。

龙泉寺、古佛寺、南山寺三座建于民国时期的石牌楼代表了五台山寺院石雕艺术的巅峰，其中龙泉寺石牌楼完全仿木构建造，斗栱、出檐十分逼真，牌楼遍身雕饰，工艺最为精细，采用的石雕技法有高浮雕、透雕与圆雕等，略显繁琐。古佛寺石牌楼更加粗犷豪放，斗栱只是象征性的示意做法，中门明楼坊头一层，两侧次楼坊头两层，形成三层坊头，整体形象紧凑雄健，石雕装饰以浅浮雕为主。相较之下，南山寺石牌坊最为厚重庄严，四方石柱中券三眼拱洞，上覆三面楼头，中间大而高，两旁稍低矮，除上部雕斗栱与屋顶外，基础、立柱、额枋上均无雕刻装饰，仅阴刻题词与对联，牌楼形象大气肃穆。

2. 影壁

佛教寺院常出现影壁的设置，如五台山就有影壁60余座。出现在寺院外引导空间中的影壁（图7-81），一般与门类建筑或构筑正对，暗示了寺院位置和引导空间起点，影壁和寺院入口界定出的线性空间延长了寺院的中轴线，无形中扩大了寺院建筑群的规模。

南山寺一字形（三段）影壁

龙泉寺雁翅形影壁

观音洞八字形影壁

图7-81 寺院引导空间中的影壁

　　五台山寺院的影壁多为砖石影壁，分为上部的壁顶，中部的壁身和下部的壁座。壁座具有承托壁身、防水防潮的作用。除了一些近代构建的影壁，五台山大多数影壁壁座为束腰须弥座，由上枋、上枭、束腰、下枋、下枭、圭角构成。壁身是影壁主体，五台山影壁多为砖石砌筑，或用白灰抹平后刷红色涂料，或者是用砖雕装饰壁身的中心（"盒子"）和四角（"岔角"），"盒子"呈现的题材内容多种多样，有的书写经文或吉祥文字，有的雕刻精美的古代人物故事或山水、建筑、动植物等图案。壁顶相当于房屋顶部，有庑殿顶、歇山顶、悬山顶、硬山顶等不同做法，以保护壁身免受雨水侵蚀，一些影壁壁顶檐下刻有仿木构的斗栱、枋等构件作为装饰。

　　按照影壁与建筑的位置关系可将五台山引导空间中的影壁划分为独立影壁与非独立影壁两类。由于平面形式的不同，独立影壁又可分为一字形影壁与雁翅形影壁，一字形影壁在五台山最为常见，多为一堵墙，或在此基础上进行三段式的处理，中间高起，两边略低。雁翅形影壁由中间一字形主壁和两侧呈雁翅展开的八字形副壁组成，中段宽又高，左右两段相较低窄。非独立影壁包括一字形靠山式影壁和八字形影壁两种形式，前者指影壁与山墙连为一体，利用墙面挑出壁顶、壁身、壁座，八字形影壁位于山门左右两侧，与之呈45°或60°锐角相连，门前形成梯形小空间。

　　根据以上分类，将五台山重要寺院引导空间中的影壁形态、材质、做法等加以整理，汇总得到表7-8。

　　3. 石狮

　　狮子与佛教的关系十分密切，在佛教中狮子被赋予了特殊的意义。《东京梦华录》中记载："以结彩文殊、普贤跨狮子、白象。"可见佛教将狮子作为文殊菩萨坐骑，后也被视为佛教护法和寺院守护神兽。此外，传扬佛法被誉为"狮子吼"，以取其威服众生之义。

　　中国传统文化中的狮子形象是佛教传入后的产物，之后融合世俗文化产生了以狮子为主体的石刻造像的艺术表现形式，并将其作为一种建筑装饰。石狮一般成对摆放，大门左侧为雄狮，以前足踏绣球为标志，右侧为雌狮，以足踏幼狮为标志。

　　五台山许多寺院引导空间中有摆放石狮的例子，如发挥其作为佛教护法神兽的作用，烘托寺院严肃的宗教气氛，映衬建筑气势（图7-82）。多

表7-8 寺院引导空间中的影壁

影壁类型	所属寺院	平面形态	位置	材质	壁基	壁身	壁顶
独立式影壁	碧山寺	一字形	连接形引导空间起点，牌楼前	砖石影壁	须弥座	书写"南无阿弥陀佛"	歇山顶
	集福寺	一字形	山林形引导空间终端，天王殿前	砖石影壁	须弥座	文字沉雕	悬山顶
	金界寺	一字形	连接形引导空间起点，正对天王殿前台阶	砖石影壁	须弥座	周边文字沉雕，盒子为人物浮雕	庑山顶，带斗栱
	菩萨顶	一字形	仪式性引导空间起点，正对108级台阶	砖砌影壁	须弥座	盒子为佛字浮雕	悬山顶，带斗栱
	南山寺	一字形/三段	仪式性引导空间起点，正对108级台阶	砖石影壁	须弥座	三个盒子为汉白玉雕刻题字	单檐歇山顶，带斗栱
	文殊洞	一字形/三段	正对山门	砖石影壁	须弥座	三个盒子为文字与吉祥图案浮雕	庑山顶，带斗栱
	白云寺	一字形/三段	连接形引导空间终端，天王殿前	砖石影壁	须弥座	文字沉雕	悬山顶
	普化寺	一字形/三段	正对天王殿	砖石影壁	须弥座	南面三个盒子为道家仙人主题砖雕，北面中间盒子为观音与童子砖雕，两侧为龙砖雕	悬山顶，带斗栱
	龙泉寺	雁翅形	仪式性引导空间起点，正对108级台阶	砖石影壁	须弥座	中间盒子为建筑风景石雕，两侧为盘龙砖雕	悬山顶，带斗栱
	金阁寺	雁翅形	仪式性引导空间起点，正对108级台阶	砖石影壁	须弥座	中间盒子为建筑风景砖雕，两侧为香炉图案砖雕	悬山顶，带斗栱
	南山寺	不等长雁翅形	山林形引导空间终端，山门前	砖石影壁	普通基座	盒子为文字沉雕	砖砌叠涩顶
非独立式影壁	罗睺寺	一字形靠山式	连接形引导空间起点，牌楼后	砖砌影壁	普通基座	刷红漆，盒子中心书写佛字	硬山顶
	罗睺寺	八字形	连接形引导空间终端，山门两侧	砖砌影壁	普通基座	刷红漆	硬山顶
	广华寺	八字形	山门两侧	砖砌影壁	普通基座	刷红漆	硬山顶
	广仁寺	八字形	山门两侧	砖砌影壁	须弥座	盒子为风景石雕	歇山顶，带斗栱
	观音洞	八字形	山门两侧	砖砌影壁	须弥座	门左盒子为人物石雕，右盒子为动物石雕	

数寺院将石狮置于引导空间末端的门殿入口两侧，如在山门两侧摆放石狮的寺院有广仁寺、圆照寺、观音洞、广华寺、慈福寺，在天王殿前两侧摆放石狮的寺院有集福寺、塔院寺、罗睺寺、龙泉寺、普化寺、极乐寺（南山寺）、清凉寺、观海寺、镇海寺、碧山寺、黛螺顶。个别寺院将石狮置于引导空间中起始处，如罗睺寺在引导空间起始处有三座石狮，一对位于牌楼前两侧，一座小石狮被安置于牌楼后影壁前的平台上。

4．旗杆

旗杆多立于寺院建筑前，以升幡、幢之用。其构造从下到上依次为夹

罗睺寺影壁前石狮　　　　　　　　龙泉寺天王殿前石狮　　　　　　　　塔院寺引导空间中石狮

图7-82　五台山寺院引导空间中的石狮

杆石、旗杆柱、杆顶三部分，夹杆石为中部有孔的矩形石材，方便固定杆柱，多有雕饰。旗杆柱为石材或木材的长杆，其高度受寺院大小和前广场规模影响，石质旗杆可饰以浮雕，木质旗杆多漆成寺院门扇的颜色。杆顶形式包括石材的圆球、瑞兽，琉璃或金属材质的葫芦，藏传佛教寺院旗杆顶部多为钟形金属宝瓶。

五台山寺院旗杆均为成对布置在天王殿或山门前（图7-83）。龙泉寺、广华寺、金阁寺、镇海寺等寺院的天王殿前均立有造型精美的石质旗杆，构造相似，柱上满雕云龙，在旗杆上下约1/4处各有一个瓜棱形石雕环，中间装饰两个四方盘装托斗石雕作为连接。殊像寺、大圆照寺、罗睺寺天王殿前，广仁寺山门后树有木质旗杆，杆柱简洁，仅漆作朱红色。集福寺、广仁寺的旗杆为藏传佛教道场的形式，杆外包裹层层黄、蓝、红、白、绿五色经幡，又称为经幡柱。

广华寺石质旗杆　　　　菩萨顶石质旗杆　　　　圆照寺木质旗杆　　　　集福寺经幡柱

图7-83　五台山寺院引导空间中的旗杆

（二）线状要素

线状要素为连接各点状要素的导引路径，包括影响空间体验和视觉感受的平面和立面，平面由道路、平台构成，立面由墙体、种植组成。线性要素能够将引导空间中各点状要素串接起来，按照一定的景观序列进行组织，通过视线的引导与限定使行人按照特定的轨道前进。

1. 引导路径

引导路径需要满足游人从一高程平面安全到达另一高程平面的行进要求，其中台阶和坡道是最为常用的高程连接手段，体现了高程变化。

台阶由一系列水平面构成，只需要相对短的水平距离，便能完成垂直高度的变化，使人在斜坡上保持稳定性。在寺院山门紧接外部道路的情况下，可以门前的台阶作为空间转换的暗示，如广化寺入口。一些寺院在引导空间起始处，会呼应牌楼设置几步台阶作为强调，如集福寺、七佛寺。在引导空间沿山体布置、路径较长的情况下，会根据地形的变化，以台阶加设平台的方式组织道路，不仅可以营造出视觉上的韵律感，改善景观的单调体验，也通过"攀登"与"停留"节奏的控制来影响人在行走时的体验，给人以平缓、易于攀登的心理暗示，这类台阶见于镇海寺、金阁寺、集福寺等寺院的引导空间中。在空间局促和高程变化极大的情况下，台阶可在较短距离消化高差的优势便体现出来，如菩萨顶、龙泉寺引导空间中的108级台阶，台阶以横向线条的重复创造出了竖直向上的、有透视张力的线形图案，呈现出紧张而肃穆的神圣感与仪式感。

坡道是连接有高差地面的斜向交通道，与台阶相比，具有"无障碍"的设计特征，能够流畅地连接起一系列空间，但缺乏稳定性，不适宜停留，因此坡道不宜过长。引导空间的坡道往往呈蜿蜒曲折的路线，是为了在有限空间内获得充足的坡道长度，如罗睺寺。

引导路径空间上局部扩大的铺装平台便是象征静的"休止符"。登山道上的平台起到调节游览速度的作用，相当于引导路径中的短休止符；设置于两种空间交接处的节点平台暗示着空间的转换，相当于长休止符。后者出现在引导空间开始以及引导路径转折处，会以景墙、影壁等建筑元素作为平台边界，山门或天王殿前的平台是引导空间结束处，多会安置牌楼、石狮、旗杆等点状要素作为提示。以南山寺为例，南山寺引导空间较长，可分为两段不同的空间序列，前半段是以坡道为主体的山林型引导空间，后半段为以108级台阶为主体的仪式型引导空间。山林型引导空间的终点为不等长雁翅型影壁与券洞门围合出的平台，也是山林型引导空间的终点。进入门洞后的平台北侧为高8米、宽18米的一字形砖石结构影壁，南侧正对108级台阶，为仪式型引导空间的起点，可见在两种引导空间衔接时，铺装平台是路线导引和空间转换过渡的标志。顶部三摩地钟楼前的平台上安置的石牌楼暗示了仪式型引导空间的终结（图7-84）。

2. 墙体

五台山引导空间中的墙体，可按照高度将其分为矮墙与高墙两类。

矮墙多出现在平台周边以及台阶蹬道两侧，以起到类似栏杆的围挡防护作用（图7-85）。在菩萨顶、集福寺、七佛寺、南山寺、广宗寺等寺院

| 山林型引导空间终点处的平台 | 仪式型引导空间起点处的平台 | 仪式型引导空间终点处的平台 |

图7-84　南山寺引导空间中的平台分布

| 南山寺台阶两侧矮墙 | 南山寺平台边界的矮墙 | 广宗寺天王殿前平台及台阶两侧矮墙 | 菩萨顶天王殿前平台及台阶两侧矮墙 |

图7-85　五台山寺院引导空间中的矮墙

前的引导空间中，均以砖砌矮墙代替栏杆，更容易和建筑形象统一。按照矮墙形象特征可分为实心墙和砖漏墙，前者较为厚实，后者用砖砌成菱花或孔洞，更为轻盈活泼。

高墙出现在引导空间的道路两侧，具有界定空间、导引视线的作用，如塔院寺山门到牌楼两侧的红墙，它们既是划定空间归属的寺院院墙，也强调了带状引导空间的边界和形态，如罗睺寺引导空间中坡道两侧的高墙在起到以上两种功能的基础上，营造了曲径探幽的游赏体验。

3. 种植

上述所有点状、线状要素均带有极强的人工属性，相比之下，植物是唯一一种具有生命力、能因四时而变的风景元素，而且能够影响空间中的任何一个面的构成。因此在寺院引导空间中，常以散植、列植或群植的方式强调路径空间，辅助其他元素进行空间划分和视线导向。

在地平面上，可以用不同高度和种类的地被植物或矮灌木来暗示空间边界，减少视线围挡。菩萨顶108级台阶两侧的坡地上原有大量高大乔木，为保证山门前平台视野的开阔，故进行了移除，以预留远眺台怀镇全貌的视景线。

在垂直面上，乔木的树干如同建造于外部空间的建筑支柱，与路径一同界定了行进方向，树冠的姿态、枝叶疏密程度以及分枝的高度都影响了空间的围合感。南山寺山林型引导空间段路径两侧种植体现了这一特征。塔院寺采用列植乔木的形式强调引导空间，树姿呈现为挺拔向上的竖向线条，呼应了寺院中白塔的立面形态，保证了引导空间中视觉构图的统一均衡，常绿树与落叶树结合的配植方式也考虑了寺院景观的季相交替变化。

通过种植移除梳理引导空间观景线

图7-86 引导空间中种植的空间界定作用

树冠同样可以限定、影响一个空间中的顶平面，如集福寺、镇海寺的台阶蹬道两侧种植，探到道路上方的乔木树冠形成了柔软的空间顶平面，游赏者在行进过程中会有开放空间与半开放空间交替出现的体验（图7-86）。在罗睺寺引导空间中，高墙围合出的绿地中点植了几株油松，树冠探出墙外在道路上方形成了绿色顶盖，丰富了顶面形象。

植物的色彩也是景观构成的重要因素，五台山寺院建筑墙体以红色为主色调，和植物的绿色互为补色，形成暖与冷、明与暗、兴奋与沉静的对比，使各自的色彩更加浓艳，景观更具表现力。

第三节 寺院群体布局及游线组织

彭一刚在《建筑空间组合论》中提到，当若干建筑摆在一起时，"只有摆脱偶然性而表现出一种内在的有机联系和必然时，才能真正地成为群体"。每座寺院都有其个性，把若干座寺院按照特定游线组织成为完整统一的建筑群是山地寺院园林理法的重要组成部分。

五台山中的一些位置邻近的寺院，和环境融合度较高，在平面形态、外部空间、交通等方面表现出彼此呼应、互相联系的特点，随着历史的演进逐渐形成了具有整体景观特色和游览序列的、有机的宗教建筑群。台山主要寺院群有三个，分别是灵鹫峰寺院群、黛螺顶寺院群和南山寺寺院群。从布局特征来看，灵鹫峰以菩萨顶为核心呈向心式布局，黛螺顶寺院群呈念珠式布局，南山寺寺院群为聚集式布局。受地形特征影响，各寺院群的内在联系和景观特征均不相同，主要体现在游线交通组织的差异性上。

寺院群的交通联系方式可以分为并联式连接及串联式连接两类（图7-87）。并联式连接是指单一出入口的寺院间交通组织，即寺院群游线与寺院内游线相互独立，各寺院游线以并联的方式衔接在寺院群游线上。串联式连接是指寺院之间关系紧密，被整合成大型寺院建筑群，各寺

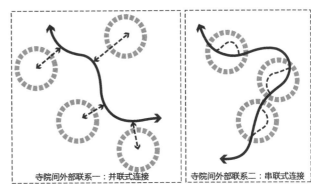

图7-87 寺院群交通组织方式

院出入口特征不明显，寺院群游线穿越各寺院，与寺院内游线有一部分重合。由此看来，灵鹫峰寺院群、黛螺顶寺院群属并联式连接，南山寺寺院群属串联式连接。

一、向心式布局——灵鹫峰寺院群

台怀灵鹫峰寺院群主要由万佛阁、塔院寺、广仁寺、罗睺寺、显通寺、圆照寺、广宗寺、菩萨顶八座寺院组成（图7-88）。

寺院群中，各寺院均围绕灵鹫峰布置，巧妙地利用地形变化，因山筑寺，将寺院错落有致地以"寺包山"的形式布置在自然地形上，其中菩萨

图7-88 灵鹫峰寺院群鸟瞰

顶建于灵鹫峰顶，广宗寺位于灵鹫峰山腰处，圆照寺位于灵鹫峰山脚，其他诸寺均建于灵鹫峰前的坡地上。灵鹫峰寺院群建筑密度极高，从寺院平面形态和布局中不难看出各寺院间暗含的咬合关系和有机联系。

（一）寺院群的形成

寺院群的形成并非一蹴而就，而是随着历史发展的脚步有机生长出的产物。大孚灵鹫寺为五台山历史最悠久的寺院之一，建成于北魏太和年间，此后历代皆有修葺，唐代改名大华严寺。

唐长安二年（702年），武则天令万善寺尼姑妙胜于大华严寺塔院建二层八角佛舍利塔，元成宗大德五年（1301年），尼泊尔匠师阿尼哥在唐建佛舍利塔的基础上建大白塔将木构佛舍利塔筑于塔身内，明永乐五年（1407年）朱棣敕修此塔，修建寺院，从此塔院从大华严寺中分裂出来，成为一寺，即现在的塔院寺。位于塔院寺引导空间东侧的万佛阁，创建于明代，早期为塔院寺属庙，后独立成寺。

罗睺寺原属大华严寺，为其十二院之一，原名善住阁院，在唐代独立成寺，明、清皆有重修，康熙四十四年（1705年）进行改建，从青庙转为黄庙。此后，随着来五台山朝拜喇嘛庙的藏族、蒙古族信徒日益增多，罗睺寺便修建客堂专门用以接待。清道光年间，土族人印堂住募化修建了用以接待朝山者的罗睺寺客堂，使之独立成为寺院，专门招待远道而来的喇嘛和少数民族善男信女，即现在的广仁寺（十方堂）。该寺与罗睺寺仅有一墙之隔，早期由于没有地产，开支仍由罗睺寺担负，为罗睺寺属庙。

可见，显通寺、罗睺寺、十方堂、塔院寺、万佛阁这五座寺院的建设与发展的过程与细胞有丝分裂的过程相类似：创建最早的显通寺充当了最初的"母细胞"，在它的基础上向南、向北先后"分裂"出塔院寺、罗睺寺两个"子细胞"，而后这两个"子细胞"又升级为"母细胞"，分裂出万佛阁、广仁寺。在这个过程中佛教文化作为携带遗传物质的"染色体"进入到"子细胞"中，完成了"性状"的影响与传播。从图7-89中明显可以看出，"分裂"产生寺院位置较上级"母体"寺院距灵鹫峰更远，体量比上级"母体"寺院体量小（显通寺＞塔院寺、罗睺寺＞万佛阁、广仁寺），能够看出寺院主次地位和从属关系。

菩萨顶、圆照寺、广宗寺位于以显通寺为核心的以上五座寺院的东北方，三座寺院依次建于北魏孝文帝时期、元至大年间、明正德年间，建设行为比较独立，但也表现出了较早期建设的寺院对后来建设寺院在选址和空间形态方面的影响。

（二）寺院群游线组织

灵鹫峰寺院群表现出"众寺聚灵鹫"的明显向心特征，寺院群内的游览路径是以灵鹫峰制高处的菩萨顶为朝圣终点而展开的景观序列的组织，寺院间游线和寺院内游线为并联式连接。

寺院群游线由两段景观氛围略有不同的路径构成（图7-90）。

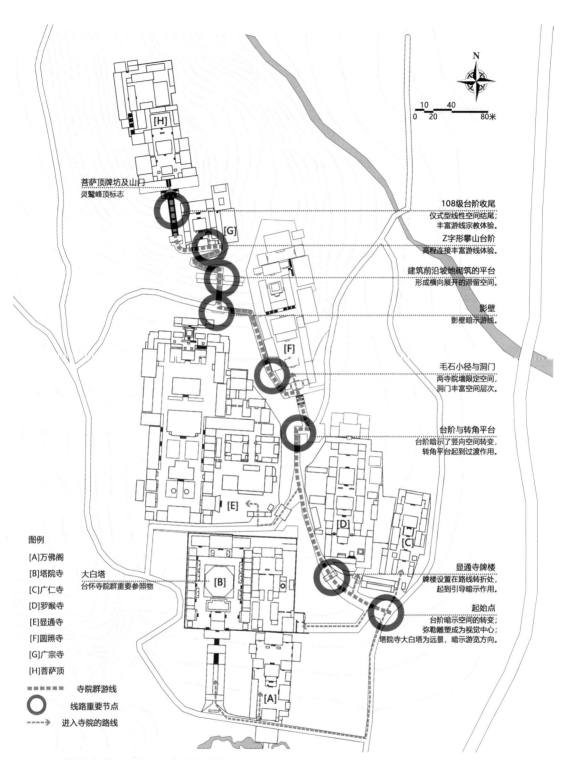

图7-89 灵鹫峰寺院群的平面布局以及交通组织方式

第七章 五台山寺院空间布局风景析要 | 219

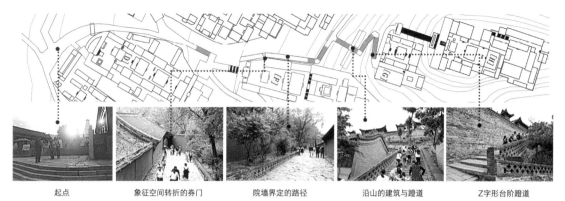

| 起点 | 象征空间转折的券门 | 院墙界定的路径 | 沿山的建筑与蹬道 | Z字形台阶蹬道 |

图7-90 寺院群游线及空间节点

前段路径位于坡度10%左右的平缓区域，游线为临街建筑和寺院院墙围合出的带状坡道空间，起点位于广仁寺前，平面形态为外大内小的喇叭形，通过台阶和须弥座汉白玉弥勒佛像来暗示空间的起始，远处的大白塔成为视觉构图焦点。游览路线依次经过塔院寺东门牌楼、罗睺寺牌楼、显通寺牌楼、显通寺钟楼等暗示游人进入寺院游览的元素，即各寺院引导空间中的点状要素。

从圆照寺开始，地形坡度明显增大，平均坡度达到20%左右，游览路径从坡道转变为台阶、平台、登山道的组合，广宗寺前坡度较大，登山台阶采用了Z字形的布局方式。为了减少对自然山体的人工干预，寺院引导空间与寺院间游线局部重合设置，圆照寺山门前平台、广宗寺天王殿前平台都是寺院群游线的一部分，将平台空间稍加扩展，形成停留和缓冲的区域。

从寺院群整体形象来看，制高点的菩萨顶和寺院群前部的大白塔是两个重要的空间地标，前者以建筑组群轮廓强调山势，凌空欲飞，后者以高明度和挺拔的形态插入云际，鹤立台怀。二者共同构成台怀曲折高耸的天际线。

二、念珠式布局——黛螺顶寺院群

（一）寺院群的形成

位于台怀东侧清水河东畔的黛螺顶寺院群呈念珠式布局，汇集了三种在不同地形特征上构建的寺院，分别是位于山麓空间的善财洞下院、位于山腰处陡坡空间的善财洞上院、位于制高空间的黛螺顶（图7-91）。

黛螺顶为台怀四峰之一，始名青峰，寺院最初被称为佛顶庵，因山形"乳峰状若旋螺，圆净可爱"（释永庆明万历二十年《五台山重建佛顶庵碑记》），故俗呼为大螺顶，从明万历二十年（1592年）至清乾隆十五年（1750年）均用此名，同年改名黛螺顶并一直沿用至今。

善财洞背倚黛螺顶，面朝清水河，上下两院均建于清代，传说因挖出

图7-91 黛螺顶寺院群鸟瞰

狮子吼文殊、弥勒、善财三尊铜像的天然石洞而建寺院。从当时的社会背景来看，清代五台山佛教昌盛，在台怀形成了小集镇，商贾为求财运，又不宜在佛教圣地供奉属道教的民间财神，因此以观世音菩萨的胁侍——善财童子代之[①]，并出资兴建寺院，供奉善财。上院建于康熙年间，殿宇紧贴崖壁，寺院规模受限制，后在乾隆年间建下院，坐东面西，规模较大，成为善财洞主院。

乾隆五十七年（1792年），清高宗开黛螺顶"小朝台"之先河，此后，黛螺顶香火一直十分旺盛。以前峰高坡陡，山路崎岖难行，对前来黛螺顶小朝台的人来说并不轻松。1992年，台湾开证大师前来小朝台后发愿捐建了一条共有1080级台阶的步行道，即大智路。大智路台阶数十倍于仪式性引导空间中的108级台阶，这里的"十"喻指"十界"，即天台宗所合称的六道（凡）四圣一切凡圣迷悟之境界，认为每界之中都有"百八烦恼"，因此共有1080种烦恼。登大智路1080级台阶寓意着可忘净"十界"的"百八烦恼"，大智路的修建真正将三座寺院勾连成体系，形成了黛螺顶寺院群。

（二）寺院群游线组织

黛螺顶寺院群与灵鹫峰寺院群的交通方式同属并联式连接，大智路为游线主体。游线序列的起点为清水河西侧的汉白玉牌坊，与桥东善财洞下院山门遥相呼应，标志出寺院群领域，为寺院群起势，在视觉上扩大了寺院群空间范围，使整体更加壮观（图7-92）。

沿清水河绕过善财洞下院，寺院东北角的a点为大智路碑亭，是登山路线的起点。上行至大智路全程1/5处的b点，其北侧为"佛"字影壁，坡度南端为善财洞上院山门，这一段影壁、山门界定出的南北向路径形成了寺院引导空间和寺前广场，强化了寺院的进深与气势。由上院山门向东行，在300余米的登山路上分布了c、d、e三个休息平台作为短暂休憩停留和远眺的节点，以缓解长时间攀爬的劳累与乏味。黛螺顶为游线终点，

[①] 因其出生时，家中自然涌现许多珍奇财宝，故取名为"善财"。

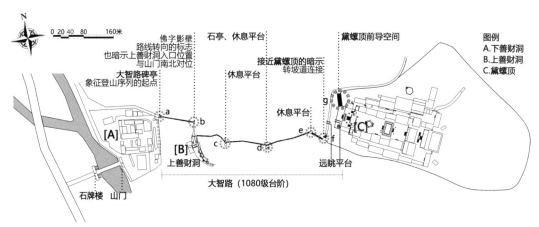

图7-92 寺院间游线及空间节点

图7-93 大智路路径的空间对位

其引导空间没有处理成与典型占顶寺院菩萨顶相同的手法,即沿中轴直接进入寺院领域,而是以坡道为缓冲,通过寺院前北侧的49步台阶抵达天王殿前。这一做法保证了登顶远眺时视野的开阔,将寺前平台上游人的水平视域和垂直视域均聚焦在远山与灵鹫峰寺院群,保证了观景质量。

大智路沿坡地上行,伴随着路径方向的轻微调整,行走在A段,举目正对紫霞谷方向,具有观赏远山的良好视角,B、C、E、F段路径两侧有树木作夹景,与灵鹫峰寺院群有很好的对景关系,其中,B段路径方向正对塔院寺大白塔,C段路径正对广宗寺方向,E段路径方向正对显通寺,F段路径正对灵鹫峰菩萨顶。沿各段不同方向路径上向西作延长线,可以看出在设计大智路时考虑到了景观对位的丰富性(图7-93)。

三、聚集式布局——南山寺寺院群

(一)寺院群的形成

元代元贞元年(1295年),元成宗幸临五台山"睹灵现,有感"(《清凉山志》卷五《帝王崇建》)而敕建万圣佑国寺,将其作为皇室祈福延祚、大作法事活动的皇家道场之一。明代嘉靖二十年(1541年)重修,乾隆年间高宗下诏重修佑国寺,清道光十年(1830年),在玄化和尚的主持下对寺院进行"补葺"。光绪年间,普济和尚来到佑国寺担任住持重新修葺佑国寺,新建了善德堂与极乐寺,并将三寺合而为一,总称南山寺。

(二)寺群游线组织

南山寺寺院群游线为串联式连接,由引导空间、寺院内游线、寺院间衔接处共同组成(图7-94)。

南山寺引导空间为山林型引导空间和仪式型引导空间的组合,A点是两类引导空间过渡交接的地方。A点北侧为一字形大影壁,正对南侧砖砌门洞与108级台阶。此处的台阶与菩萨顶"一鼓作气"式的连续性设置不同,设置为三段,分别代表过去、未来、现在三世,每段各有36个台阶,代表六根中每一根的苦、乐、舍及好、恶、平(《止观辅行传弘决》卷五之五),共36种烦恼,三段总共108级台阶代表了三世六根的"百八烦恼"。B点为仪式型引导空间的终点平台,以石桥、石牌楼为标志,南侧

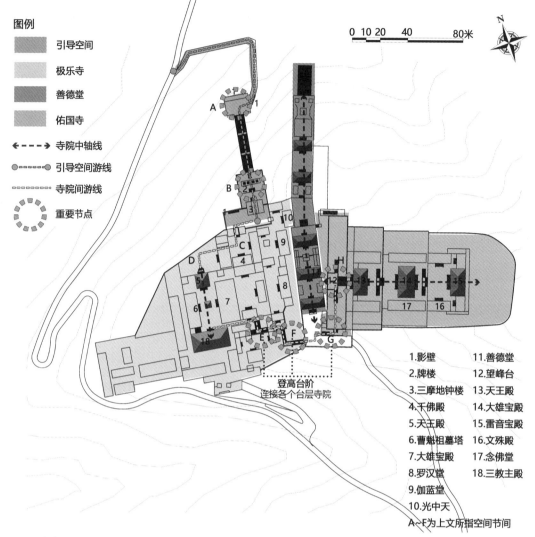

图7-94 寺院间游线及空间节点

为三摩地钟楼。

寺院下三层为极乐寺。进入三摩地钟楼,在两侧影壁的引导下,通过门洞进入以千佛殿为主殿的院落,后经西侧通道进入极乐寺大雄宝殿所在的院落,控制性轴线上自北向南依次分布有山门、曹魁祖墓塔、三教主殿。由三教主殿向东行,上几步台阶,便到达千佛殿南侧的第二层院落。第三台层院落与前两级高差较大,由E处台阶相连,院内主殿罗汉堂、伽蓝堂坐东朝西,由于西侧院墙围挡,在院中只能看到远山顶部。

从第三层院落前F点处的砖石台阶登高而上,便为位于第四层台地上的善德堂。寺院院落空间狭长,佛殿沿南北向分布,继续登高就到了占据高处的佑国寺。佑国寺坐东朝西,三层大殿由低到高依次为天王殿、大雄宝殿、雷音宝殿,寺前平台视线开朗,举目环顾,南台、西台、中台、北台尽览眼中，故名望峰台，此台的设置发挥了南山寺建于凸坡之上的观景优势，是寺院群游线的高潮节点。

南山寺三座寺院因山就势，形成了朝向不同和布局各异的院落形式，连接各层寺院的台阶集中位于南部的E、F、G三点，并通过围墙、门洞、影壁等元素的围合、引导，在有限的空间中进行游线的组织，将三个寺院紧密地联系起来，创造出丰富多变的宗教空间，形成灵巧有趣、曲折深邃的整体风貌。

参考文献

[1] 赵光辉. 中国寺庙的园林环境[M]. 北京：北京旅游出版社，1987.
[2] 王贵祥. 中国汉传佛教建筑史：佛寺的建造、分布与寺院格局、建筑类型及其变迁，下卷[M]. 北京：清华大学出版社，2016：2027-2160.
[3] 冯禹，邢东风，徐兆仁. 中华传统文化大观[M]. 北京：中国大百科全书出版社，1996：602-605.
[4] 邹清泉. 敦煌壁画《五台山图》新考——以莫高窟第61窟为中心[J]. 中国国家博物馆馆刊，2014，02：77-93.
[5] （日本）圆仁. 入唐求法巡礼行记校注[M]. 石家庄：花山文艺出版社，1992.
[6] 宿白. 敦煌莫高窟中的"五台山图"[J]. 文物参考资料，1951，（05）：49-67+69-71+261-262.
[7] 故宫博物院编. 清凉山志清凉寺新志钦定清凉山志[M]. 海口：海南出版社，2001：332-347.
[8] 李乾朗. 穿墙透壁：剖视中国经典古建筑[M]. 桂林：广西师范大学出版社，2009.
[9] 陈波. 洞穴世界——以洛域为例[J]. 宗教人类学，2013，00：60-83+5.
[10] 中国历史大辞典编纂委员会编纂. 中国历史大辞典上卷[M]. 上海：上海辞书出版社，2000.
[11] 李国豪等. 中国土木建筑百科辞典：建筑[M]. 北京：中国建筑工业出版社，1999.
[12] 崔正森等. 五台山[M]. 太原：山西人民出版社，2009：36-43
[13] 辜璇. 塔建筑在中国的演变[D]. 武汉：武汉理工大学，2006.
[14] 郑琦. 覆钵式塔建筑艺术[J]. 华中建筑，2008，02：180-184.
[15] 刘敦桢. 中国古代建筑史（第二版）[M]. 北京：中国建筑工业出版社，1984：3.
[16] 侯幼彬. 中国建筑美学[M]. 哈尔滨：黑龙江科学技术出版社，1997：42-44.
[17] 曹艳霞. 浅析山西传统窑洞民居[J]. 太原城市职业技术学院学报，2013，05：168-169.
[18] 刘敦桢. 中国古代建筑史（第二版）[M]. 北京：中国建筑工业出版社，1984：135.
[19] 郭永久. 园林尺度研究[D]. 北京：北京林业大学，2012.
[20] 鸠摩罗什. 大智度论[M]. 上海：上海古籍出版社，1991.
[21] 盛泽中. 五台山及其一百零八级台阶[J]. 山西老年，1995，04：19.
[22] 周祝英. 五台山佛寺影壁艺术初探[J]. 五台山研究，2015，02：44-53.
[23] 孟元老. 东京梦华录[M]. 郑州：中州古籍出版社，2010.
[24] 零落尘. 汉传佛寺建筑文化[M]. 北京：中国建筑工业出版社，2013：117.
[25] （美）诺曼·K. 布思，曹礼昆，曹德鲲. 风景园林设计要素[M]. 北京：中国林业出版社，2006：68.
[26] 彭一刚. 建筑空间组合论，（第二版）[M]. 北京：中国建筑工业出版社，1998：72.
[27] 正森. 五台山塔院寺大白塔[J]. 五台山研究，1987，（01）：27-29.
[28] 玉卿. 黛螺顶佛教史[J]. 五台山研究，2008，02：48-53.
[29] 廉考文. 五台山佛教寺庙释名[J]. 五台山研究，1987，03：33-35.
[30] 肖雨. 南山寺佛教史略[J]. 五台山研究，1997，（04）：7-14.

第八章

五台山风景文化意趣

五台山风景文化是基于五台山自然景观和人文景观而产生的具有宗教内涵的审美意识和审美思维方式，其呈现出的结果就是风景文化的"意趣"。

第一节　自然之境——自然景观中的文化意趣

　　由于寺院园林的空间尺度有限，为了增加园林的广度，丰富园林的内涵，充分实现其与广阔宇宙的融合，创造出了诸如对景、借景、聚景、纳景、引景等景观理法来突破园林实际空间范围，构建宏观空间环境与寺院园林之间的相互联系。

　　在佛教名山风景名胜区五台山中，这种方法应用得极为普遍。不仅将寺院外地貌地质、草木植物、天时天象等自然风景融于寺院园林中，也将宗教文化与人文精神融入自然风景要素和自然审美领域中，使二者在"天人合一"的宇宙观中得到意趣的升华。

一、地貌地质的文化意趣

　　五台山的地貌地质是在地壳运动、岩浆活动和变质作用等内营力和风、流水、冰川生物等外营力共同作用下的结果，具有独特性和丰富性，其中山岳之美和地质之趣在文化意趣方面表现最为突出。

（一）山岳之美

　　自古至今，山岳之美是传统风景审美领域中的重要对象，在中国古代山水画中，房屋、树木、人物等景物元素几乎都出现在"山"的范围中，可见山是一个宏观而广袤的区域性概念。五台山五座台顶宽阔广平，气势雄浑，在同纬度地带中是十分罕见的，长期的审美实践使得人们对五台山山岳的形象和特征有了深刻的认识和领会，也会基于此展开丰富联想，使之与佛教产生更加密切的关联。

　　1. 山岳形象中的佛教文化意趣

　　具有鲜明特征的山体形象会以客观表象给人以直观的视觉感知，结合宗教背景会产生具象的文化意趣。

　　人们将五座台顶的形态与佛教传说联系起来，认为是因龙王五子来此向文殊菩萨讨要清凉石，用龙尾把五个峰扫成了平台，才形成如今"一山连属，势若游龙"（《清凉山志》）、"超然独秀于众峰之上"（《入唐求法巡礼行记》）的五台景观。

在五台之中，以北台最为高峻。从台下仰望，"巅摩斗杓"，台顶好像与北斗星的勺把相连，因此得名叶斗峰；从远处西望北台，制高点东侧还有一处突起，两处突起形成马鞍状的山脊，被佛教徒看作《佛本行经》提到的一种两头一身的神鸟——"共命鸟"，以示教化。

另一处神奇的山岳景象出现在台怀南，从灵峰寺东望研伽罗山，山脉剪影似仰面朝天的大佛形象，头枕普化寺，脚抵栖贤谷谷口，在清晨日出时，"大佛"头顶仿佛有万道霞光涌出，形成佛光普照的特殊景观，灵峰寺也因此有了"望佛台"的称号。

2. 景观体验后的审美意趣升华

山岳形象除了能带来具象感知，也能使人在景观体验后产生独特的审美情趣和心灵的升华。

五台山也包含许多不同形象、不同高低的山体。对于观景者而言，这些参差错落的山体虽然不奇不险，却在不同观景距离和角度下呈现出多样的美。乾隆十五年（1750年）清高宗至五台山参观寺院，曾命张若澄画镇海寺雪景图，于画上题诗，其中有"寺景宜遥看，到寺无多奇。却看遥看处，纷然画景披"，正是赞遥望寺景时山景入画的精妙之处。次日乾隆再至镇海寺，留下诗句"月户昨所凭，林岚顿改形。稍见翠微际，几峰凝黛青。黛青仍间白，万景纷刻画"，指从月形窗户中望出，雾气形状与昨日不同，几座山峰变成青黑色和白色相间，如水墨画一般。由此可见，在人的主观感受中，遥远的空间距离和透视将远山处理成若即若离的水墨剪影，无论远望寺景抑或在寺内望远，山岳都是景观构成的重要元素，在不同气候条件下产生各异的景象，这就是山岳之美引发的审美情趣。

台顶作为制高点具有"山临天而无际"的高远特征，作为观景点体现了自近山望远山的平远特征。登顶而望，四周群山连绵，犹如仙境，康熙帝登北台后赋诗赞曰："绝磴摩群峭，高寒逼斗宫。钟鸣千嶂外，人语九霄中。朔雪晴犹积，春冰暖未融。凭虚看陆海，此地即方蓬。"诗中能够体悟到康熙登台时受群峭陆海的神奇秀丽所震撼产生的慷慨激越的胸怀，人的渺小与宇宙的广大无垠形成鲜明对比，二者也在台顶达到了完美和谐的统一。五座台顶寺院的选址与建设正是基于"天人合一"哲学思想和台顶境界的艺术创作。

（二）地质之趣

地质景观相较普遍的山岳形象，具有更为特殊的风貌，五台山典型的地质地貌有冰缘地貌景观、洞窟景观、岩石景观等。

五台山是中国东部第四纪冰期垂直冰缘带发育最好的地区之一，一些罕见的第四纪冰缘地貌在五座台顶得以保留。这些大自然的造化在人们眼中成为佛神之怪力所成。明崇祯六年（1633年），徐霞客考察五台山中台时，在台之南见到的"乱石数万，涌起峰头，下临绝坞，中悬独耸"，当地人将其神化为龙王五子讨还清凉石时用利爪在山顶乱刨留下的痕迹，故将其称为"龙翻石"（图8-1）。南台东面的龙宫圣堆遗迹，传说为龙母听经化去处涌出的泥土小丘，实为冰缘地貌中的冻胀丘（图8-2）。

图8-1 中台龙翻石

图8-2 中台冻胀丘

洞窟景观是常见的地质景观,在五台山多本山志中均有记载,如东台那罗延窟、西台龙窟、中台千年冰窟、金刚窟、千佛洞、罗汉洞、观音洞、文殊洞、善财洞、七佛洞等。这些洞窟多被认为是菩萨显圣或高僧修行的场所而被"圣迹化",如千佛洞。嘉靖末年,"道方者夜游至此,见神灯万点,既出旋入。方随入,见玉佛像林列其中,穹隆深迥。进里许,骤然闻波涛,悚怖不能出。念观音名,愿造像,忽见一灯,寻光得出"(《清凉山志》),由于道方在此目睹神迹,便"造石佛于洞口",更有后人依托之建设了寺院。

岩石景观指地质作用产生的大块岩石形成的宗教景观。有的岩石承载了重要的佛教传说,如清凉寺的清凉石、北台后半山腰的生炼狱;有些因特殊自然现象而得名,如北台南麓的留云石;有些岩石因形态或石上纹路特殊易引发人的联想而得名,如西台顶的魏文人马迹和二圣对谈石、西台南麓的牛心石。

二、草木植物的文化意趣

草木植物不仅可以在风景审美中起到宏观空间配置的作用,也可以在微观层面造就符合美学规律的画面,其文化意趣主要体现在以下四个方面:

第一,植物景观影响风景的命名。五台山各台顶"半麓以上,并无树木,唯生香草,细软如绵",是具有佛国特色的野生花卉景观,其中南台以"细草杂花,千峦弥布,犹铺锦然",而被命名为锦绣峰。

第二,植物景观浸淫了佛教文化内涵。在《清凉山记》记载的异花杂草之中,有花名金芙蓉,"他山则无",是一种神药"啖者能够开劫迷易仙骨"。此花为毛茛科金莲花,是一种具有药用价值的野生草本花卉,因其颜色及形态将代表五台山金色世界的"金"与代表佛国净土的"莲花"联系到一起。金代诗人元好问赋诗《台山杂咏》赞五台草木之美:"沈沈龙穴贮云烟,百草千花雨露偏。佛土休将人境比,谁家随步得金莲。"

第三,植物景观激发了古代文人创作的雅趣。自古以来五台山就是林木丰茂的森林,五顶以下"嘉木森森,千峦弥布"(《清凉山记》)。所以才有"松影摇空山谷中"([宋]李师圣《游台感兴古风》)、"四面林峰拥翠峦"([宋]张商英《咏五台诗·中台》)、"茫茫松海露灵鳌"([金]元好问《台山杂咏》)、"五峰森耸侵天长"([明]释彻照《清凉契道歌》)、"古树无枝半是苔"([明]史监《和咏五台》)、"罗列千峰万木森"([明]秋崖《竹林寺》)等历代文人对森林景观的赞咏。

第四,植物景观沉淀了五台山悠远的历史。朱光潜先生认为,"愈古愈远的东西愈容易引发美感",在植物审美的领域也是如此,时间的分量在古木上沉淀为高大的空间体量和苍劲挺拔的外观姿态。五台山的古木多留存在寺院之中,既具观赏价值也具历史价值,可谓"树古庭因古"([清]乾隆《古柯庭》),使人们畅游伽蓝精舍时被拉回到历史的空间中。

三、天时天象的文化意趣

汤贻汾《画筌析览·论时景》中说："春夏秋冬，早暮昼夜，时之不同者也；风雨雪月，烟雾云霞，景之不同者也。景则由时而现，时则因景可知。"汤之所言时景包含三个方面，一是一年之间四时之景的有序交替和季相变化的景观，二是一天之内日夜交替的"阴阳之化"所产生的景观，三是为伴随季相和日夜变化产生的气象景观。以上三个景观的类型相互勾连，便是一种特有景观类型——天时天象之景，它们的出现既具有时序性又带有一定的偶然性，是一般情况下不容易见到的种种自然现象，正是"景则由时而现，时则因景可知"。

天时天象之景是五台山难得的风景资源，以瞬息万变的特征，增强了景观的活性。它们能够直接构景，也能够作为山岳古刹的背景或借景，不同的天时天象之景能够赋予同一景物以迥然的意趣，使五台山的风景更具层次性和感染力。

1. 日月之景

太阳与月亮是与人类关系最密切的两大天体，在中国传统的审美情趣中，日、月均是重要的天时景观，在中国人的审美意识深处沉淀出了不同的文化内涵。

东台观日与西台挂月是五台山两大奇景，因观景界面开敞，无峰峦遮挡，故成为观赏日月之景最佳之处。

东台望海峰，以观云海变幻、群峰叠嶂为特色，凌晨天微亮，便能在东台观赏到赵朴初先生笔下"天著霞衣迎日出，峰腾云海作舟浮"[①]的胜景。雍正有《东台》诗云："远窥沧海初升日，响镇空林欲曙钟。一派明霞光绚烂，天然佛境豁心胸。"可见有云海、明霞的烘托，日出之景更彰显了佛国磅礴之势。

西台挂月峰，胜景在于月夜。月色西沉时由峰顶西望，可见一轮明月有如悬镜，或由中台、南台遥望西台，明月吊挂于山巅。与朝、暮景观相比，月色具有"移世界"之妙，能够变移现实空间中原有的形色、情调，创造出或隐或现，或虚或实的意境体验。

日月之景的出现都是由于山地特殊气候条件和地理条件影响，在特定的时间和位置上出现的自然景观，是风景名胜区珍贵的资源。

2. 云雾之景

云、雾都是指大气中的水蒸气凝结成的悬浮在空中的细微小水滴的现象，当这些水滴或冰晶出现在天空中，形成肉眼可见的集合体就是云，当水滴悬浮在近地面大气中形成的可视集合体便是雾。云雾具有时而聚集时而消散的动态特征，产生的明暗变化极大地丰富了山岳实体的景观，云雾不稳定的状态也使得人们每一次看到的风景都是独一无二的。

云海是五台山重要的天象景观，多出现于春、夏、秋三季，元好问曾赋诗一首赞咏五台云海："山云吞吐翠微中，淡绿深青一万重。此景只应天上有，岂知身在妙高峰？"登临五座台顶，便可看到周边云雾缭绕，好似无边无际的波涛，高耸的山峰在云海的遮掩下仿佛一座座海上仙山，十

[①] 为原佛教协会会长赵朴初先生1981年登临东台时曾即景咏词《五台杂咏》中的诗句。

分壮观。东台望海峰正是因其"蒸云寝壑,爽气澄秋,东望明霞,若陂若镜。即大海也(《清凉山志》)"而得名"望海"。

云雾现象与天时变化结合衍生出更加罕见的气象景观和特殊的感官体验,它们传达出的宗教信息激发了人们对佛教的向往以及对佛国境界的联想,如彩云、佛光等,配合其他景观实体,从多层观感上丰富了名山游览时的宗教体验。

由于日出日落的变化,水汽、云雾折射日光而呈现出彩色的云或霞光。宋代丞相张英商曾在西台看到五色祥云,作《咏五台诗》:"……五色云中游上界,九重天外看西方。……土石尚能消罪障,何劳菩萨放神光。"可见五台山的这种自然现象自古以来就被僧众看作菩萨显圣的祥兆。

《清凉山志》更是提到一种名为"佛光摄身"的灵迹:在云海之中会出现一个直径丈余的七彩光环,光环之中会显出模糊的人影。这种现象在五台台顶、黛螺顶、菩萨顶均发生过,被称为"圆光化现""文殊显圣",多出现于太阳高度角较大的午后。在雨后无风、云雾缭绕的环境中,阳光照射人物并在远处云雾中投影,是空气中的细小冰晶与水滴反射太阳光形成的一种奇特的大气光学现象(图8-3)。

3. 雪雨之景

雪、雨是云层中的水以固态或液态降落的自然现象,均属于垂直降水过程。与日月之景、云雾之景带来的纯粹视觉体验不同,雪雨之景除了能够刺激视觉,也能带来听觉、触觉,甚至嗅觉的体验。

五台山以"岁积坚冰,夏仍飞雪"得名清凉,与雨相比,雪在空间中逗留的时间更长,存在的形态也更为固定,会对景观产生更为明显的视觉影响。乾隆曾作《雪》诗描述五台之雪:"昨来无衣见天衣,一夜银林缬蕊菲。望里连空方散漫,度余别墅辨依微。诗原践约碧峰礼,雪亦如期玉叶飞。山地向来无宿麦,惟欣泽润夏田肥。"白色随物赋形,化彩为素,皑皑白雪下的寺院、山体、植被完全换了一个样子,雪景中银装玉砌的五台山更添仙气,可谓"敷演清凉四时瑞雪常飘幻出银装世界"[①]。

"雨中看山也莫嫌,只缘山色雨中添",雨中的五台山别有生趣,雨帘风幕中,绿树灰瓦如烟,红墙如滴,与晴日里的五台山形成"淡妆"与"浓抹"的景观对比。

① 塔院寺大雄宝殿前楹联之上联,下联为"恢弘极乐六月莲花始放翻出金色乾坤"。

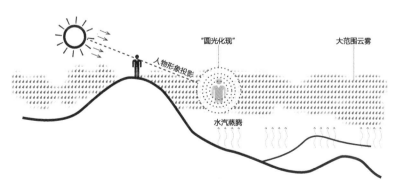

图8-3 "圆光化现"原理图

五台山海拔跨度较大，北台与台怀地区有着1300多米的高差。《清凉山志》中有记："风云雷雨，出自半麓。有时下方骤雨，其上暴晴。……时或猛风怒雨，令人悚怖。"有时台顶阳光灿烂，台怀地区却乌云密布细雨纷纷，到了深秋，山下风和日丽绿树如荫，台顶已经开始飘雪。五台山地区气候的垂直分异特征导致一日之内可以体验到四时之景的瞬息万变，十分有趣。

第二节 人文之境——寺院园林中的文化意趣

图像与文字是人类表达和交流的两种主要手段，在寺院园林的范畴内也是如此。建筑艺术和文学艺术是营造寺院意境空间的两种主要人文手段，分别对应着园林艺术创作过程的两个阶段：景象与景意。

一、建筑艺术中的景象营造

寺院建筑是文化的积淀，在建造背景、宗教信仰、风土环境等因素的共同作用下呈现出某一个历史时代的文化特色。经历长时间演进，五台山建筑艺术体现了汉藏交融、三教合流、本土信仰的多元特征。

（一）建筑艺术中的汉藏交融

自明代起，五台山开始有藏传佛教流传，清代出现青庙黄庙并存的现象。山内藏传佛教寺院建筑和整体布局均是延续了汉式建筑的形制。殿内佛像、佛龛等装饰为藏式，建筑的屋顶与立面上都或多或少增加一些藏传佛教建筑的装饰元素，形成了具有汉传佛教特色的藏传佛教寺院风格，体现在藏传佛教象征符号的应用、建筑梁柱装饰、建筑外墙壁画和转经筒装饰四个方面。

1. 藏传佛教象征符号的应用

藏传佛教象征符号和器物包括宗教法器、礼器、战斗武器及神灵所持神器（表8-1），其产生和传播与宗教信仰有着直接或间接的关系。这些符号具有宗教象征意义，既可以以单体的形式出现，也可以与其他符号组合形成复合体。无论是单体还是复合体，都蕴含或表达着一个完整的佛教思想主题，因此常作为寺院建筑中的装饰题材，这些符号主要出现在屋脊装饰与建筑彩画中。

八瑞相是藏传佛教中象征着圆满、吉祥、幸福的一组常见的符号，也称藏八宝，其传统排序依次为宝伞、金鱼、宝瓶、妙莲、右旋白螺、吉

表8-1 藏传佛教象征符号及器物

序号	分类	内容
1	八瑞相（藏八宝）	宝伞、金鱼、宝瓶、妙莲、右旋白螺、吉祥结、胜利幢、金轮
2	八瑞物	宝镜、黄丹、酸奶、长寿茅草、木瓜、右旋海螺、朱砂、芥子
3	五妙欲供图	镜子表示"色"，琴、铙钹、锣表示"声"；焚香或撑满香料的海螺表示"香"，水果表示"味"，绫罗表示"触"
4	转轮王七政宝	金轮宝、神珠宝、玉女宝、主藏臣宝、白象宝、绀马宝、将军宝
5	转轮王七近宝	宝剑、宝座、衣袍、靴履、龙皮褥、林苑、宫室
6	象征物与供物	三宝、三胜兽、和气四瑞、六长寿、三大菩萨、七供碗、祥麟法轮（二兽听法）
7	动物与神话动物	大象、鹿、狮、虎、马；龙、金翅鸟、摩羯、饕餮
8	星象符号	太阳、月亮；地、水、火、风、空；须弥山、坛城供
9	主要礼仪与密宗器具	金刚杵、十字金刚杵、法铃、卍字符、金刚橛、天杖、达玛茹、胫骨号筒、嘎布拉碗、钺刀
10	兵器	弓、箭、彩箭、火箭、虎皮弓套和豹皮箭囊、花蔓弓和花蔓箭、宝剑、盾牌、天蝎柄箭、天蝎……
11	吉祥天母的五种神器	疾病种子袋、红咒语包、黑白骰子、魔线球、拘鬼牌
12	恐怖的替代物和供物	梵天头、砍下的人头、人头花环和骷髅花环、断臂、小肠、颅骨、尸林布、经旗布、针线、巫师神角
13	手持标识和礼仪供物	莲花、金轮或法轮、海螺、宝伞、胜利幢、摩羯幢、狼幢、丝带、三层饰、镶珠璎珞、牦牛尾拂尘、孔雀翎、孔雀翎扇和宝镜……
14	植物供物	荜拨、香橼、萝卜、诃子、玉米穗、谷穗、稻穗、菩提树或道树、神树与花枝、无忧树、龙树
15	法源	喜旋、法源、金刚瑜伽母法源
16	朵玛与象征性贡品	朵玛、灵器、赎身品、五觉贡品、内供

资料来源：根据《藏传佛教象征符号与器物图解》整理。

祥结、胜利幢、金轮。在藏族艺术中，八瑞相不仅能分别绘制也可以将2个、4个、8个图案进行组合构图，组绘时常呈现为瓶状（图8-4）。

寺院建筑的屋脊装饰是区别藏传佛教寺院和汉传佛教寺院的重要标志之一，五台山藏式寺院建筑屋脊上的装饰物有八瑞相中的宝瓶、法轮符号，象征物与供物中的祥麟法轮符号以及多瑞相组合型装饰物等（图8-5）。

五台山多数藏传佛教寺院屋脊装饰采用大钟形屋脊宝瓶，其形制与拉萨大昭寺金顶宝瓶相同，多数为铜质鎏金材料制成，如菩萨顶的文殊殿，寿宁寺大雄宝殿，罗睺寺伽蓝殿、文殊殿、大藏经阁，圆照寺大雄宝殿，广仁寺大雄宝殿以及广华寺大雄宝殿等。部分寺院建筑屋脊装饰的钟形宝瓶为陶瓦材质，如集福寺大文殊殿，寿宁寺三大士殿，广化寺天王殿及文殊殿等。

金轮是藏传佛教中八瑞相之一，是印度古代战争中的一种武器，传说由众天神中梵天神赠予佛陀。此符号在佛教中象征着佛法的转播，因此寺院中常见此瑞相。在五台山藏传佛教建筑屋脊上，金轮出现的方式有两种：一种是作为单体出现，如广仁寺弥勒殿屋脊，正中为钟形宝瓶，钟形宝瓶与两侧正吻中间各装饰有一个金轮；第二种呈现方式为与平卧双鹿组

图8-4 藏传佛教八瑞相及整体构图
（图片来源：引自《藏传佛教符号象征与器具图解》）

图8-5 藏传佛教寺院建筑的屋脊装饰

合成一组装饰物出现，该组合被称为"祥麟法轮"，又称"二兽听法"，体现了佛陀在野鹿苑首次传法，是佛陀教义的象征，这一瑞相见于广仁寺天王殿、罗睺寺天王殿、菩萨顶山门屋脊之上。

瑞相组合的方式见于广仁寺与广宗寺建筑屋脊上。广仁寺山门屋脊上的"二兽听法"中组合法轮形态为法轮、钟形宝瓶和妙莲的组合，整体形象更加丰满。广宗寺大雄宝殿的屋脊中央是由妙莲、宝瓶、金轮、金鱼四种瑞相组合构成的瓶状瑞相装饰。

建筑彩画中的藏族符号以八瑞相、八瑞物、五妙欲供图、转轮王七政宝、三宝、七供碗、十相自在、"卍"字符等表达美好寓意的吉祥图案为主，同时在官式彩画和风土彩画的基础上融入了藏传佛教的内容，如五色文殊、兰札体梵字等元素（图8-6）。这些符号出现在广宗寺、镇海寺、广华寺、慈福寺、观音洞等藏传佛教寺院建筑的檐枋、梁头、椽木、雀替装饰中。在慈福寺文殊殿榍板横批的彩画中，还可见到文殊菩萨、宗喀巴大师及弟子像。这些藏式风情的彩画自成一体，使藏传佛教寺院在风土建筑中大异其趣，易于识别。

2．建筑梁柱装饰

五台山藏传佛教寺院均采用了汉地建筑的结构做法，个别建筑在汉式建筑的基础上融入了藏式建筑中的梁柱做法作为装饰以示区分，如慈福寺西北隅的米拉日巴殿（图8-7）。

米拉日巴殿内供西藏教噶举派第二代祖师米拉日巴，是一座面阔三间的单檐歇山顶木结构建筑，体量小巧，前廊的檐柱檩枋部分嫁接了藏式建筑中的梁柱做法。这种结构从下往上依次为柱基、柱身、柱头，柱头上一

十相自在符-广宗寺

二兽听法装饰与五色文殊彩画-镇海寺

二兽听法装饰-广宗寺

八瑞相-胜利幢

如意宝、白螺-广宗寺

白象、吉祥结、佛塔-广华寺

卍及梵语-观音洞

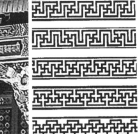
卍重复形成的图案

图8-6 五台山寺院中的藏族彩画

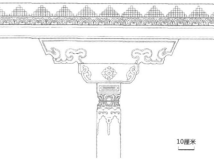

图8-7 慈福寺米拉日巴殿与藏式木架结构
(图片来源：左图引自《五台山汉藏佛寺彩画研究》，右图引自《藏传佛教寺院建筑文化研究》)

般为似斗栱的栌，称为栌斗，栌斗和横梁之间为两层似弓的长短托木，托木的形态与作用和汉地建筑木构架中的雀替相仿，均是连接木构横材与竖材的重要构件。托木上的横梁也是建筑的重要装饰，梁上叠放小椽若干层，椽头装点彩绘。该殿的藏式梁、柱装饰做法在五台山十分罕见。

3. 建筑外墙壁画

宗教壁画是藏传佛教寺院的重要装饰，一般出现在建筑内墙，也会绘制于个别寺院外墙，如五台山镇海寺建筑外墙。

镇海寺大雄宝殿外墙共有藏族壁画八幅（图8-8），南面墙绘有横三世佛壁画三幅，后门扇两侧檐墙分别绘制三十五佛和五方文殊两幅壁画，北面墙绘大白伞盖佛母、观请上师图、千手千眼观世音菩萨三幅壁画。观音殿外门前的隔墙上也绘有壁画六幅，从北向南依次为圆融图、宗喀巴辩经图、六道轮回图、十相自在图、三世章嘉传记图、八宝如意图。这些壁画都为清代作品，绘制手法为单线平涂，线条流畅，成像庄严肃穆，体态匀称。从色彩来看，壁画涂色所用颜料均为传统的不透明的矿物质颜料，大都偏冷色、暗色，有黑、深蓝、紫红、青灰、土黄和白等颜色，鲜艳又不失厚重感，烘托出藏传佛教寺院的宗教氛围。

4. 转经筒装饰

藏传佛教认为持诵六字真言越多，越表示对佛的虔诚，因此除口诵外还制作转经筒，将"六字大明咒"等经书装在经筒内，每转动一次便相当于诵经文一次。转经习俗是藏传佛教在民间社会盛行的信仰实践与信众日常化的朝圣仪式。

藏传佛教寺院中常把转经筒固定在轮架上，信徒们热衷于在寺院转动经筒，认为转动大的转经筒比转动小的手持转经筒积累的功德更高。五台山许多藏传佛教寺院都设有转经筒，按照经筒排列的方式可以分对置、列置、廊置三类（图8-9）。

对置是指成对设置两个或四个经筒。有些经筒沿寺院中轴线对称布置，如菩萨顶山门内两侧、集福寺天王殿前、广仁寺大文殊殿前献殿中；

北墙：从左到右大白伞盖佛母、观请上师图、千手千眼观世音菩萨

南墙：横三世佛　　　　　　　　　　后墙：左为五方文殊，右为三十五佛

图8-8　镇海寺大雄宝殿外墙壁画

对置-罗睺寺　　　　　　　　列置-菩萨顶　　　　　　　　廊置-塔院寺

图8-9　寺院转经筒排布方式

有的经筒设置的位置与寺院轴线无关，如罗睺寺后门正对处所置的一对经筒。

列置多对称出现在侧殿前廊空间或中轴线上佛殿两侧山墙前，经筒常以三个为一组置在轮架上，以组进行排列。将经筒置于侧殿前廊空间的有菩萨顶的金刚殿与祖师殿，两殿次间前两根檐柱之间分别设经筒一组。将经筒置于主要佛殿山墙前的有罗睺寺天王殿和大雄宝殿，每面山墙前均设置了一列经筒。从平面布局上看，转经筒列置也具有对置的特征，即两列经筒是沿寺院中轴对称布局的，这样可以形成完整的顺时针转经路线。

廊置是将经筒安置于佛塔或佛殿四周围廊内，形成环型转经道。塔院寺大白塔塔基外围的三十三间单檐挑角回廊是典型的环型转道，120个铁皮经筒被整齐固定在廊内的木轴上，桶身书写六字真言梵文字，转道呈八边形。广仁寺大文殊殿四周廊内置经筒38个，形成环佛殿的矩形转道。人们可以沿着佛塔或佛殿周围的转经廊一圈圈绕行，完成一定的转经量，以实现个人的宗教诉求。

（二）建筑艺术中的三教合流

以"三教"统称儒、道、释起源于南北朝的北周，帝王对三教的关系把控一直为"一主两从""三教平衡"。早期的中国佛教对儒家的伦理规范表示认同，对道教有所抵牾，后在帝王政权的干涉下，佛道两教逐步调和，形成了"佛道互补"关系。唐朝时高祖李渊开始举办三教讲论，"三教"的说法开始通用于朝野上下。三教融合的过程在北宋时大致成型，南宋孝宗皇帝在《原道论》中提倡"以佛修心，以老治身，以儒治世"，点明了三教相互补充的关系。宋明以降，儒教、道教、佛教三家思想相互影响，融会贯通，中国古代哲学思想发展达到了一个新的阶段，形成了汉族"泛神论"的思想，到明清时期"三教合流"就发展得相当成熟了。

对于大众来说，"泛神"是最能接受的信仰模式。佛教徒的崇拜对象不再局限于诸佛菩萨，也将孔门圣贤及道教神仙兼容到佛家的神佛体系中。

五台山作为佛教圣地也体现出信仰上的兼容性，在一些佛教寺院中也为道家神仙、儒家圣人、民间大仙设位，如南山寺、金阁寺、梵仙山灵应寺。南山寺极乐寺大雄宝殿对面二层的玉皇殿内供奉着玉皇大帝和16尊文神武将。南山寺住持普济和尚于民国元年（1912年）募化修建金阁寺，引进了儒、释、道的不少神仙，在这次修建中新增三官殿、三皇殿、老君堂、关帝庙、大仙堂，供奉了玉皇大帝、三霄娘娘、天地水三官、关公、华佗、孙林等道、儒圣像，使金阁寺由单纯的佛家道场变成了三教同居的寺院。梵仙山灵应寺是一处胡仙信仰的道场，其主殿为大仙殿，内供奉着胡仙一家共16尊塑像，南侧两间殿分别供奉了地藏、观音、文殊三位菩萨和太上老君、财神、关公，北侧中间殿内供奉药师祖孙思邈，左右两间供奉了大仙奶奶、胡三爷、胡三娘和老仙奶奶、二仙奶奶。

寺院中砖石雕刻的主题也显示了文化的多元性与包容性。五台山砖石雕刻题材多采用人们喜闻乐见、雅俗共赏的事物来表达宗教文化和吉祥的寓意，题材包括人物故事、祥禽瑞兽、植物花卉、器物、书法、纹样等几大类。宗教文化的表达主要是通过人物故事来进行，既有儒家的"孟母择邻""太公钓鱼"，又有道家的"福禄寿三星共照""八仙过海""高山流水觅知音"，也有"天女散花""观音与童子"、《西游记》等佛教人物典故。由于表现的局限性，砖石雕刻常常借助传统文化和佛教文化中图案的象征、借代、隐喻、谐音的方式来表达吉祥寓意。

（三）建筑艺术中的本土龙王信仰

中国自古就有龙文化，早在先秦时期"龙"就被赋予了上天、下水、致雨的能力，可魏晋之前的古籍中却没有出现过"龙王"。佛经中有一种生活在海中守护佛法的神，名为那伽，形象为人面蛇身，亦有兴云雨控水之能力。佛经《智度论》就说："那伽，秦言龙"，秦指中国，在佛教传入我国后，为附会本土文化扩大佛教影响力，故把那伽翻译成龙，即天龙八部中的龙众。

"龙王"之说从佛教传入后才产生。在东晋时期译著的《佛说灌顶神咒经》第九《灌顶召五方龙王摄疫毒神咒》中记载佛教的"五方龙王"，分别为东方青龙神王、南方赤龙神王、西方白龙神王、北方黑龙神王、中央黄龙神王。

早在唐朝，五台山就有龙堂、龙池等圣迹的存在，根据《入唐求法巡礼行记》和莫高窟61窟中的《五台山图》的记载，中台、西台、北台均有龙池与龙堂，中台山麓处有龙宫兰若。《清凉山志》中记北台上有黑龙池，"侧有龙王祠，四方民祷雨辄应"，可见早期的龙王信仰和五台山地区的农耕文化是联系在一起的，是当地人祈雨和请求消灾的对象。当地人甚至将龙王信仰与文殊菩萨信仰勾连起来，形成了广为流传的"五龙王"信仰，一说五龙王是文殊菩萨的弟子，也有一说五龙王是文殊菩萨的化身。五龙王原驻北台广济龙王庙，负责降雨的龙王年年被请去求雨，为了供养和请送方便，便在台怀地区万佛阁内造一龙王殿，将北台的龙王请下来。万佛阁中的龙王殿供奉了五位龙王，其中五龙王居中，俗称"五爷"，因此万佛阁也被称为五爷庙。

山西人爱唱戏爱听戏的传统在五台山五龙王的身上体现了出来。传说中的五龙王爱听戏，五台山人便在万佛阁龙王殿前修建了一座坐南朝北、单檐歇山卷棚顶的戏台（图8-10），使万佛阁成为五台山唯一设置戏台的寺院。万佛阁香火极旺，每年都有善男信女来此祈福还愿，并为五龙王请上一折或一台戏，因此五台山几乎天天有戏，成为五台山佛教文化的亮点之一。由此看来，万佛阁的龙王殿和戏台建筑是文殊信仰和龙王信仰在五台山世俗化、地域化的典型表现。

图8-10　万佛阁戏台

二、文学艺术中的景意营造

明末清初著名诗人尤侗在《百城烟水序》中指出:"夫人情莫不好山水,而山水亦自爱文章。文章借山水而发,山水得文章而传,交相须也……"山水将丰富的美学信息传递给文人墨客,而人们则会在其文化修养的基础上去发现、感受、理解、评价和欣赏山水美,从而萌发"文心",孕育灵感,这就是"文章借山水而发";从另一方面来看,山水与风景又需要诗文来点染、烘托,使自然美更易于被大众发掘并得以升华,所谓"山水得文章而传"。

文学与风景园林是相互影响、相互渗透的,其内涵可概括为"景面文心",园林中的文学暗示能够启迪观景者感知风景之美,孕育富有诗意的情思内涵。

五台山寺院园林中文学性构建成分有匾额、楹联等,虽体量不大,却如同寺院之"眉目",起到"传情"的作用。匾额、楹联以中国传统的书法艺术作为文学流播的载体,以寓教于游的形式传达佛教文化,孕育风雅的文化氛围。

(一)匾额

孟兆祯先生将《园冶》中设计序列总结为立意、相地、问名、布局、理微、余韵六个环节。问名相当于文学创作中的命题,匾额是悬挂于门顶、过道、牌楼、壁堂间的木质横牌或砖石镌刻,在寺院中的作用相当于行文每个章节的关键词或标题,十分引人注目。

匾额字数最少二字多者七八言,都是属于提名称、道吉祥、颂景况、示纪念之语,多为帝王将相、达官贵人、名人学士的题字或题词。五台山寺院园林中的匾额主要包括寺名匾额与表达思想意趣的匾额两大类。

1. 寺名匾额

寺名是人们在宗教活动中为识别和区分而约定的语言符号,是自然、社会背景与宗教文化的综合反映,有助于人们了解寺院的背景和历史。五台山佛教寺院名称的基本格式为××+寺(庙/庵),其中前半段为专名,后半段是通名。五台山寺院专名的选择往往体现了佛教文化、中国传统文化、自然环境等因素的影响。

佛教文化对寺名的影响体现在佛教教义、佛教觉悟者、圣僧圣物、佛教传说等在寺院名称中的使用。有些采用佛教教义词汇,如广化寺、般若寺、普济寺(碧山寺)、广缘寺、显通寺、圆照寺、不二楼等等;有些采用佛教觉悟者形象词汇进行命名,如大文殊寺、殊像寺、七佛寺、罗睺寺[①];有的寺院以圣僧、圣物命名,如白头庵、塔院寺、三塔寺;有些寺院命名与佛教传说或灵迹有关,如狮子窝、镇海寺、金阁寺、金灯寺、佛光寺等。

中国传统文化对寺名的影响反映了佛教文化中国化的特征。儒家忠君、爱国、入世的思想影响了寺院的命名,如宋太宗敕建并赐年号的太平兴国寺、元成宗敕建的护国寺、元英宗敕建的万圣佑国寺等,这类寺院

[①] 罗睺罗,释迦牟尼之儿,后随释迦牟尼出家,成为第一个沙弥,后来成为其十大弟子之一,被称为"密行第一"(《佛教文化词典》)。

一般为君王敕建、赐名或赐匾。有些反映了利禄福寿的吉祥文化，如吉祥寺、寿宁寺、普寿寺、慈福寺、集福寺、极乐寺等。有的寺院命名中包含象征中华文化的图腾，如龙泉寺、凤林寺。

自然环境对寺名的影响体现在选址的位置和景观特征两方面。黛螺顶、台麓寺、灵峰寺、海会庵等寺名中提到了寺院所处的位置和地形特征；观音洞、善财洞、文殊洞、佛母洞、金刚窟等寺名体现出寺院因重要的地质景观得名；望海寺、竹林寺等寺名点出寺院周边天象和植物景观的特殊；三泉寺、涌泉寺等寺名体现了寺院内部的自然景观。

寺名牌匾多出现在寺院导引空间起始处和寺院入口处，起到烘托寺院氛围，暗示寺院空间范围的作用。

2. 思想意趣匾额

这类匾额的内容都是创作者在自身心理状态、文学修养的基础上参考所提建筑功能、自然景观、对佛法的感悟等多方面考量后完成的，主要表达的内容为宗教思想、五台风光、统治者志趣及修禅者体悟四类。

表达宗教思想的匾额有：金粟来仪（塔院寺，金粟是过去佛之名）、悟色香空（罗睺寺）、筏通彼岸（台麓寺）、金轮不住（镇海寺）、大圆镜智（殊像寺）、佛音普渡（广华寺）、法菩提场（显通寺）、救苦救难（观音洞）等。

表达五台风光的匾额有：灵峰圣境（菩萨顶牌坊康熙）、清凉震萃、蕴结灵峰（塔院寺）、松风水月（妙德庵）、五髻香云（台麓寺）、北台供照（广华寺）、灵峰普照（圆照寺）、千祥云集（中台顶香炉）、清风明月（明月池）、香风花雨（佛光寺花雨楼）等。

表达统治者志趣的匾额有：何天之衢（菩萨顶）、人天尊胜（菩萨顶乾隆）、泽润生民（黛螺顶）等。

表达修禅者个人体悟的匾额有：意蕊心香（罗睺寺中殿）、悟色香空（罗睺寺后殿）。

额题在导引游线、提升欣赏水平两个方面起到很大的作用。台麓寺文殊殿"五髻香云"之额题，以五髻拟五顶，香云是萦绕在五座台顶周边的云海，使人未登台顶已能感受登高之景境；菩萨顶西北角门口挂有"何天之衢"的额题，取自《周易·大畜》上九爻辞，既指君子才德充实又大有作为之时，也比喻何等畅达的天上大路，暗示佛门入口也是统治者心目中的通天之处；极乐寺钟鼓楼所题"龙吟""虎啸"，碧山寺钟鼓楼额题为"龙吟满天""虎啸群惊"，以猛兽之吟啸来指代钟鼓之音，引人遐想。

（二）楹联

楹联相较匾额有更大的篇幅可以直抒胸臆。明代及以前的山志中均未收录五台山楹联，目前五台山能见到的最早楹联是清代皇帝乾隆的御制联。20世纪30年代李相之在五台山实地采录各寺院楹联60副；1986年，赵青槐等人撰《五台山风光楹联集锦》收录楹联88副；1998年出版的《五台山碑文、匾额、楹联、诗赋选》中收录五台山地区楹联448副，其中描写五台山风景名胜的楹联200余副。

五台山楹联从内容上大体可分为佛学类和风景类两种类型，原山西省佛教协会会长根通长老曾在《五台山楹联概说》中提到两类楹联内容上的区别："佛学联重在说理寄意，山水联重在写景抒情。但即使是山水联，貌似写景，却也深藏佛理，暗蕴禅机，带有浓郁的宗教色彩。"

　　1. 佛学联

　　佛学联可分为两类，一类为赞颂佛法，一类为教化众人。

　　第一，赞颂佛法的佛学联。

　　显通寺文殊殿有楹联："智镜常圆，照一万尊菩萨扎驻清凉胜境；德化普被，散三千颗金丹疗治烦恼众生。"佛之智慧有很多种，大圆镜智为其中最高者，智镜常圆，指此智永远圆满，"一万菩萨扎驻清凉胜境"出自《大方广佛华严经·菩萨住品处》。上半句是说五台山为佛智常圆，菩萨常驻演说法的圣境，下半句指佛的教化遍及一切众生，佛法犹如金丹仙药一样能够去除人生的一切苦恼。

　　广华寺文殊殿有楹联："道场遍十方无人无我；佛法超三界非色非空。"十方是指佛教世界的十个方位，分布为东、西、南、北、东北、东南、西南、西北、上、下；无人无我是"人无我"和"法无我"的合称，指没有常恒自在的主体和自体。三界指众生所居之欲界、色界、无色界，《心经》中的"色不异空，空不异色，色即是空，空即是色"，色空双取而色空双非。此联指佛法宏大，跳脱三界十方。

　　此外还有竹林寺"佛在何方，到此即是天竺国；林开大戒，坐时自有上乘禅"，罗睺寺"到处现身宏佛法，闻声苦救偏婆心"、"智海圆充，含万象而不到识界；真空方广，现森罗而不隐微毫"，殊像寺"一片婆心，总是济人利物；三空妙谛，惟求养性修真"等。这一类楹联用于赞颂五台山、寺院道场佛法或殿内所供佛菩萨的德行与功绩，多引经据典来表述佛教思想，一来表佛法纯正，二来示佛陀救世济人之心切。

　　第二，教化众人的佛学联。

　　显通寺有楹联："觉路广开兮，度无量无数无边众生同离苦网；迷途知返矣，愿大雄大力大慈诸佛常转法轮。"其中"觉路"指正觉之路，是由凡入圣、由迷界到悟界的途径；"度"指离俗出生死海，"无边"源自《起信论》，指虚空无边、世界无边，故众生也无边；"迷途"指众生被烦恼系缚而流转于三界六道；"大雄"为佛之德号，"大雄大力大慈"引自《楞严经》阿难赞叹佛的偈句，形容佛的伟大，法轮代指佛法，法轮常转指佛法常宏。此联是教化众生迷途知返，同离苦网。

　　相似内容的楹联也见于万佛阁"奉五祖而秉虔诚，焚香敬纸，尽消得前生罪过；集众善以修福地，供神念经，厚积些来世阴功""暮鼓晨钟惊醒尘寰名利客，经声佛号唤回苦海梦迷人"，塔院寺"贫居闹市无人问，富住深山有远亲；静坐常思自己过，闲谈莫论他人非"，菩萨顶"无人无我观自在，非色非空见如来"等。此类楹联比赞颂佛法的楹联更加直白易懂，或是以佛的德行法力来教化众生皈依佛门，或是引导人修身养性以脱苦海。

2. 风景联

风景联亦可分为两类，一类重在描述五台山作为佛教圣地的景观特征，另一类则通过景观意境的营造来引发观者的宗教联想。

第一，赞美佛教圣地的风景联。

塔院寺有楹联："敷演清凉，四时瑞雪常飘，幻出银装世界；恢宏极乐，六月莲花始放，翻成金色乾坤。""瑞雪常飘"与"莲花始放"道出不同季节清凉山的景观变化，幻化出的结果为"银色世界"和"金色乾坤"，均指佛国净土，以四时之景的特点来佐证五台山佛教圣地的重要地位。

镇海寺有楹联："大乘开宽路，道本鹫峰；名山选佛场，景绕鹿苑。"联中"大乘"即大乘佛教，佛教照原始教义只有少数人才能修道成佛，公元1世纪左右分化成大乘佛教与小乘佛教，小乘佛教只注重比丘众自身的戒律修行，大乘佛教拓宽渠道，强调一切众生均可成佛，主张普度众生，因此将其比喻为"宽路"；"鹫峰"是指印度灵鹫山，传说释迦牟尼曾在此山说法；"名山"即五台山，"佛场"指佛教道场，"鹿苑"指野鹿苑，即释迦牟尼佛初转法轮处。此联指镇海寺为精心选就的名山道场，其圣境犹如佛教圣地野鹿苑，从佛法和景观两个层面力证镇海寺的宗教地位。

五台山因其良好的自然环境被视为禅修佳境，寺院楹联中常见引经据典来佐证五台山景观特点与佛教道场的关联性，如以上两副楹联中的"清凉""金色乾坤""鹫峰""鹿苑"等字眼。

一些楹联中记述的风景特质甚至可以指导风景区景观品质的提升和改造。南山寺石牌楼正面有楹联："山色远，海月空，圆顿分明同上帝；青天望，水中镜，悬真法正性光灵。"描绘了在南山寺石牌楼处远望山景的感悟，但随着清水河流量的减少，已无法观赏到彼时"海月"悬作"水中镜"的景观。为重塑这一景观，在南山寺仪式性引导空间中轴线和东台支脉山脊线延长线的交汇处营造了一个面积约2.8公顷的景观湖面，从南山寺石牌楼处向北望去，昔日楹联中的景观得以重现（图8-11）。

第二，激发宗教联想的风景联。

五台山钟灵毓秀、宗教氛围浓厚，来此游山历水不免将欣赏到的自然形胜与佛教文化联系起来。

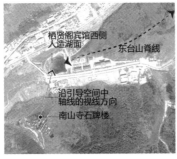

图8-11 人工湖面的景观对位
（图片来源：左图为自绘，右图为自摄）

中台顶有楹联:"升台顶,以俯视,宇宙正静;登楼阶,而仰视,音阁幽闲";南台顶有楹联:"五峰化宇,包罗天地万象;十景奇胜,群集世界千佛";西台法雷寺有楹联:"法雷频鸣,慈云普覆;慧日普照,智月长圆"。登台顶,四下山峦层叠,呈阔远之象,顿感世界广阔、气势磅礴,不由自主感受到佛法无边的巨大力量,道由心生。

与台顶寺院大气、豁然的景观感受相比,深林之中的寺院更加静谧、幽深,常通过寺院内外景观意向的汲取剪接形成充满意境的风景楹联。如菩萨顶楹联"山色皈真境,禽声出慧林""百道泉飞涧流功德水,五峰云拥天雨曼陀花";妙德庵"柏子香薰清玉骨,梅花月冷映冰姿态";罗汉洞"空飞花雨檐前落,香吐莲台石上生""山头瑞气重重绕,门外祥光款款飞";杂花庵"半榻茶烟浮曲径,一帘香篆袅晴空";明月池"明月传沼水无痕,花影扫地尘不动";观音洞"云水蒸茶天上味,梅花煮酒月中香""紫竹坐清风,吹开霞雾千年晓;玉研注法雨,洒作南亩万户春"等。在这些楹联中宗教力量的表达显得更加隐晦,仅通过"真境""功德水""祥光""法雨"等片段来引发观者对宗教意境的联想,重在烘托寺院之幽静,使人在内心宁静时追寻"无人无我"的佛学境界。

第三节 五台山风景文化意趣的传播及转译

五台山是佛经典籍中佛国仙境的有形化实体,在宗教本体上衍生出了风景特征、寺院园林、自然形胜等多种艺术形式杂糅的五台山文化意趣,其感染力和影响力不亚于宗教本身,主要体现在文学创作、寺院造景及山岳名胜、清代皇家园林营建三个方面。

一、文学

文字是一种媒介,带有明确的传播目的,使古代文化的异时异地传播成为可能。五台山文化在诏书敕谕、奏疏文告、山志、地方志、碑文等古代文献中多有记述,其中诗文、小说等轻松的文学形式能够充分表达个人化或群体化的"文化意趣",也更容易被大众接受而广为流传。

(一)诗文

咏五台山之诗题材甚广,包含五台地貌、气候天象、名刹古寺、植物景观等等,从风景文化和佛教文化的意趣来看,可以将诗咏分为三个主题,分别为清凉、清净、清逸。

1. 清凉

《大集经》十四曰："有三昧，名曰清凉，能断离憎爱故。"五台山又名清凉山，正是源自这"三昧清凉"，"三界无安，犹如火宅"（《法华经·警喻品》），而五台山的"三昧清凉"就是对现世"火宅"的超克，这里的清凉不仅仅指心理和生理的感受，也代表了清净无扰的佛国净土和一种彻悟的境界。

清凉世界是五台山文化意趣的重要元素，经常会以"清凉"、"清凉地"、"清凉境界"等字眼出现在诗文创作中。如"玉宇琼楼，乘鸾来去，人在清凉国"（[宋]苏轼《念奴娇·凭高眺远》），"兜率天宫，清凉境界，总是由心不是缘"（[宋]陈著《沁园春·潇洒书斋》），"空门自有清凉地，不向红尘议是非"（[宋]夏竦《偶成》），"此身幸脱尘樊累，宜更选清凉地"（[元]姬翼《水龙吟·此身幸脱尘樊累》）。这些诗文中的清凉或指佛门清净地，或表达物理温度的感受，抑或是象征清凉景致去除心浮气躁之气而收心入静、澄心涤虑的状态。

2. 清净

五台山地处群山之中，与尘世的热闹繁华形成鲜明对比，为人们营造了理想的寂定之所，获得净与静的感官体验和心灵顿悟。

在表达这种意趣时，诗人会以山中声景（疏钟、清双耳、秋声、蝉噪），日月之景（萝月、斜阳），植物之景（万木疏、松韵）等来寄托情怀，如"卧破白云不出山，终朝无事乐闲闲"（[南齐]释法光），"涧鼠缘香案，山蝉噪竹扉。世间不常见，宁止暂望归"（[唐]祖咏《题远公经台》），"无穷松韵清双耳，不尽云山豁两眸"（[后晋]释法本），"孤鹤栖双树，疏钟破冥烟。焚香坐清夜，暂尔已忘缘"（[明]释镇澄），"独宿龙门夜，寥寥心自如，……雪色千山迥，秋声万木疏。坐来诸念寂，因识古曼殊"（[明]释镇澄），"流水洗心尘垢净，清风吹鬓梦魂清"（[明]祝颢），"何处钟声幽梦破，一窗萝月淡秋光"（[明]朱友松《和咏五台》），"兀坐颓然尘念净，数声清磬倚斜阳"（[明]杨彩）；"一室千峰里，幽居少客临"（[清]释秋崖）等。

诗文描述的山中物相和声音营造出一个空寂的世界，使人在孤寂中体味佛法真谛，获得内心的清净与纯粹。

3. 清逸

诗人身处"上耸霄汉""日月回环"的五台山中，"透山河而作眼"而能"识心无不在"，无论是登台抑或入山都会催生高远、出尘的清逸之感。

在览胜后，许多诗人都发出"超凡界""别有天""极目乾坤""眇蓬莱"等赞扬五台圣境的感叹，也可以感受到在这种风景环境下作者身心的超逸与耸处，如"气宇闲林鹤，襟怀古涧冰。……坐见超凡界，昆仑驾大鹏"（[唐]储光羲），"白云缥缈峰前过，红日瞳眬地底来。望眼敢云四海，飞身应拟近三台"（[明]李环洲），"森森万竹拂苍烟，可信人间别有天"（[明]释镇澄），"翩翩一锡上巅峦，极目乾坤逸兴宽"（[明]释镇澄《和咏五台》），"清秋有客御风来，直上梯空望海台"（[明]邢云路《咏五台》），"几回笑指蓬莱岛，三点青螺似髻鬟"（[明]释觉同《登清凉山和前韵其一》,"身名都会浮云外,眼界直穷沧海东。一气混茫何所有,九霄缥缈若为通"([明]王道行《游五台诗》),"嵯峨高万丈,气宇眇蓬莱"([清]释秋崖)等。

诗中五台山,莫不被形容成梵天圣地、人间蓬莱。随着诗文的流传,五台山的风景文化也得到传播,未至五台的人们甚至在心中可以勾勒出一个清凉、清净、清逸的圣境,对诗中所述景致充满向往与憧憬。

(二)小说

五台山是佛教圣地、文殊道场,在世俗心目中有着极高的佛教地位,作为文殊信仰的核心组成,经常成为古代小说创作的宗教背景中的一部分,同时为古代小说创作提供了丰富的素材。小说中的人物形象、故事情节需要借五台山之名进行烘托渲染,而随着小说的传播也使五台山的宗教地位更加深入人心,远播四方,其中以《西游记》《水浒传》《杨家将演义》《红楼梦》这四部小说与五台山都有着密切的关系。

1.《西游记》

明代小说家吴承恩《西游记》是以唐代为时间背景,取材于《大唐西域记》和民间传说、元杂剧的神魔小说,佛教文化贯穿全书,书中共四次提到五台山。在第六十五回《妖邪假设小雷音四众皆遭大厄难》中唐僧提到"文殊在五台山"。第六十一回《猪八戒助力败魔王孙行者三调芭蕉扇》中五台山秘魔岩神通广大泼法金刚、峨眉山清凉洞法力无量胜至金刚、须弥山摩耳崖毗卢沙门大力金刚、昆仑山金霓岭不坏尊王永住金刚与众神四大天王合力来擒牛魔王。第三十九回《一粒金丹天上得三年故主世间生》和第七十七回《群魔欺本性一体拜真如》中,文殊菩萨坐骑——青毛狮子两次下凡,先后化作乌鸡国国王和狮驼城狮王,后被文殊收服,带回五台山。

《西游记》基于佛经典籍创造了一个与现实世界相关且结构完整的神话世界,小说中的五台山是文殊菩萨道场,五台山秘魔岩是金刚住处,增强了佛教徒对五台山和文殊信仰关系的认知。

2.《水浒传》

《水浒传》成书于明代,是描写古代农民起义的长篇小说。与《西游记》以神话背景寓意现实世界不同,《水浒传》中五台山是一种精神符号,代表着"出世"的世界观,与主要人物形象积极的"入世"精神形成鲜明对比。

小说中提到五台山的地方出现在第三、四、五、六、七、八、十七、九十九回,第三回"鲁提辖拳打镇关西"为五台山的出现埋下伏笔。为躲避官府缉捕,鲁智深在赵员外的安排下,来五台山剃度出家,初见五台山,便发出"果然好座大山"的赞叹,所见描绘如下:"云遮峰顶,日转山腰。嵯峨仿佛接天关,崒嵂参差侵汉表。岩前花木舞春风,暗吐清香;洞口藤萝披宿雨,倒悬嫩线。飞云瀑布,银河影浸月光寒;峭壁苍松,铁角铃摇龙尾动。山根雄峙三千界,峦势高擎几万年。"鲁智深见文殊寺,赞曰"果然是好座大刹",但见"山门侵翠岭,佛殿接青云。钟楼与月窟相连,经阁共峰峦对立。香积厨通一泓泉水,众僧寮纳四面烟霞。"鲁智深之师——文殊寺方丈智真长老为"当世活佛",虽在书中出场不多,却预见了鲁智深、宋江等人的结局,为一代得道高僧。

《水浒传》发生在宋辽抗衡的时代背景下,北宋"北以雁门(关山在山西代县北)、白沟接辽境",五台山恰巧处于宋辽交界处而成为一个重要的空间地标。抛开当时的政治背景不谈,小说从自然景观、佛刹、高僧、佛法若干方面都给予五台山高度的认可。

3.《杨家将演义》

《杨家将演义》是北宋名将杨业祖孙四代抗辽卫国事迹的集大成者,历史上宋太宗崇佛敬僧,尤礼五台,曾下诏尽蠲五台税赋,赏赐无数,因此小说中涉及五台山的内容不少。第十五、十六回,宋太宗去往五台山降香,见山赞之"果见一座好山:前控幽州,后接太原,端然限界;中耸出一奇峰,层峦叠翠,万峰在目。有诗为证:拥翠拖蓝叠秀奇,巍然势下别华夷。分明指处尖峰顶,缥缈云霞接汉齐。"后太宗被围太原,杨家父子死伤惨重,五郎投五台山出家,便有了后来杨五郎斩杀黑嗒、率僧兵败番兵救六郎、助破辽天门阵等故事。《杨家将演义》中的故事在话本、戏曲、评书、说唱等文学形式中都有出现,如京剧、豫剧、湘剧、秦腔、滇剧中均有剧目《五郎出家》(亦名《五台山》)。

五台山龙泉寺西北侧的三层楼阁式塔传说就是埋葬杨令公遗骨的墓塔,此说起于民国初年,虽不知墓塔主人是否为杨业,但也能够看出小说中传达出的风景文化和五台山本身的景观有了关联,并且相互影响。

4.《红楼梦》

在《红楼梦》第二十二回《听曲文宝玉悟禅机制灯谜贾政悲谶语》中宝钗点了一出戏《鲁智深醉闹五台山》,其词藻中有一支《寄生草》:"漫揾英雄泪,相离处士家。谢慈悲剃度在莲台下。没缘法转眼分离乍。赤条条来去无牵挂。那里讨烟蓑雨笠卷单行?一任俺芒鞋破钵随缘化!"引宝玉悟到禅机:"无我原非你,从他不解伊。肆行无碍凭来去。茫茫着甚悲愁喜,纷纷说甚亲疏密。从前碌碌却因何,到如今。"为后来宝玉出家做了铺垫。当代红学研究专家刘心武在曹雪芹所著前八十回的基础上续出后二十八回,其中第九十二回《霰宝玉晨往五台山雪宝钗夜成十独吟》将宝玉出家之地直接定在五台山。

东汉桓谭有言:"小说家合残丛小语,近取譬喻,以作短书,治身理家,有可观之辞(《新论》)。"古代小说承担了一定的世俗教化作用,其中营造的世界观与价值观对读者产生了潜移默化的影响。小说中的五台山给人留下风景秀丽、佛法高深、高僧云集的佛门清净地印象,对五台山风景文化的塑造与传播起到了极大的作用。

二、寺院造景及山岳名胜

"文殊–五台山"信仰的广泛传播使人们对圣山充满憧憬,由于普遍认为文殊菩萨能够"化神通在世间",因此便在多地效仿五台山构建"类五台"的山岳名胜或为文殊建寺造像,使文殊化种种异迹现于世界各地,实现了风景文化和信仰空间的复制和建构。按照五台山风景文化传播和异地重塑的地域区别，将重塑领地分为异地"五台"和异国"五台"两大类。

（一）异地"五台"

1. 寺院与寺院造景

唐大历七年（772年），唐代宗"敕京城及天下僧尼寺内，各简一胜处，置大圣文殊师利菩萨院。仍各委本州府长官即旬当修葺，并素文殊像装饰彩画功毕，各画图其状闻奏，不得更于寺外别造。"自此，唐代建寺必设文殊院。《宋高僧传》卷二十七载："释僧竭者。不知何许人也。……乃于建中造曼殊堂。拟摹五台之圣相。议筑台至于水际。"《五灯会元》载："广州文殊院圆明禅师，福州陈氏子。参大沩得旨后，造雪峰请益，法无异味。尝游五台山，睹文殊化现，乃随方建院，以文殊为额。"可见宋代仍依例而设，国内多地均有效仿五台山建文殊寺院的情况。

明代文学家沈德符《万历野获编》在卷二十七"京师敕建寺"一节中有记："至五年之三月，今上又自建万寿寺于西直门外七里。先是京师有番经、汉经二厂，年久颓圮，穆皇命重修未竟，上移贮汉经于其中，其正殿曰大延寿；阁曰宁安，重楼复榭，隐暎蔽亏，视慈寿寺又加丽焉。其后垒石为三山，以奉西方三大士，盖象普陀、清凉、峨眉。"万历五年明神宗所建万寿寺内特别堆叠了三座假山，山上供奉观音、文殊、普贤三大士造像，象征三位菩萨的道场普陀山、五台山、峨眉山，体现了佛教名山风景文化在寺院园林营造中的影响。

清乾隆三十九年（1774年），在避暑山庄内建殊相寺，乾隆帝所撰碑文云："（五台山）山麓有寺曰'殊像'认传是文殊示现处，妙相端严，瞻仰尘敬。辛已春，奉圣母幸五台祝厘，瓣香顶礼，默识其像以归。即归，摹勒诸石，遂乃构香山肖碑模而像设之，颜曰宝相。兹于山庄普陀宗乘庙西营构兰若，庄校金容，一如'香山'之制，而殿堂楼阁略仿五台山，亦名'殊像'，从其朔也。夫佛法无分，别见清凉五峰固文殊初地，香山塞山，非彼非此，叫以竺乾视之，固同为震旦中菩萨示现之境乎？是则阐宗风，延曼寿，功德利益，又皆一合相之，推广平等者也。"可见避暑山庄殊像寺系仿照五台山殊像寺和香山宝相寺而建，清代皇帝驻跸山庄多次在此接见蒙藏宗教领袖，为该宗教空间附加了更多的政治意义。

2. 山岳名胜

五台山开启了菩萨信仰圣山化的先河，圣山之名使万人敬仰。此后，全国范围内先后出现了一批效仿五台山的山岳名胜，按照其形成原因的不同可以分为两类。

其中一类山岳在命名上效仿五台山。一些地形特征与五台山相似的山地以五台山命名，如南京市鼓楼区五台山、云南省禄丰县五台山、陕西省西安市五台山、云南省弥渡县五台山、甘肃省静宁县五台山、贵州省施秉县五台山、河北省张家口市小五台山、太原阳曲县小五台山等。一些不具备五峰耸立特征的山岳便以气候附会五台山的清凉之名，如陕西省延安市清凉山、山西省怀仁县清凉山。

其中，张家口蔚县的小五台山又称东五台。《辽史》卷十三《圣宗纪》与卷六十八《游幸表》分别记载了圣宗和道宗往五台山幸金河寺的史实，这里的五台山非宋境内晋地之五台山，对其具体位置的记载见于明成化《山西通志》卷五《古迹·寺观》："金河十寺在蔚州东南八十里五台山下，河中碎石为金，故名金河寺，俱辽统和间所创"。辽境内设立五台山，说明五台山的影响之大，同时也反映了宋辽对峙的政治局面。

清建立后，由于政治需要，历代皇帝皆将"兴黄安蒙"作为基本国策，藏传佛教受到统治阶层的扶持。汉地唯一的一处藏传佛教道场——五台山便成了实施基本国策的战略支点，康熙、乾隆均多次礼谒五台诸寺表明了对文殊的崇敬，五台山也成为帝王心中的清凉圣境、须弥佛国。然而"清凉距畿辅千余里，披辇行庆向唯三至焉"（《宝相寺碑文》御制文二集卷十六），乾隆帝先后在京城附近挑选出两座山岳以复制五台山圣山信仰空间，打造了两座专属皇家的文殊道场。

第一座皇家"五台山"是位于天津蓟县城区的盘山。盘山有"三盘五峰诸胜"（《钦定盘山志》），且自魏武帝曹操始，盘山在唐、辽、金、元、明、清历朝都有寺院修建，先后建有72座寺院、100余座宝塔，是名副其实的佛教圣地，被称为"东五台"（《四正山居志》）。盘山良好的宗教基础和区位优势吸引了乾隆皇帝，于乾隆九年（1744年）在盘山南麓开始建造规模浩大的离宫——静挹山庄，耗时十年完成。乾隆皇帝曾先后32次巡幸盘山，将盘山作为隐括了五台山圣山意向的近都名胜。

第二座皇家"五台山"为京城西侧的香山。乾隆认为"夫清凉在畿辅之西，而香山亦在京城之西，然以清凉香山又皆东也。是二山者不可言同，何况云异？矧陆元畅之答宣律师曰，文殊随缘，利见应变不穷，是一是二在文殊本不生分别见，倘必执清凉为道场而不知香山之亦可为道场"（《御制宝相寺碑文》），便在乾隆二十六年到乾隆三十二年（1761～1767年）间在香山建宝相寺，将香山作为近在咫尺的五台山。

（二）异国"五台山"

"天下学佛道者，多宗旨于五台"，五台山不仅是国人眼中的圣地，也是各国佛教徒心目中的须弥圣境，因此吸引了北印度、南印度、斯里兰卡、新罗、日本等各地佛教徒纷纷至五台山巡礼，促进了五台山风景文化的传播并衍生出一大批异国五台山。

1. 新罗五台山

新罗（朝鲜）高僧慈藏法师及弟子是最早巡礼五台山的异国僧人。新罗善德王时代，慈藏在唐贞观十年（636年）受敕率领门人入唐巡法，第一处朝拜的就是五台山。据高丽王朝时代著名高僧一然所著《三国遗事》载，慈藏祈祷数日，见文殊化现，后并见文殊真身并被告知"汝本国艮方溟洲界有五台山，一万文殊常住在彼，汝往见之"（《三国遗事》卷三《台山五万真身》）。慈藏回国后，文殊菩萨开始受到朝鲜人崇礼。

慈藏住元宁寺时睹文殊真身，遂将形似五台山的白头山大根脉改名为五台山，并模仿五台各有其名而为白头山五座山峰分别命名："东台满月山，有一万观音真身现；在南台麒麟山，八大菩萨为首，一万地藏；西台长岭山，无量寿如来为首，一万大势至；北台象王山，释迦如来为首，五百大阿罗汉；中台风庐山，亦名地庐山，毗卢遮那为首，一万文殊。"形成了佛-菩萨-罗汉共存一山的新罗五台山模式。

2. 日本五台山

唐慧祥所撰《古清凉传》在圣武天皇统治的天平时期传入日本，因此从奈良时代开始，日本就深受中国五台山文化的影响，并开始移植中国的文殊信仰。

圣武天皇笃信佛教，曾将长冈郡一座山峰命名为五台山，并将日本神龟元年造的一座寺院定名为竹林寺，又仿效中国武则天赐额五台山大华严寺的圣举，也曾将大华严寺的匾额挂在日本国东大寺的南大门上。

五台山文化在日本的流传使当地掀起一股五台山热，许多日本僧人将亲往五台作为重要的宗教理想。最早进入五台山求法的日本僧人为玄昉，于开元年间入唐，著《五台山记》，其后还有灵仙三藏、圆仁、圆觉、惠运、惠萼、宗睿和入宋僧奝然、寂照、成寻、戒觉等人。前往五台山朝圣的人既多，日本上层社会便掀起了崇敬圣山的潮流，多委人前去施舍供养，也使当时的新佛教天台宗和真言宗喜欢在深山幽谷中修建寺院，多半是为效仿五台山和天台山。日本留传至今最早的正史《日本书纪》中对奈良时期佛寺的选址标准有如下记述："佛所得道降四魔军，如是之处最为上。或于名山多诸林木。……或于山傍。或山峰顶或独高台。或于山腹众，彼复有水。如是之处，说为胜处。"这里明确提出了名山为佛寺选址之上选，山旁、山峰、山腹均为风景佳处。

太平兴国九年（984年），日本东大寺僧奝然朝拜五台山回国后，曾奏请以爱宕山比拟五台山，建寺为五台山大清凉寺。虽然该寺由于宗派争斗未能建成，但他的弟子盛算继承师父遗志，向朝廷请求，把原来的栖贤寺内的释迦堂改称为清凉寺，获得批准，于山门上挂"五台山清凉寺"匾额，从此，爱宕山变成了中国五台山在京都的化身。此外，日本还有几处模仿五台山构建的佛教道场，分别是滋贺县比睿山延历寺文殊楼、京都府九世户天桥山智恩寺、高知县五台山金色院竹林寺、岩手县平泉中尊寺、奈良县多武峰、金峰山、石川福井岐阜县白山等。

各国重现五台山神圣空间的现象是为了塑造守护一方国土的本土圣山，方便各国信众就近巡礼朝拜的，同时也反映了佛教"心佛众生，三无差别，平等平等，无有高下"的众生平等观。

三、清代皇家园林

清代皇家园林的造景意境和取材十分广泛，它将"天上""人间"的诸多美景汇聚园中，正如清代王闿运所叹——"移天缩地在君怀"。清代诸帝崇信五台山佛教也爱山中风景，不免也会将五台山风景意境与风景文化融入皇家园林造景实践中，形成了园林中"清凉之景"与"须弥之境"两种不同的景观特征。

（一）清凉之景

　　五台山是深林幽谷中的清凉仙境，以"冬冰夏雪无炎暑"（[宋]李师圣《游台感兴古风》）著称，是极好的避暑胜地。帝王们将佛经、诗文中"清凉世界"和五台山"三昧清凉"的意境撷来转化在园林造景中，形成了避暑山庄无暑清凉、招凉榭、却炎榭，静明园清凉禅窟，香山净凉亭，长春园法慧寺等若干体现"清凉"的景观意象（表8-2）。由此可见，皇家园林中的清凉之景不是脱俗的佛国圣境，而是营造一个个避暑招凉的园林景观节点来表现"乐哉无一事，何处不清凉"（[宋]苏轼《乘舟过贾收水阁收不在见其子》诗之二）的佛家禅机。

表8-2　清代皇家园林中的"清凉之景"

景区	景点	相关记载	文献出处
避暑山庄	无暑清凉	"金莲纷映彻，心境总清凉。"	《御制诗二集》卷36 无暑清凉
	招凉榭	"仙庄称避暑，水榭更招凉。"	《御制诗四集》卷14 招凉榭
	却炎榭	"迩日山庄颇觉炎，坐来山榭爽风添。副名妙趣有如此，身为清凉意为恬。"	《御制诗四集》卷15 却炎榭
静明园	清凉禅窟	"（佛火香龛，俨然台怀。净域更不问是文殊非文殊）名山结初地，葱翠四阶通。爱此清凉窟，常饶松竹风。"	《御制诗二集》卷42 清凉禅窟
香山	净凉亭	"碧水围亭净且凉，祛尘心与澈方塘。何当无事其中坐，一卷书消九夏长。"	《御制诗四集》卷21 净凉亭
长春园	法慧寺	"爱此清凉窟"	乾隆题字

（二）须弥之境

　　为了借峰峦之势营造须弥之境，五台山于五台四峰之上建占顶式寺院，皇家园林中也常见此做法，即借助山势稍加整治，以亭、阁、楼等建筑小品作为写意手段来象征凌空高旷的佛国圣地，形成凭高远借之势。景山五峰亭（图8-12），玉泉山冠峰亭，西苑枕峦亭，畅春园狮子林占峰亭，避暑山庄四面云山、超然宇、妙高堂，香山栖云楼、旷真阁等均是"占峰"而设的园林建筑。

　　其中，以景山五峰与五台山山岳格局最为相近。早先，景山处为永定河故道，后因地势较高，在永定河改道后逐渐形成土丘，辽、金两朝修建瑶屿行宫和西华潭时，纷纷将余土堆积此处，至元代，土丘一代被开辟为皇帝后苑，称为"青山"。明永乐年间，北京大规模营建城池、宫殿、园林，依据《三辅黄图》卷三"苍龙、白虎、朱雀、玄武，天之四灵，以正四方"之"王者制宫阙殿阁"说，将挖浚紫禁城筒子河、太液、南海的泥堆积在皇城之玄武位的"青山"上，形成具有五峰的龙脉脊山。清乾隆十五年（1750年），在五个峰顶各建一亭，自西向东分别为富览亭、辑芳亭、万春亭、观妙亭、周赏亭，每亭内各供铜铸佛像一尊，形成契合五台山五顶五寺供养五位文殊的风景特征。

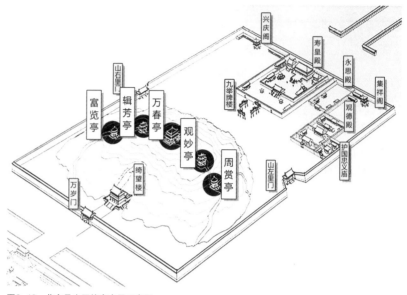

图8-12 北京景山五峰亭布局示意图
(图片来源：根据《景山历史文化展》展出图片改绘)

第四节 五台山风景文化意趣的产生机制

五台山因"五"而成，其风景文化意趣的产生和发展传播的过程也可以用佛家"五蕴"进行解读（表8-3）。

"蕴"是积聚、类别，"五蕴"是对一切有为法（具有生、灭变化的一切现象）的概括（《中国哲学大辞典》），狭义上是指现代人的代称，广义上指物质世界与精神世界中色、受、想、行、识这五种能动作用。

"色蕴"是人的眼、耳、鼻、舌、身五根感知外界物质环境的直接过程，相当于观景者观赏景物主观摄取信息的环节，感知的对象包括色、声、香、味、触"五尘五境"。色境指"眼能见色者"，包括了客观存在的形状、空间、明暗、运动，是构成风景区人文景观与自然景观的主体；声境是以听觉为契机，包含了声音感知及语言识别，如山中的风雨声、松涛声、鸟叫蝉鸣，寺院环境中的钟鼓鸣、雅乐声、念经声、辩经声等一系列通过物理作用发出的声响；香境是结合人的嗅觉产生的主观体验，包括山林间植物草木的香气，即自然香，以及供养佛像的花果香和礼佛上香产生的香气等宗教仪式衍生出的香气，即人为香；味境指舌根所尝的味道，是舌识分别的境界，饮山泉、吃斋饭是体悟佛教文化的重要环节；触境指身根感觉的境界，是身识所分别的对象，其感知的对象为日月、雨雾、风雪等天时天象变化和可触碰的物质环境，即感受《俱舍论》中所说的"坚、湿、暖、动、滑、涩、重、轻、冷、饥、渴"十一种触境。色蕴以形式美为突出特点，人们在浏览和观赏风景时的感受随着审美对象的时空变化，而呈现出变幻无常的动态美。

表8-3 风景文化意趣产生的"五蕴"机制

五蕴	色蕴	受蕴	想蕴	行蕴	识蕴
基本概念	人的眼、耳、鼻、舌、身所对应的色、声、香、味、触，即世间一切物质	由感官生起的苦、乐、喜、忧等感情、感觉	认识的理性活动，相当于知觉、表象、概念等	受外界影响而产生的心理活动，相当于思虑、判断、意向、动机等思维活动	指具有分辨能力的意识活动
心理学解读	外界物质刺激形成的境界	领受"色蕴"形成情感	对"受蕴"联想、认知形成概念	"想蕴"经反观、推理作用形成意志	在"行蕴"的基础上，经观察、验证形成的认知理解
心理系统	信息摄取	感受	认知	能动	理解
观景审美解读	观景者观赏景观	观景者产生审美体验		审美经验的传达——艺术表现	基于审美经验的再创造与艺术重现
六根	眼、耳、鼻、舌、身			意	
六尘	色、声、香、味、触			法	

通过"色蕴"中各种物质环境的刺激，形成情感，经过联想、认知形成概念，即在审美主体的感知能力、想象能力以及审美理解能力的加工之下，带给人直观的审美体验，并引发出浓郁的审美情趣，代表着五蕴之"受蕴"和"想蕴"的形成。

"想蕴"经反观、推理形成意志，即所谓的"行蕴"，相当于将风景给人带来的瞬时的、具体的感官刺激，通过创造者的情感、想象、理解、灵感等多种因素重叠交融加工后而反映出的审美经验和精神意蕴，如寺院中建筑艺术营造的景象和楹联、匾额等文学艺术营造的景意，体现了创作者心理层面上"物我同一""天人合一"的审美意识。人们在欣赏这类形式的文化意趣，会基于他人审美经验而产生新的审美体验，提升了形式审美的境界。

在以上四蕴的基础上经观察、验证形成的认知理解被称为"识蕴"，反映在风景审美环节中就是基于审美经验的艺术形式的再创造和文化内涵转译。五台山是文殊显圣之地，众多僧俗怀畏怖崇敬之念来此朝圣学法，佛教文化与自然风景相辅相成形成了五台山独特的风景文化，这一特殊的文化形态随着佛法的流布在国内外传播和发扬，得到不断的充实丰富，出现了诗词、小说等文学作品作为新的文化载体。在异地甚至异国，虔诚的宗教徒或信众出于对五台山原生风景文化的敬仰和对于生活在神圣空间中的渴望促进了他们在现实中复制和重现五台山圣山景观，或是以山拟山，或是比寺造寺，或是将原生景观进行抽象和艺术加工后重塑于园林或名胜之中。在传播与重现的过程中,"五台山——文殊"信仰超出了宗教的范畴,在美学与艺术领域也产生了独特的文化现象。

  五蕴理念解读了人的感官和各种心理认知的聚合对风景母体的理解以及在风景文化创造过程中的重要作用,把"诸所有色""诸所有受""诸所有想""诸所有行""诸所有识"积聚起来,既能反映五台山风景环境这一物质世界,也体现了由物质衍生出的文化与精神的客观过程。由此可见,人的主观能动性是五台山风景文化发生发展的核心力量。

参考文献

[1] 景天星. 论五台山自然景观的类型[J]. 山西师范大学学报(自然科学版), 2012,(04): 119-122.

[2] 一凡. 历代名人吟咏镇海寺[J]. 五台山研究, 2003,(04): 38-45.

[3] 徐弘祖,朱惠荣. 徐霞客游记. 全译(一): 修订版[M]. 贵阳: 贵州人民出版社, 2008: 167.

[4] 朱光潜. 朱光潜美学文集·第一卷[M]. 上海: 上海文艺出版社, 1984: 33.

[5] 裴元生. 浅谈苏州古典园林洞门花窗的景观功能[J]. 美术大观, 2009,（08）: 77-77.
[6] 杨尚英. 中国名山旅游气候资源及气象景观评价[J]. 国土与自然资源研究, 2006, 02: 65-66.
[7] 汪维辉. 说"日""月"[J]. 中国语言学报, 2014, 00: 73-96.
[8] 金学智. 中国园林美学-第2版[M]. 北京：中国建筑工业出版社, 2005.
[9] 冯新灵. 中国气象风景类型、特色及吸引功能的研究[J]. 绵阳师范高等专科学校学报, 1995,（S2）: 49-54.
[10] 赵炎秋. 异质与互渗：艺术视野下的文字与图像关系研究[J]. 文艺研究, 2012, 01: 39-46.
[11] 龙珠多杰. 藏传佛教寺院建筑文化研究[D]. 北京：中央民族大学, 2011.
[12] 罗伯特·比尔. 藏传佛教象征符号与器物图解[M]. 向红笳译. 北京：中国藏学出版社, 2007.
[13] 普华才让. 论藏族吉祥符号及其象征意义[D]. 北京：中央民族大学, 2007.
[14] 陈捷, 张昕. 五台山汉藏佛寺彩画研究[M]. 南京：东南大学出版社, 2015: 5.
[15] 周祝英. 镇海寺的建筑与彩塑艺术[J]. 五台山研究, 2003, 04: 15-22.
[16] 张虎生, 陈映婕. 西藏转经习俗与个人宗教体验[J]. 宗教学研究, 2013, 01: 257-262.
[17] 高明和. 塔院寺建筑与塑像概述[J]. 五台山研究, 1996, 04: 11-17.
[18] 李四龙. 论儒释道"三教合流"的类型[J]. 北京大学学报（哲学社会科学版）, 2011, 02: 42-51.
[19] 肖雨. 金阁寺佛教简史[J]. 五台山研究, 1997, 03: 11-21.
[20] 白志强. 文殊道场中的大仙崇拜——五台山灵应寺的田野考察[J]. 金田（励志）, 2012, 12: 300.
[21] 张玉霞. 佛教文化与中国龙王信仰的形成[D]. 成都：中南民族大学, 2012.
[22] 闵祥鹏. 五方龙王与四海龙王的源流[J]. 民俗研究, 2008, 03: 200-205.
[23] [明] 释镇澄. 清凉山志[M]. 银川：宁夏回族自治区佛教协会, 1998: 36.
[24] 孟兆祯. 园衍[M]. 北京：中国建筑工业出版社, 2012: 17.
[25] 张宜民. 佛教跨文化东传与中国佛寺命名[J]. 学术界, 2016, 05: 197-205.
[26] 郭华荣, 王乃积, 赵克诚. 五台山文化遗产四题[J]. 五台山研究, 2005,（01）: 19-23.
[27] 赵青槐等. 五台山风光楹联集锦[M]. 北京：农村读物出版社, 1986.
[28] 五台山丛书编委会王学斌等. 五台碑文匾额楹联诗赋选[M]. 太原：山西教育出版社, 1998.
[29] 盖志平. 游清凉胜境品古寺禅联——五台山楹联艺术赏析[J]. 大众文艺, 2010,（05）: 148-149.
[30] 清心. 五台山寺庙楹联选注[J]. 五台山研究, 1986,（05）: 36-38.
[31] 崔玉卿. 五台山与《西游记》[J]. 五台山研究, 2004,（03）: 37-40.
[32] [明] 吴承恩. 西游记[M]. 长沙：岳麓书社, 2006.
[33] 崔玉卿. 五台山与《水浒传》[J]. 五台山研究, 2013,（04）: 37-47.
[34] [明] 施耐庵, 罗贯中. 水浒传[M]. 北京：中国文学出版社, 1997.
[35] 谭其骧. 简明中国历史地图集[M]. 北京：中国地图出版社, 1991.
[36] [明] 秦淮墨客校订. 杨家将演义[M]. 北京：北京出版社, 1981.
[37] 马书田. 试论五台山在市民文学中的影响和地位[J]. 五台山研究, 1995,（01）: 32-34.
[38] 崔玉卿. 五台山与《杨家将演义》[J]. 五台山研究, 2014,（03）: 42-50.
[39] [清] 曹雪芹. 红楼梦[M]. 北京：人民文学出版社, 2008.
[40] 刘心武. 刘心武续红楼梦[M]. 南京：江苏人民出版社, 2011.
[41] 杜斗城. 敦煌五台山文献校录研究[M]. 太原：山西人民出版社, 1991: 77.
[42] 张书彬. 神圣空间的建构与复制——以中古时期"文殊-五台山"信仰在东亚的传播为中心[J]. 美术学报, 2015,（06）: 23-32.
[43] [唐] 圆照. 代宗朝赠司空大辩正广智三藏和上表制集六卷.
[44] [宋] 赞宁等. 宋高僧传卷二十七 唐京师光宅寺僧竭传[M]. 北京：中华书局, 1987.
[45] [宋] 普济. 五灯会元卷四[M]. 北京：中华书局, 1984: 243.
[46] [明] 沈德符. 万历野获编[M]. 北京：北京燕山出版社, 1998: 128.
[47] 《殊像寺落成瞻礼即事成什》转引自冯术东. 殊像寺与满文大藏经[J]. 文物春秋, 2005, 01: 41-43.
[48] 孙晓岗. 文殊菩萨图像学研究[M]. 兰州：甘肃人民美术出版社, 2007: 105.
[49] 杜斗城. 敦煌五台山文献校录研究[M]. 太原：山西人民出版社, 1991: 124-125.
[50] 杜结祥. 钦定盘山志[M]. 台北：明文书局, 1980.
[51] 关文龙, 金振东. 京东第一山[M]. 天津：天津人民出版社, 1992: 76.
[52] 赵晓峰. 禅与清代皇家园林——兼论中国古典园林艺术的禅学渊涵[D]. 天津：天津大学, 2003.
[53] [清] 王昶. 金石粹编卷113大唐闰州句容县大泉寺新三门记[M]. 西安：陕西人民美术出版社, 1990.
[54] 麻天祥. 五台山佛教东传新罗及传播者慈藏[J]. 五台山研究, 1989, 01: 39-41.
[55] （朝鲜）一然. 三国遗事[M]. 长沙：岳麓书社, 2009.
[56] （日）木宫泰彦. 日中文化交流史[M]. 北京：商务印书馆, 1980: 184-186.
[57] 江本砚, 张纵. "神佛融合"下的奈良佛寺景观特征分析[J]. 中国园林, 2012, 10: 103-108.
[58] 张书彬. 神圣空间的建构与复制——以中古时期"文殊-五台山"信仰在东亚的传播为中心[J]. 美术学报, 2015,（06）: 23-32.
[59] 小岛裕子, 黄玉雄. 五台山佛教文化在日本的传播和发展[J]. 五台山研究, 2011,（03）: 35-39.
[60] 徐文廷, 林建群. 中国佛教文化景观感知心理刍议——五蕴视角[J]. 华南理工大学学报（社会科学版）, 2013,（02）: 98-102.
[61] 方克立. 中国哲学大辞典[M]. 北京：中国社会科学出版社, 1994: 105.
[62] 任道斌. 佛教文化词典[M]. 杭州：浙江古籍出版社, 1994: 314.

第 九 章

结语

佛道名山风景区的自然景观与人文景观是一个有机的整体，本文在"形"与"神"两个层次对五台山风景名胜区的风景特征及寺院园林进行了深入的挖掘，从不同空间尺度来探讨、完善佛教名山五台山"形"与"神"的系统认知。我们发现"形"的破碎与"神"的缺失是五台山风景名胜区在发展过程中存在的主要问题，因此针对性地提出以下发展建议。

第一节　保护人文景观之"形"

一、基于传统寺院园林理法开展寺院改扩建工程

　　五台山一些古籍记载的寺院已消逝在历史中，人们无缘得见。出于宗教目的，一些寺院在当代被复建，在此过程中暴露出一些问题。以五台山普乐寺复建工程为例，该工程在项目资金到位后，由寺庙管理委员会提交申请，由山西省住房和城乡建设厅召开"工程规划选址论证会"，进行批复并下达选址意见书，后由山西省宗教事务局下达工程批复意见，编制环境影响报告表送忻州市环保局进行技术审查，完成报告、提交建设单位并呈报环境管理部门审批（《五台山普乐寺复建工程建设项目环境影响报告表》，2014）。在此过程中缺乏对新建设施景观质量和总体景观风貌和谐程度的科学评价和总体控制，各级审批单位对专项的把控较为割裂，而五台山风景名胜区人民政府（2016年撤销）作为最直接的管理单位却因层级较低、赋权不够，对于景观风貌的保护管理工作未能进行直接的行政介入。

　　与普乐寺一样，许多早已损毁的寺院在僧侣信众的努力下，重新开始建设。但新寺院建设的选址、数量、品质缺乏与风景区整体景观风貌的统一调控，往往就寺论寺。多数复建工程能够通过申请获得审批，于是山中开辟新地建寺的现象屡有发生，极大影响了五台山寺院空间格局演变的历史延续性和景观整体性。历版《五台山风景名胜区总体规划》虽宏观控制了总体的景观格局，但在具体项目实施建设时仍需要控规与详规的把控指导。诸多新建或备建的建设方案，不能充分理解、尊重五台山风景特征、风景文化的内涵，更别说将传统的风景名胜景观营造手法中"因山就势""点缀得宜"等山地建筑营造思想和寺院园林理法吸收继承并加以应用，导致实施方案与传统寺院的建筑形象和空间布局严重不符，出现了风貌不古、规模求大、佛像求高等共通的新建寺院弊病，如竹林寺（图9-1）、普寿寺等寺院占地面积均超过10公顷。

　　近代旅游业的发展促进了五台山佛教的再度繁荣，信众僧侣随之增多，一些寺院原有的生活服务类建筑已经无法满足僧人日常起居的需求，寺院内扩建、加建僧舍等起居用房成为常态。增建工程又不可避免地蚕食了山体，破坏了风景区的自然景源及生态环境（图9-2）。

图9-1 竹林寺大雄宝殿

图9-2 西台的新建寺院工程严重破坏了台顶植被

历史上佛道名山的开发建设体现了顺应自然的风景营造思想，以"因""就"天然为主，以人工造作为辅。本文整理了五台山寺院园林理法在选址、布局、引导空间、寺院群体、建筑形象、文学艺术等方面的具体特征，希望在未来五台山寺院改扩建工程中能够秉承人工活动与自然秩序有机统一的原则，以本文研究成果为参考，达到因景制宜、借景生境的艺术效果。

二、尊重人地共生原则，保证风景区聚落系统的可持续发展

五台山呈现出寺院村落相伴相生的聚居现象，在文化、经济、社会联系和景观风貌等方面体现出强烈的共生联系，发展成为具有独特"人地关系"的五台山"村寺共生"的聚落系统。风景名胜区成立之后，随着旅游发展和退耕还林政策的实施，居民的农牧业生产方式转变为旅游业导向，以部分居民提供旅游服务占主要地位，文化联系逐渐淡薄、居民生活空间与旅游空间矛盾激增，极大影响了名山古刹的景观面貌，曾经的"佛国圣地"逐渐演变成"高山闹市"。其问题可以概括为以下三个方面：

第一，表现为"错位开发"，即将公益性的国家遗产错误地定位为产业性的"旅游资源"，把具有多种精神文化价值的风景区、遗产地当作旅游业的附属进行开发，风景资源成为获取经济利益的工具。

第二，表现为"错位保护"，体现在所谓景区环境综合整治和风貌整改行为中，原有的商、住、产业加以迁出和整合，其目的在于保护风景名胜区的对外形象，增加风景区的旅游竞争力，但风景区原有的人文聚落的构成和僧民关系等非物质文化却未受到重视和保护。

第三，体现在村民的"自主开发"活动中。一些村民或为满足自身对居住条件的要求，或为将原有民居改造为具有旅游服务功能的旅店、餐馆、商铺等，在各家的宅基地范围内进行民居的扩、改建工程，导致位于临街部分的建筑风貌、高度缺乏统一控制，建筑组团内消防安全问题突显，村落呈现出的聚落风貌及其在风景区中的人文景观价值均受影响。

针对以上问题，在2006年编制完成的《五台山风景名胜区总体规划》就要求将位于核心景区的台怀镇14个行政村全部搬迁。然而截至2012年，搬迁并未完成，台怀镇人口数量也由2002年的6392人增长为7400人。到2018年底，台怀镇农业人口又发展到8418人。在此背景下，《五台山风景名胜区总体规划（2020—2035年）》提出了下一阶段的居民点调控的要求，即"规划疏解型居民点48个、缩小型居民点19个、控制型居民点25个、聚居型居民点6个，规划居民点总人口19310人，远期向风景名胜区外疏解2800人"。根据《五台山风景名胜区总体规划（2020—2035年）》的要求，五台山风景名胜区管理委员会先后发布《五台山风景名胜区（台怀镇、金岗库乡、石咀镇）村庄布局规划（2018—2035年）》《五台山风景名胜区管理委员会关于台怀镇四个区域涉及土地、建（构）筑物及附着物征收的通告》《五台山风景名胜区管理委员会关于台怀镇四个行

政村十个区域涉及土地、建（构）筑物及附着物征收补偿安置方案》《五台山风景名胜区台怀镇、石咀镇14个行政村庄实用性村庄规划（2020—2035年）》等文件为接下来居民点疏解整治工作打下基础，但未来居民点的疏解工作无疑是一项超大的工程，而且势必会导致人地关系发生重大变化，历史文脉断裂，原有的生活生产秩序被破坏，在涉及"非自愿性"搬迁时，更容易引发风景区居民的反感情绪。此外，面对这么庞大的搬迁工程，五台山居民的权益也很难得到充分保障。

因此，在未来规划中应首先反思当前风景区社区"一刀切"的"搬迁式"思维惯式造成的社区潜在价值遗失的现象，并完成五台山风景名胜区村寺共生聚落系统的演进机制和人地关系的内涵，尊重居民的价值并重视他们在风景区发展中起到的作用。依据聚落系统人地关系的特征，选取对各村落历史悠久度、"村寺共生"度、"村景共融"度、景区产业参与度、生态环境影响度等指标进行量化评价具有层次性、可比可量的评价指标，分析风景区居民点的价值特征作为确定居民点调控规划的依据。

此外，村落风貌的呈现是规划落实的难点与重点。通过对五台山风景名胜区内村落建筑风貌的考察来看，距离重要寺院或寺院群较近的居民点往往由于有更大的旅游服务机会而产生了更多的现代新建建筑，村内人口数量密集，旅游服务参与程度较高。距离村落较远、位置较偏僻的寺院保留了一部分新中国建立前后的民居，反映了当地乡土建筑的特征，是风景区极好的风景资源和文化遗产（图9-3）。在接下来的风景名胜区保护研究中需重视村落的景观价值和服务价值，提取传统民居的建筑要素作为村落风貌控制标准，增强对民俗文化和乡土文化的重视，可以选择一些距核心景区有一定距离的村落打造主题民宿餐饮体验区，提高风景区住宿质量

后石佛村传统民居

村前河流

村落选址情况及外围新建民居风貌

图9-3　后石佛村

和品位,将核心区居民与游客疏解出来,与此同时增强五台山风景名胜区管理委员会对自然村和行政村的行政对接强度和管辖力度,确保风景区村落与寺院的和谐共生。

三、基于两条朝山路线的风貌保护策略

本文根据历史游记和相关记载归纳了"朝台"与"朝寺"两条重要的朝山线路,并基于这两条线根据景观视觉敏感度评价方法进行了视觉景观评价,获得各级敏感区的分级分布情况。为了保证这两条历史景观通廊的完整性,要提高景观视觉一级敏感区域的保护强度,建议按照风景名胜区分级保护规划中的一级保护区标准进行保护,在该区域内展开观光游览、生态旅游活动,严格控制游客容量,严禁建设与风景保护和观赏旅游无关的建筑物,已建设的应逐步迁出,该区内文化资源严格按照文物古迹专项保护执行,不再审批复建新的寺院。

朝台线路景观风貌具有以下三个问题:第一,台顶和山脊有多个寺院正处于扩建阶段,体量巨大,与台顶风貌尺度严重不符;第二,当地私家车和景区统一调配的车辆接送游客前往台顶观光,使广平的台顶变成停车场,由于客流量巨大超过其生态荷载量,台顶草甸植被遭到极大的破坏;第三,台顶缺乏专人管理,特殊地质地貌未做标识和保护,出现了游人在不经意间踩踏或破坏地质景观的现象。以上问题对台顶与山脊的植被和地质风貌造成巨大而难以恢复的破坏,鉴于此,应对现阶段扩建增建项目进行评估审查,可适时停止建设,尽量减少对新生代夷平面的破坏。与此同时,景区内应做好车辆实时管控,制止当地居民私家车接送客人到达台顶,要统一调度公用车辆,并做好每日车流及人流控制。此外,对于生态及植被破坏严重的区域要严格限制进入,轮流关闭台顶,恢复台顶生态环境,通过虚拟现实技术结合解说教育实现部分游客的登顶需求和景观体验。

朝寺路线景观风貌表现为明显的城镇化现象,具有以下两个问题:第一,入园车辆与当地私家车数量过多,而公共交通数量和班次明显不足,许多游客等车困难不得不租用当地私家车出行游览,造成景区交通拥堵;第二,沿街商铺、单位、宾馆形象过于城市化,未体现五台山文化特征,且缺乏统一规划设计。对于交通问题,最根本的是要完善园区内的公共交通观光系统,提高其便捷性、舒适性以及换乘便利性。基于此原则控制外来车辆入园,来山游客的自驾车辆须按规定停放在入山收费站换乘区停车场,当地居民提供免费使用公共交通的权利,鼓励其在园区内不使用私家车辆。建筑形象问题的解决不能一蹴而就,需要汲取当地宗教文化和风景文化,进行统一规划,在未来建筑更新时逐步进行改建及拆建。

第二节　延续人文景观之"神"

　　我国佛道名山不仅是单纯自然造化的三维空间，更是蕴含丰富宗教文化、山水文化、礼制文化、自然科学文化的载体。古代的文人骚客涉足名山，并以山水为模本展开文学与艺术创作，滋生出具有地域特色的自然与人文的风景文化意趣。

　　五台山经历千余年的发展，在空间定位、圣山格局、聚落系统、寺院园林等方面体现了中国风景营建的文化特质，尤其是五台山表现出的典型的"五方布局"景观模式，对国内外多处山岳名胜开发、寺院营造及清代皇家园林都产生或多或少的影响，在各地衍生转译出不同的景观风貌，形成了以五台山景观模式为特征的文化现象。这是中华民族传统文化自信的表现，更是古代风景文化输出的成功案例。

　　随着近几十年中国旅游业突飞猛进地发展，越来越多的游客涌入名山，在旅游条件和自身认知的限制下，人们对风景文化意趣的感知多为浅层次、快餐式的体验，多停留在"五蕴"中色、受、想三蕴的层级，即信息摄取——感受——认知三个主要的过程，而对名山风景传达出的精神境界和审美意趣感知甚少。因此，如何提高游客和公众的文化认知、体悟和风景审美水平是未来风景区发展过程中将五台山人文景观之"神"传递给大众所要面临的重要挑战之一，而解决这一问题重要的突破点就是五台山风景文化解说体系的构建。

　　作为极其重要的佛教名山，目前五台山的解说内容多是以寺院历史文化解说为主，缺乏风景文化体验的引导，而且许多游客前往五台山多为了走访寺院、烧香拜佛，对于其山岳之美并不重视。为了增强名山风景的环境教育功能，弘扬中国传统风景文化自信，建议完善五台山风景名胜区的解说教育服务系统，构建具有五台山宗教和风景理法特色的文化解说教育系统，以改变目前五台山解说内容及方法陈旧、文化内涵缺乏的现状。首先要进行的是解说教育服务系统的专项规划，完善规划步骤、规划层级、评估环节点；其次，构建专业解说团队和多样化的解说方式，根据游客年龄、行为规律等制定具有较高主题性、真实性、趣味性的专项游线和解说内容，采用数字媒体与人工相结合的解说途径增强互动式体验，构建风景审美与寺院怀古朝圣相结合的解说内容，在游赏之余增强自然文化感知；最后，完善解说效果评估的环节，使游客对解说内容、解说方式、解说效果进行及时的反馈并做出调整。

　　我国佛道名山风景名胜区众多，是我国宗教文化、世俗文化和风景文化的集大成者，它们之间既有共性也有个性，针对五台山的个案研究能够丰富研究群体，也能对其他佛道名山风景名胜区的研究和保护起到参考作用，未来仍需更多个案来充实佛道名山这一文化形态的研究。

参考文献

[1] 谢凝高."世界遗产"不等于旅游资源[J]. 北京规划建设, 2001, 06: 58-59.

[2] 王应临. 基于多重价值识别的风景名胜区社区规划研究[D]. 北京：清华大学, 2014.

后记

　　中国的名山风景名胜随着朝代更迭、历史发展，虽兴衰交替，但一直保持发展态势。至十年"文化大革命"期间，许多名山经历了噩梦般的浩劫，很多风景和文化资源均遭到破坏。到1978年改革开放以后，历史上的名山开始陆续转化为风景游览胜地，这些不可再生的风景和文化资源的保护开始受到重视。1982年，中国正式建立风景名胜区制度以保护国土空间内的自然遗产与文化遗产。经过40年的发展，风景名胜区制度愈加完善，名山风景名胜区保护事业经历了从无到有，从小到大，从乱到治，从量的增长到质的提升。截至2017年4月，国务院先后发布了九批国家级风景名胜区共244处，其中山岳型风景名胜区共有109处，占总数的44.7%，其中不乏历史圣地类名山风景区，如黄山、泰山、峨眉山、嵩山等。这些名山风景名胜是构成我国风景名胜区体系的主体，其中部分代表性名山的突出意义和普遍价值受到联合国教科文组织和世界遗产委员会关注和认可，有20余处被列入《世界遗产名录》，成为全人类共同的文化瑰宝。

　　山岳风景名胜是中国壮丽河山的缩影和代表，几十年来，笔者携研究生们跋山涉水，遍访名山大川，足迹遍布祖国各地。在自然的感化之下，多年来一直在思考"人化的自然"这一哲学和美学命题。随着时间的推移和对名山风景名胜认知的积累，逐步形成明确的思想体系和研究路径，遂作"中国名山风景名胜区研究丛书"，旨在挖掘和探讨中国山岳风景名胜中所蕴含的人与天调、自然与人文高度融合的理景精髓和文化传统。

　　本书撰写过程中，李凤仪结合其博士论文做了大量工作，工作室的众多研究生们亦协助进行现场考察和资料收集，中国建筑工业出版社也为本书的出版给予大力支持，在此，致以最衷心的感谢。